T0032216

TU MUNDO Y EL MÍO

Los editores y los encuadernadores llaman «portadilla» a esta página, que incluye el título del libro, pero no el autor ni el subtítulo. Hubo un tiempo en que esta portadilla tenía una función en el proceso de impresión y de encuadernación, pero en la actualidad es básicamente decorativa. Nunca he sido un gran aficionado a las portadillas. Cuando llego aquí como lector, ya sé el título del libro, y si necesito recordarlo, siempre está a mi disposición en la cubierta. Pero en una época en la que leemos en pantalla, supongo que todo lo relativo a la fabricación de libros es anacrónico, y lo cierto es que me encanta la sensación del papel, y ver las letras impresas, así que daré a las portadillas dos estrellas y media.

JOHN GREEN

TU MUNDO
Y EL MÍO

Postales del Antropoceno

Traducción de
Noemí Sobregués

PLAZA JANÉS

Título original: *he Anthropocene Reviewed*

Primera edición: agosto de 2021

© 2021, John Green
Todos los derechos reservados incluido el derecho de reproducción total o parcial en cualquier forma.
Esta edición se publica por acuerdo con Dutton, un sello de Penguin Publishing Group,
división de Penguin Random House LLC.
© 2021, Penguin Random House Grupo Editorial, S. A. U.
Travessera de Gràcia, 47-49. 08021 Barcelona
© 2021, Penguin Random House Grupo Editorial USA, LLC
8950 SW 74th Court, Suite 2010
Miami, FL 33156

© 2021, Noemí Sobregués, por la traducción
Adaptación de la cubierta original de Grace Han / Penguin Random House Grupo Editorial

«who are you, little i» en la página 125: Copyright © 1963, 1991 por los administradores
del E. E. Cummings Trust, de *Complete Poems: 1904-1962* de E. E. Cummings, editado por
George J. Firmage. Reproducido con el permiso de Liveright Publishing Corporation.

«The Hope» en la página 168: de *The Poems of Emily Dickinson, Reading Edition*, editado por Ralph W.
Franklin Cambridge, Mass.: The Belknap Press of Harvard University Press, Copyright © 1998, 1999
por President and Fellows of Harvard College. Copyright © 1951, 1955, 1979, 1983 por President
and Fellows of Harvard College.

August Sander, *Young Farmers*, 1914 (impresión en gelatina de plata, 23.3 × 17 cm) en la página 298 ©
Die Photographische Sammlung / SK Stiftung Kultur – August Sander Archiv, Colonia / ARS, NY 2021.
Imagen por cortesía de The J. Paul Getty Museum, Los Ángeles © J. Paul Getty Trust. Fotografías de
Otto Krieger y August Klein en las páginas 302 y 305
© Reinhard Pabst, Montabaur (Alemania).

E. Piñas, por la traducción de *El gran Gatsby* de Francis Scott Fitzgerald, Debolsillo, 2013, p. 43.

Agustín García Calvo, por la traducción de *Macbeth*, Debolsillo, 2012, pp. 81-82.

Martín Lendínez, por la traducción de *En el camino* de John Kerouac, Anagrama, 2019, p. 123.

Javier Marías, por la traducción de *Autorretrato en espejo convexo* de John Ashbery, Visor, 2006, p. 308.

Penguin Random House Grupo Editorial apoya la protección del *copyright*.
El *copyright* estimula la creatividad, defiende la diversidad en el ámbito de las ideas y el conocimiento,
promueve la libre expresión y favorece una cultura viva. Gracias por comprar una edición autorizada
de este libro y por respetar las leyes del *copyright* al no reproducir, escanear ni distribuir ninguna parte
de esta obra por ningún medio sin permiso. Al hacerlo está respaldando a los autores
y permitiendo que PRHGE continúe publicando libros para todos los lectores.
Diríjase a CEDRO (Centro Español de Derechos Reprográficos, http://www.cedro.org)
si necesita fotocopiar o escanear algún fragmento de esta obra.

Impreso en México - *Printed in Mexico*

ISBN: 978-1-64473-473-5

21 22 23 24 25   10 9 8 7 6 5 4 3 2 1

A mis amigos, colegas y compañeros de viaje
Rosianna Halse Rojas y Stan Muller

Índice

Introducción

Mi novela *Mil veces hasta siempre* se publicó en Estados Unidos en octubre de 2017, y tras pasar ese mes de gira por el libro, volví a mi casa de Indianápolis y abrí un camino entre la casa del árbol de mis hijos y la pequeña habitación en la que mi mujer y yo solemos trabajar, una habitación que, dependiendo de vuestra visión del mundo, puede ser un despacho o un cobertizo.

No fue un camino metafórico. Fue un camino real en el bosque, y para hacerlo despejé decenas de las prolíficas e invasivas madreselvas que asfixian buena parte del centro de Indiana, arranqué la hiedra que se había adueñado del espacio y después eché virutas de madera en el camino y lo recubrí con ladrillos. Trabajé en el camino diez o doce horas diarias, cinco o seis días por semana, durante un mes. Cuando por fin terminé, cronometré el tiempo que tardaba en recorrer el camino andando desde nuestro despacho hasta la casa del árbol. Cincuenta y ocho segundos. Tardé un mes en construir un paseo de cincuenta y ocho segundos en el bosque.

Una semana después de haber terminado el camino, estaba buscando una barra de bálsamo labial en un cajón cuando de golpe y sin previo aviso perdí el equilibrio. El mundo empezó a dar vueltas y vueltas. De repente era un bote muy pequeño en alta mar. Se me salían los ojos de las órbitas y empecé a vomitar. Me llevaron de urgencia al hospital, y durante semanas el mundo no dejó de girar. Al final me diagnosticaron laberintitis, una enfermedad del oído interno con un nombre maravillosamente rimbombante que sin embargo es sin duda una experiencia de una estrella.

Recuperarme de la laberintitis me exigió semanas en la cama, sin poder leer, ni ver la televisión, ni jugar con mis hijos. Solo tenía mis pensamientos, a veces a la deriva en un cielo somnoliento, y otras veces de una insistencia y una omnipresencia que me aterrorizaban. Durante aquellos largos e inmóviles días mi mente fue de un lado a otro y deambuló por el pasado.

En cierta ocasión preguntaron a la escritora Allegra Goodman: «¿Quién le gustaría que escribiera la historia de su vida?». Ella contestó: «Parece que estoy escribiéndola yo, pero, como soy novelista, todo está en clave». En mi caso, había empezado a sentir que algunas personas creían conocer la clave. Daban por sentado que compartía la visión del mundo del protagonista de un libro o me hacían preguntas como si yo fuera el protagonista. Un famoso periodista me preguntó si, como el narrador de *Mil veces hasta siempre*, también yo tenía ataques de pánico cuando besaba.

Había invitado a hacerme estas preguntas al tener una vida pública como persona mentalmente enferma, pero, aun así, hablar tanto de mí en el contexto de la ficción empezó a resultarme agotador y un poco desestabilizador. Le contesté al periodista que no, no siento ansiedad cuando beso, pero sí tengo ataques de pánico, y me asustan mucho. Mientras hablaba me sentía alejado de mí mismo, como si mi yo no fuera realmente mío, sino algo que estaba vendiendo o como mínimo alquilando a cambio de una buena prensa.

Cuando me recuperé de la laberintitis, me di cuenta de que no quería volver a escribir en clave.

En 2000 trabajé unos meses como capellán estudiantil en un hospital infantil. Estaba matriculado en la facultad de teología y tenía previsto convertirme en pastor, pero el tiempo que pasé en el hospital me hizo abandonar esos planes. No podía soportar la devastación que vi allí. Sigo sin poder soportarla. En lugar de ir a la facultad de teología, me trasladé a Chicago y trabajé como mecanógrafo para agencias de trabajo temporal hasta que al final conseguí un empleo introduciendo datos en la revista *Booklist*, una publicación quincenal de reseñas de libros.

Unos meses después tuve mi primera oportunidad de escribir la reseña de un libro. Una editora me preguntó si me gustaban las novelas románticas. Le contesté que me encantaban y me pasó una ambientada en el Londres del siglo XVII. En los siguientes cinco años hice reseñas de cientos de libros para *Booklist* —desde libros ilustrados sobre Buda hasta antologías poéticas—, y me fascinó cada vez más el formato de la reseña. Las de *Booklist* se limitaban a 175 palabras, lo que significaba que cada frase debía realizar múltiples funciones. En todas las reseñas había que presentar el libro y también analizarlo. Los elogios debían convivir con los problemas.

Las reseñas de *Booklist* no incluían valoraciones en una escala de cinco estrellas. ¿Por qué iban a hacerlo? En 175 palabras se puede comunicar mucho más a los posibles lectores que con cualquier sistema de puntuación. La escala de cinco estrellas solo se ha utilizado en análisis críticos en las últimas décadas. Aunque se aplicaba de vez en cuando en la crítica de cine ya en la década de 1950, la escala de cinco estrellas no se usó para calificar hoteles hasta 1979, y no se empleó ampliamente para calificar libros hasta que Amazon introdujo las reseñas de los lectores.

En realidad, la escala de cinco estrellas no es para las personas; es para los sistemas de recopilación de datos, y por eso no se convirtió en habitual hasta la era de internet. Es muy complicado que las inteligencias artificiales saquen conclusiones sobre la calidad de un libro a partir de reseñas de 175 palabras, mientras que las calificaciones con estrellas son ideales.

———————

Resulta tentador convertir la laberintitis en una metáfora: como mi vida carecía de equilibrio, me devastó un trastorno del equilibrio. Pasé un mes haciendo un camino en línea recta solo para que me dijeran que la vida no consiste en caminos sencillos, sino en laberintos vertiginosos que se pliegan sobre sí mismos. Incluso ahora estoy estructurando esta introducción como un laberinto, y vuelvo a lugares que creía que había dejado atrás.

Pero esta simbolización de la enfermedad es exactamente contra lo que intenté escribir en mis novelas *Mil veces hasta siempre* y *Bajo la misma estrella*, en las que al menos espero que el TOC y el cáncer se presenten no como batallas que ganar ni como manifestaciones simbólicas de defectos de carácter o de lo que sea, sino como enfermedades con las que merece la pena vivir lo mejor que se pueda. Yo no sufrí laberintitis porque el universo quisiera darme una lección sobre el equilibrio. Así que intenté vivir con ella lo mejor que pude. A las seis semanas, en general estaba mejor, aunque sigo teniendo ataques de vértigo, y son aterradores. Ahora sé con una visceralidad de la que antes carecía que la consciencia es temporal y precaria. No es una metáfora decir que la vida humana es un acto de equilibrio.

A medida que mejoraba, me preguntaba qué iba a hacer con la vida que me quedaba por delante. Volví a grabar un vídeo cada martes y un podcast semanal con mi hermano, pero no escribía. Ese otoño y ese invierno fue el tiempo más largo que he pasado sin intentar escribir para un público desde que tenía catorce años. Supongo que echaba de menos escribir, pero como se echa de menos a alguien a quien querías.

———————

Dejé *Booklist* y Chicago en 2005 porque mi mujer, Sarah, se matriculó en un posgrado en Nueva York. Cuando terminó sus estudios, nos trasladamos a Indianápolis, donde Sarah trabajó para el Indianapolis Museum of Art como conservadora de arte contemporáneo. Desde entonces hemos vivido aquí.

Leo tantas reseñas en *Booklist* que no recuerdo cuándo encontré por primera vez la palabra «Antropoceno», pero debió de ser hacia 2002. «Antropoceno» es un término propuesto para la era geológica actual, en la que los humanos hemos remodelado profundamente el planeta y su biodiversidad. Nada es más humano que engrandecer a los humanos, pero somos una fuerza enormemente poderosa en la Tierra en el siglo XXI.

Mi hermano, Hank, que empezó su vida profesional como bioquímico, en cierta ocasión me lo explicó así: como persona, tu mayor problema son las demás personas. Eres vulnerable a las personas, y dependes de ellas. Pero ahora imagina que eres un río, un desierto o un oso polar del siglo XXI. Tu mayor problema *siguen siendo las personas*. Sigues siendo vulnerable a ellas, y dependes de ellas.

Hank había estado conmigo en la gira del libro ese otoño de 2017, y para pasar el tiempo en los largos viajes entre ciudades competíamos entre nosotros por encontrar la valoración más absurda de los usuarios de Google sobre los lugares por los que pasábamos. Un usuario llamado Lucas, por ejemplo, dio al Badlands National Park una estrella. «No hay suficiente montaña», escribió.

En los años transcurridos desde que yo hacía reseñas de libros, todo el mundo se había convertido en crítico y todo se había convertido en reseñable. La escala de cinco estrellas se aplicaba no solo a libros y películas, sino también a baños públicos y fotógrafos de bodas. La medicación que tomo para tratar mi trastorno obsesivo compulsivo tiene más de 1.100 valoraciones en drugs.com, con una puntuación media de 3,8. Una escena de la adaptación cinematográfica de mi libro *Bajo la misma estrella* se filmó en un banco de Ámsterdam; ese banco tiene ahora cientos de valoraciones en Google. (Mi favorita, una de tres estrellas, que dice íntegramente: «Es un banco».)

Mientras Hank y yo nos maravillábamos de que de repente hubiera reseñas con escalas de cinco estrellas en todas partes, le dije que hacía años había pensado en escribir una sobre los gansos de Canadá.

Hank me dijo: «El Antropoceno... RESEÑADO».

De hecho, escribí un par de estas reseñas en 2014, la de los gansos de Canadá y la del Diet Dr Pepper. A principios de 2018 se las mandé a Sarah y le pedí su opinión.

Cuando reseñaba libros, yo no aparecía en la reseña. Me imaginaba a mí mismo como un observador desinteresado que escribía desde fuera. Mis reseñas iniciales del Diet Dr Pepper y los gansos de Canadá también estaban escritas en el típico estilo de la no ficción del narrador omnisciente en tercera persona. Después de leerlas, Sarah me comentó que en el Antropoceno no hay observadores desinteresados, solo hay participantes. Me explicó que, cuando las personas escriben reseñas, en realidad están escribiendo una especie de memorias: esta fue *mi* experiencia comiendo en este restaurante o cortándome el pelo en esta barbería. Yo había escrito unas 1.500 palabras sobre el Diet Dr Pepper sin mencionar ni una sola vez lo mucho que me gusta desde siempre.

Por esa misma época, cuando empezaba a recuperar mi sentido del equilibrio, releí la obra de mi amiga y mentora Amy Krouse Rosenthal, que había muerto unos meses antes. En cierta ocasión había escrito: «Para todo aquel que intente discernir qué hacer con su vida: PRESTA ATENCIÓN A LAS COSAS A LAS QUE PRESTAS ATENCIÓN. No necesitas mucha más información». Mi atención se había fracturado tanto, y mi mundo se había vuelto tan ruidoso, que no estaba prestando atención a las cosas a las que estaba prestando atención. Pero cuando me metí en las reseñas, como me sugirió Sarah, sentí que, por primera vez en años, al menos estaba intentando prestar atención a las cosas a las que presto atención.

———————

Este libro empezó siendo un podcast en el que intentaba mostrar algunas contradicciones de la vida humana tal como la experimento: cómo podemos ser tan compasivos y tan crueles, tan persistentes y tan rápidamente presa de la desesperación. Quería sobre todo entender la contradicción del poder humano: somos demasiado poderosos y a la vez no somos lo bastante poderosos. Somos lo bastante poderosos para modificar radicalmente el clima y la biodiversidad de la Tierra, pero no lo bastante poderosos para elegir *cómo* los modificamos. Somos tan poderosos que hemos salido de la atmósfera de nuestro planeta. Pero no somos lo bastante poderosos para evitar el sufrimiento de las personas a las que queremos.

También quería escribir sobre algunos de los lugares en los que mi pequeña vida se topa con las grandes fuerzas del Antropoceno. A principios de 2020, dos años después de haber escrito el podcast, apareció una fuerza excepcionalmente grande en forma de un nuevo coronavirus. Entonces empecé a escribir sobre lo único sobre lo que podía escribir. En medio de la crisis —y como estoy escribiendo esto en abril de 2021, sigo estando en medio de esa crisis— encuentro muchas cosas que temer y que lamentar. Pero también veo a humanos trabajando juntos para compartir y distribuir lo que aprendemos colectivamente, y veo a personas trabajando juntas para cuidar a los enfermos y a las personas vulnerables. Aunque separados, estamos unidos unos a otros. Como me dijo Sara, no hay observadores; solo participantes.

———————

Al final de su vida, el gran autor de libros ilustrados e ilustrador Maurice Sendak dijo en el programa *Fresh Air* de la NPR: «Lloro mucho porque echo de menos a personas. Lloro mucho porque mueren y no puedo detenerlos. Me dejan y las quiero más».

Dijo: «A medida que envejezco descubro que estoy enamorado del mundo».

He necesitado toda mi vida hasta ahora para enamorarme del mundo, pero he empezado a sentirlo en los dos últimos años. Enamorarse del mundo no es ignorar o pasar por alto el sufrimiento, tanto humano como de otro tipo. En cualquier caso, para mí, enamorarme del mundo es mirar el cielo por la noche y sentir que tu mente flota ante la belleza y la distancia de las estrellas. Es abrazar a tus hijos cuando lloran, contemplar cómo brotan las hojas de los sicomoros en junio. Cuando empieza a dolerme el esternón, siento presión en la garganta y se me llenan los ojos de lágrimas, quiero apartar la mirada de los sentimientos. Quiero evadirme con ironía o cualquier otra cosa que me impida sentir directamente. Todos sabemos cómo termina el amor. Pero de todos modos quiero enamorarme del mundo, dejar que me parta por la mitad. Quiero sentir lo que hay que sentir mientras estoy aquí.

Sendak terminó esa entrevista con las últimas palabras que dijo en público: «Vive tu vida. Vive tu vida. Vive tu vida».

Este es mi intento.

«You'll Never Walk Alone»

Estamos en mayo de 2020 y no tengo la cabeza para esto.

Descubro cada vez más a menudo que aludo a ello como «esto», sin nombrarlo ni necesitarlo, porque compartimos la rara y tan extendida experiencia humana de que los pronombres no requieran antecedente. El horror y el sufrimiento abundan por todas partes, y quiero que escribir sea descansar de ellos. Aun así, se abren camino, como la luz a través de las persianas, como el agua de las riadas a través de las puertas cerradas.

Supongo que estáis leyendo esto en mi futuro. Quizá lo estéis leyendo en un futuro tan distante de mi presente que «esto» se acabó. Sé que nunca acabará del todo. La siguiente normalidad será diferente de la última. Pero habrá una siguiente normalidad, y espero que estéis viviendo en ella, y espero estar viviendo en ella con vosotros.

Entretanto, tengo que vivir en esta y buscar consuelo donde pueda. Últimamente lo he encontrado en la canción de un musical.

En 1909, el escritor húngaro Ferenc Molnár estrenó su obra *Liliom* en Budapest. En la obra, Liliom, un joven y a menudo violento charlatán de feria, se enamora de una mujer llamada Julie. Cuando Julie se queda embarazada, Liliom intenta cometer un robo para mantener a su familia, que va a aumentar, pero el robo es un desastre, y Liliom muere. Termina en el purgatorio durante dieciséis años, tras los cuales le conceden un solo día para ir a ver a su hija Louise, que ya es adolescente.

Liliom fracasó en Budapest, pero Molnár no era un dramaturgo que sufriera de falta de confianza en sí mismo. Siguió organizando espectáculos en Europa y después en Estados Unidos, donde, en 1921, una traducción de la obra recibió buenas críticas y cierto éxito en taquilla.

El compositor Giacomo Puccini intentó adaptar *Liliom* a una ópera, pero Molnár se negó a venderle los derechos porque quería que «se recordara *Liliom* como una obra de Molnár, no como una ópera de Puccini». Vendió los derechos a Richard Rodgers y Oscar Hammerstein, el dúo de autores de canciones para musicales que acababa de triunfar con *Oklahoma!* Al hacerlo, Molnár consiguió que *Liliom* se recordara casi exclusivamente como un musical de Rodgers y Hammerstein, con el título de *Carousel*, que se estrenó en 1945.

En el musical, la canción de Rodgers y Hammerstein «You'll Never Walk Alone» (Nunca caminarás solo) se canta dos veces, primero para animar a la recién enviudada Julie tras la muerte de su marido, y años después la cantan los compañeros de clase de Louise en su ceremonia de graduación. Louise no quiere cantar, está muy triste, pero aunque ahora no puede ver a su padre, siente su presencia y su aliento, así que al final empieza a cantar.

Las imágenes de la letra de «You'll Never Walk Alone» no pueden ser más obvias. La canción nos dice que «sigamos adelante a través del viento y de la lluvia», lo cual no es una forma demasiado inteligente de evocar una tormenta. También nos dice que «sigamos adelante con esperanza en el corazón», cosa que parece agresivamente trillada. Y nos informa de que «al final de la tormenta, hay un cielo dorado y el dulce canto plateado de una alondra». Pero lo que en realidad hay al final de la tormenta son ramas esparcidas por todas partes, cables eléctricos caídos y ríos desbordados.

Aun así, conmigo la canción funciona. Quizá sea la repetición de las palabras «sigamos adelante». Creo que dos de los hechos fundamentales de ser persona son: 1. Debemos seguir adelante, y 2. Ninguno de nosotros camina nunca solo. Podemos *sentirnos* solos (de hecho, *nos sentiremos* solos), pero ni siquiera en la aplastante rutina del aislamiento estamos solos. Como Louise en su graduación, los que están lejos o incluso los que se han ido continúan con nosotros, animándonos a seguir adelante.

Todo el mundo ha versionado la canción, desde Frank Sinatra hasta Johnny Cash y Aretha Franklin. Pero la versión más famosa llegó en 1963 con Gerry and the Pacemakers, un grupo que, como los Beatles, era de Liverpool, dirigida por Brian Epstein y grabada por George Martin. En consonancia con el nombre del grupo, los Pacemakers cambiaron el compás de la canción, aceleraron el tempo, dieron a la música lúgubre un poco de energía, y su versión se convirtió en número uno en el Reino Unido.

Casi de inmediato, los hinchas del Liverpool Football Club empezaron a cantar esta canción en los partidos. Aquel verano, el legendario entrenador del Liverpool Bill Shankly dijo a Gerry Marsden, el cantante de los Pacemakers: «Gerry, hijo, yo os he dado un equipo de fútbol, y vosotros nos habéis dado una canción».

Hoy, «You'll Never Walk Alone» está grabado en hierro forjado encima de las puertas del Anfield, el estadio del Liverpool. El famoso defensa danés del Liverpool Daniel Agger se tatuó YNWA por debajo de los nudillos de la mano derecha. Soy hincha del Liverpool desde hace décadas,[1] y

---

1. ¿Por qué? Cuando tenía doce años, formaba parte del equipo de fútbol de mi escuela. Era malísimo, por supuesto, así que jugaba muy

para mí la canción está tan vinculada al club que cuando oigo las notas iniciales pienso en todas las veces que la he cantado con otros hinchas, a veces entusiasmados, y a menudo como un lamento.

Cuando Bill Shankly murió, en 1981, Gerry Marsden cantó «You'll Never Walk Alone» en su funeral, como se ha cantado en muchos funerales de muchos hinchas del Liverpool. Para mí, el milagro de «You'll Never Walk Alone» es lo bien que funciona como canción fúnebre, y como canción de graduación de secundaria, y como canción para celebrar que acabamos de ganar al Barcelona en la Champions League. Como dijo el exjugador y exentrenador del Liverpool Kenny Dalglish: «Abarca la adversidad y la tristeza, y abarca el éxito». Es una canción sobre la necesidad de mantenerse unidos incluso cuando los sueños se han ido al traste. Es una canción tanto sobre la tormenta como sobre el cielo dorado.

A primera vista, puede parecer extraño que la canción de fútbol más famosa del mundo proceda del teatro musical. Pero el fútbol *es* teatro, y los hinchas lo convierten en teatro musical. El himno del West Ham United se llama «I'm Forever Blowing Bubbles» (Siempre estoy haciendo pompas de jabón), y al principio de cada partido veréis a miles de adultos haciendo pompas de jabón en las gradas mientras cantan: «Siempre estoy haciendo pompas de jabón, bonitas pompas de jabón en el aire. / Vuelan tan alto que casi llegan al cielo. / Luego, como mis sueños, se desvanecen y mueren». Los hinchas del Manchester United transformaron el himno de la guerra civil estadounidense de Julia Ward «Battle Hymn of the Republic» en la canción

---

poco. En el equipo teníamos a un buen jugador, un tipo que se llamaba James. James era inglés, y nos contó que en Inglaterra había equipos de fútbol profesionales, y que miles de hinchas se levantaban juntos, hombro con hombro, y cantaban durante los partidos. Nos dijo que el mejor equipo inglés era el Liverpool. Y yo lo creí.

«Glory, Glory Man United». Los hinchas del Manchester City cantan «Blue Moon», una canción de Rodgers y Hart de 1934.

Las comunidades que cantan estas canciones las engrandecen. Son afirmaciones de unidad en el dolor y en el triunfo: tanto si la pompa de jabón vuela como si estalla, cantamos juntos.

«You'll Never Walk Alone» es cursi, pero no se equivoca. La canción no afirma que el mundo sea un lugar justo o feliz. Simplemente nos pide que sigamos adelante con esperanza en el corazón. Y como Louise al final de *Carousel*, aunque no creas en el cielo dorado ni en el dulce canto plateado de la alondra cuando empiezas a cantar, crees un poco más cuando terminas.

En marzo de 2020 circuló en internet un vídeo en el que un grupo de sanitarios británicos cantaban «You'll Never Walk Alone» a sus compañeros de la unidad de cuidados intensivos desde el otro lado de una pared de vidrio. Los sanitarios intentaban animar a sus colegas. Qué palabra, *animar*. Aunque nuestros sueños se vayan al traste, seguimos cantándonos a nosotros mismos y unos a otros para animarnos.

Doy a «You'll Never Walk Alone» cuatro estrellas y media.

El rango temporal de la humanidad

Cuando tenía nueve o diez años, vi en el Orlando Science Center una proyección de planetario en la que el presentador, en un tono que no delataba emoción alguna, nos explicó que en unos mil millones de años el sol será un 10 por ciento más luminiscente que ahora, lo cual probablemente provocará la evaporación descontrolada de los océanos de la Tierra. En unos cuatro mil millones de años, la superficie de la Tierra se calentará tanto que se derretirá. En siete u ocho mil millones de años, el sol será una gigantesca estrella roja, se expandirá hasta acabar succionando nuestro planeta, y toda evidencia que pudiera quedar de lo que pensamos, dijimos o hicimos en la Tierra quedará absorbida en una esfera ardiente de plasma.

Gracias por haber venido al Orlando Science Center. La salida es por la izquierda.

He necesitado buena parte de mis últimos treinta y cinco años para recuperarme de aquella presentación. Más tarde me enteraría de que muchas de las estrellas que vemos en el cielo nocturno son gigantes rojas, incluida Arturo. Hay muchas gigantes rojas. Es frecuente que las estrellas crezcan y engullan sus sistemas solares, que habían sido habitables. No es de extrañar que nos preocupe el fin del mundo. En todo momento hay mundos llegando a su fin.

———

Una encuesta de 2012 realizada en veinte países encontró una amplia diferencia en el porcentaje de personas que creen que la humanidad terminará estando ellas vivas. En Francia, el 6 por ciento de los encuestados lo creía; en Estados Unidos, el 22 por ciento. De alguna manera tiene sentido, porque Francia ha albergado a predicadores apocalípticos. El obispo Martín de Tours, por ejemplo, escribió: «No hay duda de que el Anticristo ya ha nacido». Pero esto fue en el siglo IV. La historia del apocalipticismo estadounidense es mucho más reciente: desde las predicciones de Shaker de que se acabaría el mundo en 1794 hasta los cálculos del famoso evangelista Harold Camping de que el apocalipsis llegaría en 1994, y después, como no se produjo, en 1995. Camping anunció entonces que el fin de los tiempos empezaría el 21 de mayo de 2011, que daría inicio a «cinco meses de fuego, azufre y plagas en la Tierra, con millones de personas muriendo a diario, y culminará el 21 de octubre de 2011 con la destrucción definitiva del mundo». Dado que nada de esto sucedió, Camping dijo: «Reconocemos humildemente que nos equivocamos en las fechas», pero que conste que nadie reconoce nada humildemente si se refiere a sí mismo como «nosotros». Recuerdo algo que mi profesor de religión Donald Rogan me dijo una vez: «Nunca predigas el fin del mundo. Casi seguro que te equivocarás, y si tienes razón, no quedará nadie para felicitarte».

El apocalipsis personal de Camping llegó en 2013, cuando murió a los noventa y dos años. Parte de nuestros miedos sobre *el* fin del mundo deben de tener su origen en la extraña realidad de que el mundo *de cada uno de nosotros* terminará, y pronto. En este sentido, quizá las angustias apocalípticas sean un subproducto de la asombrosa capacidad humana para el narcisismo. ¿Cómo va a sobrevivir el mundo a la muerte de su habitante más importante: yo? Aunque creo que hay algo más en juego. Sabemos que tendremos un fin, en parte porque sabemos que otras especies lo tuvieron.

Los «humanos modernos», como nos llaman los paleontólogos, existimos desde hace unos 250.000 años. Este es nuestro «rango temporal», la cantidad de tiempo que hemos sido una especie. Los elefantes actuales son como mínimo diez veces más viejos que nosotros, ya que su rango temporal se remonta al Plioceno, que terminó hace más de 2,5 millones de años. Las alpacas existen desde hace unos 10 millones de años, cuarenta veces más que nosotros. Los tuátaras, una especie de reptiles que viven en Nueva Zelanda, aparecieron por primera vez hace unos 240 millones de años. Llevan aquí mil veces más tiempo que nosotros, desde antes de que el supercontinente Pangea empezara a fragmentarse.

Somos más jóvenes que los osos polares, los coyotes, las ballenas azules y los camellos. También somos mucho más jóvenes que muchos animales a los que llevamos a la extinción, desde el dodo hasta el megaterio.

En la primavera de 2020, unas semanas después de que la aparición de un nuevo coronavirus empezara a cerrar escuelas y a vaciar supermercados en Estados Unidos, alguien me mandó una recopilación de las veces en las que yo había expresado públicamente mi temor a una pandemia. En el podcast *10 Things That Scare Me* (10 cosas que me asustan) incluí muy al principio «una pandemia mundial que provoque el desmoronamiento de las normas humanas». Años antes, en un vídeo sobre historia mundial, había especulado sobre lo que podría suceder «si alguna superbacteria aparece mañana y recorre todas las rutas comerciales mundiales». En 2019 dije en un podcast: «Todos debemos prepararnos para la pandemia mundial que sabemos que se avecina». Y sin embargo no hice nada para prepararme. El futuro, incluso en aquello que no podemos evitar, siempre me parece vago y nebuloso... hasta que deja de serlo.

Después de que la escuela de mis hijos cerrara y después de haber encontrado una mascarilla que había comprado hacía años para minimizar la inhalación de serrín mientras les construía la casa del árbol, pero mucho antes de haber entendido el alcance de la pandemia, llamé a mi hermano, Hank, y le dije que estaba muy asustado. Hank es el sensato, el cuerdo y el tranquilo. Siempre lo ha sido. Nunca hemos permitido que el hecho de que yo sea el mayor impida que Hank sea el hermano sensato. Desde que éramos pequeños, una de las formas a las que he recurrido para gestionar mi ansiedad ha sido mirarlo. Mi cerebro no puede proporcionarme información fiable respecto a si lo que percibo como una amenaza lo es realmente, así que miro a Hank, veo que no está asustado y me digo que estoy bien. Si *de verdad* algo fuera mal, Hank no se mostraría tan tranquilo y seguro de sí mismo.

El caso es que le dije a Hank que estaba asustado.

«La especie sobrevivirá a esto», me contestó con voz algo entrecortada.

«¿*La especie sobrevivirá a esto?* ¿¿¿Es todo lo que puedes decirme???»

Se quedó un momento callado. Yo oía el temblor en su respiración, el temblor que él lleva toda la vida oyendo en la mía.

«Es todo lo que puedo decirte», me contestó un momento después.

Le dije a Hank que había comprado sesenta latas de Diet Dr Pepper para poder beberme dos cada día del confinamiento.

Y solo entonces oí la vieja sonrisa de Hank, la sonrisa de «mi hermano mayor es todo un personaje». «Para llevar cuarenta años preocupado por las pandemias, está claro que no sabes cómo funcionan», me dijo.

———

Una regla del marketing minorista afirma que, para maximizar las ventas, las empresas deben crear una sensación de urgencia. «¡La superoferta termina pronto! ¡Solo quedan unas pocas entradas!» Estas amenazas comerciales, sobre todo en la era del comercio por internet, son casi siempre una ficción. Pero son eficaces, un eco de nuestras visiones apocalípticas: si tenemos una sensación de urgencia sobre el experimento humano, quizá al final nos pongamos manos a la obra, ya sea corriendo para salvar almas antes del juicio final o corriendo para abordar el cambio climático.

Intento recordarme a mí mismo que en el siglo IV la angustia escatológica de Martín de Tours tuvo que ser tan real para él como lo es la mía para mí. Hace mil años se consideraba que las inundaciones y las plagas eran presagios apocalípticos, porque eran muestras de una fuerza que estaba más allá de nuestra capacidad de comprensión. En la época en la que yo me hacía adulto, entre el auge de los ordenadores y de las bombas de hidrógeno, el efecto del año 2000 y el invierno nuclear, aumentaron las preocupaciones apocalípticas. Hoy en día estas preocupaciones a veces se centran en el posible descontrol de la inteligencia artificial o en la llegada de una pandemia devastadora de especies para la que hemos demostrado no estar preparados, aunque mi preocupación suele adoptar la forma de ansiedad climática o ecológica, términos que no existían hace unas décadas, pero que ahora son fenómenos generalizados.

Los humanos ya somos una catástrofe ecológica. En solo 250.000 años, nuestro comportamiento ha llevado a la extinción de muchas especies y al grave deterioro de muchas más. Es lamentable, y también cada vez más innecesario. Probablemente hace miles de años no sabíamos lo que hacíamos cuando cazábamos algunos mamíferos de gran tamaño hasta extinguirlos. Pero ahora sabemos lo que estamos haciendo. Sabemos pisar la tierra con más suavidad. Podríamos optar por utilizar menos energía, comer menos carne y talar menos bosques. Pero decidimos no hacerlo. El resultado es que, para muchas formas de vida, la humanidad es el apocalipsis.

————————

Algunas visiones del mundo adoptan cosmologías cíclicas. La escatología hindú, por ejemplo, establece una serie de períodos de miles de millones de años llamados *kalpas* en los que el mundo pasa por un ciclo de formación, mantenimiento y luego declive. Pero las escatologías lineales suelen aludir al fin de los tiempos para la humanidad como «el fin del mundo», aunque muy probablemente nuestra desaparición de la Tierra no será el fin del mundo, ni el fin de la vida en el mundo.

Los humanos somos una amenaza para nuestra propia especie y para muchas otras, pero el planeta nos sobrevivirá. De hecho, la vida en la Tierra puede tardar solo unos pocos millones de años en recuperarse de nosotros. La vida se ha recuperado de conmociones mucho más graves. Hace 250 millones de años, durante la extinción del Pérmico, las aguas superficiales de los océanos probablemente alcanzaron los 40 grados Celsius, o los 104 grados Fahrenheit. El 95 por ciento de las especies de la Tierra se extinguieron, y durante los cinco millones de años siguientes la Tierra fue una «zona muerta» en la que la vida apenas se desarrolló.

Hace 66 millones de años, el impacto de un asteroide provocó una nube de polvo tan grande que la oscuridad debió de cubrir la Tierra durante dos años, lo cual prácticamente interrumpió la fotosíntesis y llevó a la extinción del 75 por ciento de los animales terrestres. Comparados con estos desastres, no somos tan importantes. Cuando la Tierra acabe con nosotros, será como: «Bueno, esa plaga humana no era genial, pero al menos no he pillado el síndrome de los grandes asteroides».

Desde el punto de vista evolutivo, lo difícil fue pasar de células procariotas a eucariotas, y luego pasar de organismos unicelulares a pluricelulares. La Tierra tiene unos 4.500 millones de años, una cantidad de tiempo que sencillamente no me cabe en la cabeza. Pero imaginemos que la historia de la Tierra corresponde a un año, es decir, que se formó el 1 de enero y hoy es 31 de diciembre a las 11.59 de la noche. La primera vida en la Tierra surge hacia el 25 de febrero. Los organismos fotosintéticos aparecen por primera vez a finales de marzo. La vida pluricelular no aparece hasta agosto o septiembre. Los primeros dinosaurios, como el eoraptor, aparecieron hace unos 230 millones de años, o el 13 de diciembre en nuestro calendario de un año. El impacto del meteorito que antecede a la desaparición de los dinosaurios tiene lugar hacia el 26 de diciembre. El *Homo sapiens* no forma parte de la historia hasta el 31 de diciembre a las 11.48 de la noche.[2]

En otras palabras: la Tierra tardó unos 3.000 millones de años en pasar de la vida unicelular a la pluricelular. Se necesitaron poco menos de 70 millones de años para pasar del *Tyrannosaurus rex* a los humanos, que pueden leer, escribir, desenterrar fósiles, calcular desde cuándo existe la vida y preocuparse por su final. A menos que de alguna manera logremos eliminar toda la vida pluricelular del planeta, la Tierra no tendrá que empezar de cero y estará bien; al menos hasta que los océanos se evaporen y el planeta sea engullido por el sol.

Pero para entonces ya habremos desaparecido, y también nuestra memoria colectiva y recopilada. Creo que parte de lo que me asusta del fin de la humanidad es el fin de esos recuerdos. Creo que si un árbol cae en el bosque y no

---

2. La agricultura, las grandes comunidades humanas y la construcción de estructuras monolíticas tienen lugar en el último minuto de este año. La Revolución industrial, las dos guerras mundiales, la invención del baloncesto, la grabación de música, el lavavajillas y los vehículos que viajan más rápido que los caballos aparecen en los últimos dos segundos.

hay nadie que lo oiga, hace ruido. Pero si no hay nadie que ponga los discos de Billie Holiday, esas canciones no volverán a sonar. Hemos causado mucho sufrimiento, pero también hemos causado muchas más cosas.

Sé que el mundo nos sobrevivirá, y de alguna manera estará *más* vivo. Cantarán más pájaros. Deambularán más criaturas. Más plantas resquebrajarán nuestro asfalto y reconstruirán el planeta que nosotros terraformamos. Imagino coyotes durmiendo en las ruinas de las casas que construimos. Imagino nuestro plástico arrastrado por el mar cientos de años después de que el último de nosotros desaparezca. Imagino polillas que, como no tienen luces artificiales hacia las que volar, se vuelven hacia la luna.

Me consuela un poco saber que la vida continuará incluso sin nosotros. Pero diría que, cuando nuestra luz se apague, será la mayor tragedia de la Tierra, porque, aunque sé que los humanos tendemos a la grandilocuencia, también creo que somos de lejos lo más interesante que le ha sucedido nunca a la Tierra.

Es fácil olvidar lo maravillosos, extraños y hermosos que somos los humanos. A través de la fotografía y el arte, todos nosotros hemos visto cosas que nunca veremos: la superficie de Marte, los peces bioluminiscentes de las profundidades del océano y una chica del siglo XVII con un pendiente de perlas. La empatía nos ha permitido sentir cosas que de otro modo no habríamos sentido. Gracias al rico mundo de la imaginación, hemos visto apocalipsis grandes y pequeños.

Somos la única parte del universo que conocemos que sabe que está en un universo. Sabemos que giramos alrededor de una estrella que algún día nos engullirá. Somos la única especie que sabe que tiene un rango temporal.

Los organismos complejos suelen tener rangos temporales más cortos que los simples, y la humanidad se enfrenta a tremendos desafíos. Debemos encontrar una manera de sobrevivir, de seguir adelante en un mundo en el que somos lo bastante poderosos para calentar todo el planeta, pero no lo bastante poderosos para dejar de calentarlo. Incluso es posible que tengamos que sobrevivir a nuestra obsolescencia a medida que la tecnología aprenda a hacer más de lo que hacemos y mejor de lo que podemos hacerlo ahora. Sin embargo, estamos mejor posicionados para resolver nuestros mayores problemas de lo que lo estábamos hace cien o mil años. Los humanos tenemos más capacidad intelectual colectiva que nunca, y más recursos, y más conocimientos recopilados por nuestros antepasados.

También somos sorprendente y estúpidamente persistentes. Es probable que los primeros humanos utilizaran muchas estrategias para cazar y pescar, pero una habitual fue la caza por persistencia. En la caza por persistencia, el depredador se basa en la habilidad de rastrear y en la pura perseverancia. Seguíamos a la presa durante horas, y cada vez que huía de nosotros, la seguíamos, y volvía a huir, y la seguíamos, y huía de nuevo, hasta que al final estaba demasiado agotada para continuar. Así es como durante decenas de miles de años hemos comido criaturas más rápidas y más fuertes que nosotros.

Seguimos adelante. Nos propagamos por siete continentes, incluido uno que es demasiado frío para nosotros. Navegamos los océanos hacia una tierra que no veíamos y que no sabíamos que íbamos a encontrar. Una de mis palabras favoritas es «emperrarse». Me encanta que nos emperremos en buscar, que nos emperremos en lograr algo y que nos emperremos en mantener nuestras determinaciones. No me malinterpretéis… Es cierto que los perros también se emperran. Pero ellos deberían llamarlo «enhumanarse». Enhumanarse en mantener sus determinaciones.

Durante la mayor parte de mi vida he creído que estábamos en el cuarto trimestre de la historia de la humanidad, y quizá incluso en los últimos días. Pero últimamente creo que esta desesperación solo empeora nuestras ya escasas posibilidades de supervivencia a largo plazo. Debemos luchar como si hubiera algo por lo que luchar, como si fuéramos algo por lo que merece la pena luchar, porque lo somos. Y por eso decido creer que no estamos acercándonos al apocalipsis, que no se acerca el final y que encontraremos la manera de sobrevivir a los cambios que se avecinan.

«El cambio es la única realidad inevitable, irresistible y permanente del universo», escribió Octavia Butler. ¿Y quién soy yo para decir que no continuaremos cambiando? ¿Quién soy yo para decir que Butler se equivocó cuando escribió: «El destino de la semilla de la tierra es echar raíces entre las estrellas»? Últimamente prefiero creer que nuestra persistencia y nuestra capacidad de adaptación nos permitirán seguir cambiando con el universo durante mucho, mucho tiempo.

Hasta este momento, con sus 250.000 insignificantes años, es difícil dar al rango temporal de la humanidad más de una estrella. Pero aunque al principio las palabras de mi hermano me angustiaron, en los últimos tiempos me descubro repitiéndolas y creyendo en ellas. Tenía razón. Siempre la tiene. La especie sobrevivirá a esto, y a mucho más que llegará.

Y así, con esperanza y expectativas, doy a nuestro rango temporal cuatro estrellas.

El cometa Halley

Uno de los imperecederos misterios del cometa Halley es que nadie sabe cómo escribir su nombre, ya que el cometa lleva el nombre de un astrónomo que escribía su apellido de diversas maneras, como Hailey, Halley y Hawley. Creemos que el lenguaje está muy activo últimamente, con la aparición de emojis y el significado cambiante de algunas palabras, pero al menos sabemos escribir nuestro nombre. Yo voy a llamarlo cometa Halley, y pido disculpas a los Hawley y Hailey que haya entre nosotros.

Es el único cometa periódico que cada cierto tiempo puede verse desde la Tierra a simple vista. El cometa Halley tarda entre setenta y cuatro y setenta y nueve años en completar su pronunciadamente elíptica órbita alrededor del sol, por lo que, en una larga vida humana, Halley ilumina el cielo nocturno durante varias semanas al menos una vez. O dos veces en la vida, si las fechas cuadran bien. El escritor estadounidense Mark Twain, por ejemplo, nació cuando el cometa brillaba en el cielo de Missouri. Setenta y cuatro años después escribió: «Llegué con el cometa Halley, en 1835. Vuelve de nuevo el año que viene y espero marcharme con él». Y así fue. Murió en 1910, cuando Halley reapareció. Twain tenía un gran talento para la estructura narrativa, especialmente cuando se trataba de memorias.

Setenta y seis años después, a finales del invierno de 1986, el cometa regresó. Yo tenía ocho años. Esta aparición fue, citando la versión en inglés de la Wikipedia, «la menos favorable registrada», porque el cometa pasó a mucha más distancia de la Tierra de lo habitual. La distancia del cometa junto con el tremendo aumento de la luz artificial hicieron que en muchos lugares no pudiera verse a simple vista.

Yo vivía en Orlando, Florida, una ciudad que emite mucha luz al cielo nocturno, pero el fin de semana en que Halley brillaba más, mi padre y yo fuimos en coche al Ocala National Forest, donde mi familia tenía una pequeña cabaña. Al final del que sigo considerando uno de los mejores días de mi vida, vi el cometa con los prismáticos para observar pájaros de mi padre.

———————

La humanidad pudo haber sabido hace miles de años que el Halley era un cometa que reaparecía. En el Talmud se alude a «una estrella que aparece cada setenta años y hace que los capitanes de los barcos se equivoquen». Pero en aquel entonces era frecuente que los humanos olvidaran con el tiempo lo que ya habían aprendido. Ahora que lo pienso, no solo en aquel entonces.

En cualquier caso, Edmond[3] Halley se dio cuenta de que el cometa que observó en 1682 parecía tener una órbita similar a cometas registrados en 1607 y 1531. Catorce años después, Halley seguía pensando en el cometa y escribió a Isaac Newton: «Estoy cada vez más seguro de que ya hemos visto ese cometa tres veces desde 1531». Halley predijo entonces que el cometa volvería en 1758. Así fue, y desde entonces lleva su nombre.

Como muy a menudo centramos la historia en torno a las hazañas y los descubrimientos de individuos, es fácil olvidar

———————

3. O tal vez Edmund.

que los grandes sistemas y las fuerzas históricas impulsan cambios en el conocimiento humano. Aunque es cierto que, por ejemplo, Halley predijo correctamente el regreso del cometa, su colega y contemporáneo Robert Hooke ya había expresado la «novedosa opinión» de que algunos cometas podrían ser recurrentes. Incluso dejando de lado la posibilidad de que el Talmud fuera consciente de la existencia de cometas periódicos, por aquella época otros observadores del cielo empezaban a tener ideas similares. La Europa del siglo XVII —no solo con Newton y Hooke, sino también con Boyle, Galileo, Gascoigne y Pascal— vio tantos avances científicos y matemáticos importantes no porque las personas que nacieron en esa época y en ese lugar fueran excepcionalmente inteligentes, sino porque estaba surgiendo el sistema analítico de la revolución científica, porque instituciones como la Royal Society permitieron que las élites instruidas aprendieran unas de otras de forma más eficaz, y también porque de repente Europa se enriqueció como nunca antes. No es casualidad que la revolución científica en Gran Bretaña coincidiera con el aumento de la participación británica en el comercio de esclavos en el Atlántico y con la creciente riqueza obtenida de las colonias y de la mano de obra de los esclavos.

Por lo tanto, debemos intentar recordar a Halley en su contexto, no como un genio singular que nació en una familia de fabricantes de jabón y descubrió un cometa, sino como una persona minuciosa y muy curiosa que también era, como todos nosotros, «una burbuja en la marea del imperio», como memorablemente dijo Robert Penn Warren.

Dicho esto, Halley era brillante. Este es solo un ejemplo de cómo utilizaba el pensamiento lateral, como se analiza en el libro de John y Mary Gribbin *Out of the Shadow of a Giant*: cuando le pidieron que calculara la superficie de los condados ingleses, Halley «cogió un gran mapa de Inglaterra y recortó el círculo completo más grande posible». Ese círculo equivalía a 111,57 kilómetros de diámetro. Luego pesó el círculo y el mapa completo, y llegó a la conclusión de que, como el mapa pesaba cuatro veces más que el círculo, el área de Inglaterra era cuatro veces el área del círculo. Su resultado solo se diferencia en un 1 por ciento de los cálculos contemporáneos.

La curiosidad polimática de Halley hace que su lista de logros parezca sacada de una novela de Julio Verne. Inventó una especie de campana de buceo para ir a buscar tesoros en un barco hundido. Desarrolló una de las primeras brújulas magnéticas e hizo muchos descubrimientos importantes sobre el campo magnético de la Tierra. Sus escritos sobre el ciclo hidrológico de la Tierra tuvieron una enorme influencia. Tradujo las observaciones del astrónomo árabe del siglo X Al Battani sobre los eclipses y utilizó su obra para determinar que la órbita de la luna estaba acelerándose. Y desarrolló la primera tabla actuarial, lo que allanó el camino a la aparición de los seguros de vida.

Halley también financió personalmente la publicación de los tres volúmenes de los *Principia* de Newton, porque la principal institución científica de Inglaterra, la Royal Society, «gastó apresuradamente todo su presupuesto para publicaciones en una historia de los peces», según la historiadora Julie Wakefield. Halley entendió de inmediato la trascendencia de los *Principia*, considerado uno de los libros más importantes de la historia de la ciencia.[4] Halley dijo sobre el libro: «Ahora realmente nos admiten como invitados a la

---

4. En *Out of the Shadow of a Giant*, Mary Gribbin y John Gribbin argumentan que aunque los *Principia* son importantes, por supuesto, también se basaron en —y en ocasiones directamente robaron— investigaciones de otros, en especial de Robert Hooke. Escriben: «La famosa historia de que vio caer una manzana durante la peste de 1665 es un mito inventado por Newton para reforzar su (falsa) afirmación de que se le ocurrió la idea de la teoría universal de la gravedad antes que a Hooke». Es reconfortante saber que incluso Isaac Newton exageró lo que hizo durante su año de la peste.

mesa de los dioses. El error ya no oprime a la dubitativa humanidad con sus tinieblas».

Por supuesto, las ideas de Halley no siempre se sostenían. El error aún oprimía a la dubitativa humanidad (y sigue haciéndolo). Por ejemplo, basándose en parte en los cálculos incorrectos de Newton sobre la densidad de la luna, Halley argumentó que había una segunda Tierra dentro de nuestra Tierra, con su propia atmósfera y probablemente sus propios habitantes.

Cuando en 1986 apareció el cometa Halley, el enfoque de la revolución científica en la creación de conocimientos había tenido tanto éxito que incluso los alumnos de tercero de primaria como yo conocían las capas de la Tierra. Aquel día en el Ocala National Forest, mi padre y yo construimos un banco clavando tablones en trozos de tronco de árbol. No era un trabajo de carpintería especialmente complejo, pero, al menos por lo que recuerdo, nos ocupó casi todo el día. Luego hicimos una hoguera, asamos unos perritos calientes y esperamos a que oscureciera lo suficiente, o todo lo que se oscurecía el centro de Florida en 1986.

No sé cómo explicaros lo importante que fue para mí aquel banco, lo mucho que me importaba que mi padre y yo hubiéramos hecho algo juntos. El caso es que aquella noche nos sentamos uno al lado del otro en nuestro banco, en el que apenas cabíamos los dos, y nos íbamos pasando los prismáticos para observar el cometa Halley, una mancha blanca en el cielo entre azul y negro.

Mis padres vendieron la cabaña hace casi veinte años, pero poco antes pasé allí un fin de semana con Sarah. Acabábamos de empezar a salir. La llevé al banco, que todavía estaba en el mismo sitio. Las gruesas patas estaban plagadas de termitas y los tablones estaban deformados, pero aun así aguantó nuestro peso.

El cometa Halley no es un miniplaneta esférico monolítico que vuela por el espacio, como me lo imaginaba. Son muchas rocas fusionadas en una masa con forma de cacahuete, una «bola de nieve sucia», como dijo el astrónomo Fred Whipple. En total, la bola de nieve sucia del Halley tiene un núcleo de quince kilómetros de largo y ocho de ancho, pero su cola de gas ionizado y partículas de polvo se extiende unos cien millones de kilómetros en el espacio. En el año 837, cuando el cometa se acercó a la Tierra más de lo habitual, su cola se extendía por más de la mitad de nuestro cielo. En 1910, mientras Mark Twain agonizaba, la Tierra atravesó la cola del cometa. La gente compró máscaras de gas y paraguas anticometa para protegerse de los gases.

Sin embargo, el Halley no supone ninguna amenaza para nosotros. Tiene aproximadamente el mismo tamaño que el objeto que golpeó la Tierra hace 66 millones de años y que provocó la extinción de los dinosaurios y de muchas otras especies, pero no sigue un rumbo de colisión con la Tierra. Dicho esto, el cometa Halley estará más de cinco veces más cerca de la Tierra en 2061 que en 1986. Será más brillante en el cielo nocturno que Júpiter o cualquier estrella. Yo tendré 83 años, si tengo suerte.

Si medimos el tiempo en Halleys en lugar de en años, la historia empieza a parecer diferente. En 1986, cuando el cometa nos visitó, mi padre trajo a casa un ordenador, el primero de nuestro barrio. Un Halley antes se estrenó la primera adaptación cinematográfica de *Frankenstein*. El Halley anterior, Charles Darwin iba a bordo del HMS *Beagle*. El Halley anterior, Estados Unidos no era un país. El Halley anterior, Luis XIV gobernaba Francia.

Dicho de otra manera: en 2021 estamos a cinco vidas humanas de la construcción del Taj Mahal y a dos vidas de la abolición de la esclavitud en Estados Unidos. La historia, como la vida humana, es increíblemente rápida y a la vez angustiosamente lenta.

———————

Del futuro solo podemos predecir una pequeña parte. Esta incertidumbre me aterroriza, igual que aterrorizó a los que vivieron antes que yo. Como escriben John y Mary Gribbin: «Los cometas eran el arquetípico fenómeno impredecible, ya que aparecían sin previo aviso, y en el siglo XVIII provocaban un asombro supersticioso aún mayor que los eclipses».

Por supuesto, aún no sabemos casi nada sobre lo que se avecina, ni para nosotros como individuos, ni para nosotros como especie. Quizá por eso me resulta tan reconfortante que sepamos cuándo volverá el Halley, y que volverá, tanto si estamos aquí para verlo como si no.

Doy al cometa Halley cuatro estrellas y media.

Nuestra capacidad de asombro

Hacia el final de la novela de F. Scott Fitzgerald *El gran Gatsby*, el narrador está tumbado en una playa por la noche cuando empieza a pensar en el momento en que los marineros holandeses vieron por primera vez lo que ahora llamamos Nueva York. Fitzgerald escribe: «Por un fascinado instante, tan transitorio como maravilloso, el hombre debió haber contenido la respiración ante este continente, obligado a una estética contemplación que no entendía ni deseaba, frente a frente, por última vez en la historia, a algo proporcional a su capacidad de asombro». Una frase increíble. Entre el primer manuscrito del *Gatsby* y el libro terminado hubo muchos cambios. En 1924, el editor de Fitzgerald tenía las galeradas de la novela, que entonces se titulaba *Trimalchio*. Luego Fitzgerald la revisó a fondo y cambió el título por *El gran Gatsby*. Pero en todo el proceso de edición, compaginación y reorganización, esta frase en concreto nunca cambió. Bueno, salvo en un borrador en el que Fitzgerald escribió mal la palabra *estética*, pero ¿quién no se ha equivocado alguna vez?

Gatsby tomó un itinerario enrevesado en su camino hasta llegar a ser una de las grandes novelas estadounidenses. Las primeras críticas no fueron muy buenas, y en general la consideraron inferior a la primera novela de Fitzgerald, *A este lado del paraíso*. En el *New York Herald*, Isabel Paterson escribió que *Gatsby* era «un libro solo de temporada». H. L. Mencken lo llamó «obviamente insignificante» en el *Chicago Tribune*. El *Dallas Morning News* arremetió con especial brutalidad: «Uno termina *El gran Gatsby* con un sentimiento de pesar, no por el destino de las personas que aparecen en el libro, sino por el señor Fitzgerald. Cuando se publicó *A este lado del paraíso*, el señor Fitzgerald fue aclamado como una joven promesa... pero parece que la promesa, como tantas otras, no va a cumplirse». Uau.

La novela no tuvo grandes ventas, nada que ver con cualquiera de sus libros anteriores. En 1936, los derechos anuales de Fitzgerald por la venta de libros ascendían a unos ochenta dólares. Ese año publicó *The Crack-Up*, una serie de ensayos sobre su propio desmoronamiento físico y psicológico. «Empecé a darme cuenta de que durante dos años mi vida había sido un despilfarro de recursos que de hecho no poseía, que había estado hipotecándome física y espiritualmente hasta el cuello.» Fitzgerald moriría solo unos años después, a los cuarenta y cuatro años, con sus libros prácticamente olvidados.

Pero después, en 1942, el Council on Books in Wartime (Consejo de Libros en Tiempos de Guerra) estadounidense empezó a enviar libros a las tropas que luchaban en la Segunda Guerra Mundial. Mandaron fuera del país más de 150.000 ejemplares del *Gatsby* de la Armed Services Edition, y al final el libro se convirtió en un éxito. La Armed Services Edition publicaba libros que cabían en los bolsillos de los soldados; popularizaron varios títulos que ahora se consideran clásicos, entre ellos *Un árbol crece en Brooklyn*, de Betty Smith. El libro de Smith fue uno de los pocos escritos por mujeres incluidos en el programa; la inmensa mayoría de los autores eran hombres blancos.

El lema del Council on Books in Wartime era «Los libros son armas en la guerra de ideas», un lema que los generales podían respaldar aun cuando muchos de los libros elegidos, incluido el *Gatsby*, no fueran demasiado patrióticos. El programa resultó ser un gran éxito. Un soldado dijo al *New York Times* que los libros eran «tan populares como las chicas *pin-up*».

Hacia 1960, el *Gatsby* vendía 50.000 ejemplares al año; en la actualidad vende más de medio millón de ejemplares al año, sobre todo porque en Estados Unidos es complicado terminar la escuela secundaria sin que te hayan pedido que lo leas. Es breve, razonablemente accesible y ha demostrado que no es un libro «de temporada», sino un libro para todas las temporadas.

El *Gatsby* es una crítica del sueño americano. Las únicas personas que acaban siendo ricas o teniendo éxito en la novela son las que ya empezaron así. Casi todos los demás acaban muertos o desahuciados. Y es una crítica al capitalismo insulso que no encuentra nada más interesante que hacer con el dinero que intentar hacer más dinero. El libro muestra la despreocupación de los ricos que se creen con privilegios, personas que compran cachorros de los que no van a ocuparse, o que compran grandes bibliotecas cuyos libros no van a leer.

Sin embargo, a menudo se lee el *Gatsby* como una *celebración* del horrible exceso de los ámbitos más ricos del Antropoceno. Poco después de que se publicara el libro, Fitzgerald escribió a un amigo: «De todas las críticas, incluso las más entusiastas, ninguna tenía la menor idea de lo que trataba el libro».

A veces aún parece cierto. Por hablar de mi propio horrible exceso, una vez me alojé en el famoso hotel Plaza de Nueva York y me «ascendieron» gratis a la suite Great Gatsby. La habitación era un ejercicio de sobreestimulación visual —papel pintado plateado brillante, muebles recargados, trofeos falsos y balones de fútbol firmados en la repisa de la chimenea—, como si ignorara del todo que, en la novela, Daisy y Tom Buchanan son los malos.

Al final, en el que puede haber sido el momento de mi vida en el que más privilegiado me he creído, llamé y pedí que me cambiaran de habitación porque el incesante tintineo de la enorme lámpara de cristal de la suite Gatsby no me dejaba dormir. Mientras hacía esa llamada, sentía los ojos de Fitzgerald clavados en mí.

Pero el *Gatsby* se presta a la confusión que Fitzgerald lamentaba. Sí, condena con firmeza el exceso estadounidense, pero, aun así, la prosa de toda la novela late a un ritmo embriagador. Basta con leer la primera frase en voz alta: «En mi primera infancia mi padre me dio un consejo que, desde entonces, no ha cesado de darme vueltas por la cabeza». Casi se puede marcar el ritmo con el pie. O esta otra: «Gatsby resultó ser un hombre de una pieza; lo que le devoraba era el turbio polvo flotando en la estela de sus sueños, lo mismo que encerró temporalmente mi interés en las abortivas tristezas y cortas alegrías del género humano».

Cuando las palabras avanzan así, resulta complicado no disfrutar de la fiesta, y para mí esta es la auténtica genialidad del *Gatsby*. El libro te hace sentir como los asquerosos ricos que se creen con privilegios y como los pobres que viven en el valle de las cenizas, y como todos los que están en medio. Sabes que las fiestas son insulsas y quizá incluso nocivas, pero sigues queriendo que te inviten. Y así, en los malos tiempos el *Gatsby* parece una condena de la forma de pensar estadounidense, y en los buenos tiempos parece una celebración de esa misma forma de pensar. David Denby ha escrito que el libro se ha «convertido en una especie de biblia nacional, que se recita con alegría o con tristeza, según exija la ocasión».

Así ha sucedido con esa frase casi al final del libro. «Por un fascinado instante, tan transitorio como maravilloso, el hombre debió haber contenido la respiración ante este continente, obligado a una estética contemplación que no entendía ni deseaba, frente a frente, por última vez en la historia, a algo proporcional a su capacidad de asombro».

En esta frase hay un solo problema, y es que no es verdad. No es verdad que el «hombre» contuviera la respiración ante este continente, porque si suponemos que el «hombre» es toda la humanidad, entonces el «hombre» conocía esta zona, y había vivido en ella, desde hacía decenas de miles de años. De hecho, que en la frase se utilice la palabra «hombre» acaba contándonos muchas cosas sobre a quién considera personas el narrador y dónde centra su historia.

Esta «última vez en la historia» también resultó ser errónea, por supuesto. Unas décadas después de que se publicara el *Gatsby*, los seres humanos pisaron la luna. Y poco después mandamos al espacio un telescopio que nos permitió vislumbrar cómo era el universo justo después del Big Bang.

Quizá la novela lo sepa. Al fin y al cabo, es un libro sobre rememorar un pasado que nunca existió e intentar fijar algún momento concreto del pasado para convertirlo en permanente, cuando el pasado ni es fijo, ni puede fijarse. Y quizá por eso la novela sepa que rememorar estos instantes transitorios y maravillosos es una empresa condenada al fracaso. Quizá el Plaza sabía que habían hecho una habitación sobre (y para) los malos.

Pero debo confesar que este interminable análisis de ambivalencias e ironías me agota. Esta es la pura verdad, al menos como se me ha mostrado: el asombro espera siempre a la vuelta de la esquina. Recuerdo que, cuando mi hijo tenía unos dos años, una mañana de noviembre caminábamos por el bosque. Estábamos en una loma mirando los árboles del valle, donde una neblina fría parecía abrazar el suelo. Yo intentaba que mi inconsciente hijo de dos años apreciara el paisaje. En un momento dado lo cogí, señalé el horizonte y le dije: «¡Mira eso, Henry, míralo!». Y él me dijo: «¡Joja!». «¿Qué?», le pregunté. Él volvió a decir «Joja», extendió la mano y cogió una hoja marrón de un pequeño roble que estaba a nuestro lado.

Quise explicarle que, en noviembre, en cualquier parte del este de Estados Unidos puede verse una hoja de roble marrón, que en el bosque no había nada menos interesante. Pero al verlo mirándola, empecé a mirarla yo también, y no tardé en darme cuenta de que no era solo una hoja marrón. Las venas rojas, naranjas y amarillas se entrecruzaban formando un dibujo demasiado complejo para que mi cerebro lo sintetizara, y cuanto más observaba aquella hoja con Henry, más me sentía obligado a una estética contemplación que no entendía ni deseaba, frente a algo proporcional a mi capacidad de asombro.

Mientras me maravillaba ante la perfección de aquella hoja, recordé que la belleza estética guarda relación tanto con lo que ves como con cómo miras y si miras. Desde los quarks hasta las supernovas, los asombros no cesan. Es nuestra atención lo que escasea, nuestra capacidad y nuestra voluntad de hacer el trabajo que exige el asombro.

Aun así, me gusta nuestra capacidad de asombro. Le doy tres estrellas y media.

Las pinturas rupestres de Lascaux

Si habéis tenido un hijo o habéis sido niños alguna vez, seguramente ya conocéis las plantillas de manos. Fueron el
primer arte figurativo que hicieron mis dos hijos; en algún
momento entre los dos y los tres años, extendieron los dedos de una mano encima de una hoja de papel, y con mi
ayuda o la de su madre trazaron sus cinco dedos. Recuerdo
la cara de mi hijo al levantar la mano y ver absolutamente
sorprendido la forma de sus dedos en el papel, un registro
semipermanente de sí mismo.

Me alegro muchísimo de que mis hijos ya no tengan
tres años, pero al mirar las manitas de aquellas primeras
obras de arte me invade una extraña alegría que me parte el
alma. Esos dibujos me recuerdan que mis hijos no solo están creciendo, sino que también están alejándose de mí,
avanzando a toda prisa hacia su propia vida. Yo doy este
significado a los dibujos de sus manos, pero la complicada
relación entre el arte y sus espectadores nunca es más tensa
que cuando miramos profundamente el pasado.

En septiembre de 1940, un mecánico de dieciocho años
llamado Marcel Ravidat paseaba por la campiña del sudoeste de Francia cuando su perro, Robot, desapareció por un
agujero. (O al menos eso dice la historia.)[5] Cuando Robot

5. Ravidat contó la versión de la historia con el perro, pero en su

volvió, Ravidat pensó que el perro podría haber descubierto un pasadizo secreto que decían que llevaba a la cercana Lascaux Manor.

Unos días después volvió con una cuerda y tres amigos: Georges Agniel, de dieciséis años, Jacques Marsal, de quince, y Simon Coencas, de trece. Georges estaba pasando allí las vacaciones de verano y volvería pronto a París para empezar las clases. Jacques y Marcel vivían allí. Y Simon, que era judío, había buscado refugio con su familia en el campo en plena ocupación nazi de Francia.

Agniel recordó después que aquel día «bajamos con nuestras lámparas de aceite y avanzamos. No había obstáculos. Pasamos por una sala y al final llegamos a una pared y vimos que estaba llena de dibujos. Entendimos de inmediato que estábamos en una cueva prehistórica».

Simon Coencas recordó: «Con mi pandilla […] esperábamos encontrar un tesoro. Lo encontramos, pero no el que pensábamos».

En la cueva descubrieron más de novecientas pinturas de animales: caballos, ciervos, bisontes y también especies que ahora están extintas, entre ellas un rinoceronte lanudo. Las pinturas eran sorprendentemente detalladas y vívidas, realizadas con pintura roja, amarilla y negra hecha con minerales pulverizados que por lo visto soplaban a través de un tubo estrecho —tal vez un hueso hueco— en las paredes de la cueva. Al final se determinaría que estas obras de arte tenían al menos diecisiete mil años. Uno de los chicos recordó que, con el parpadeo de las lámparas de aceite, las figuras parecían moverse y, efectivamente, hay evidencias de que las técnicas de dibujo de los artistas pretendían trans-

---

primera versión el perro no actuaba como personaje principal. Incluso cuando la historia se remonta a solo unas décadas, puede ser difícil reconstruirla. Nada miente como la memoria.

mitir una especie de efecto de libro animado a la luz de una antorcha.[6]

Unos días después del descubrimiento de la cueva, Simon Coencas y su familia, temiendo la creciente presencia nazi en el campo, volvieron a mudarse, esta vez a París, donde unos parientes les habían prometido que les ayudarían a esconderse. Pero un socio traicionó a la familia, y los nazis asesinaron a los padres de Simon. El chico estuvo un tiempo encarcelado, pero por muy poco consiguió librarse de los campos de exterminio y sobrevivió hasta el final de la guerra escondido en un pequeño altillo con sus hermanos. Durante cuarenta y seis años no volvería a ver a sus tres amigos de aquel verano en Lascaux.

Así que cuatro chicos descubrieron la cueva, pero solo dos pudieron quedarse allí: Jacques y Marcel. Las pinturas les emocionaron tanto que durante todo aquel otoño y todo aquel invierno acamparon fuera de la cueva para protegerla. Solo se marcharon cuando en la entrada de la cueva se colocó una puerta reforzada. En 1942, Jacques y Marcel se unieron a la Resistencia. Jacques fue capturado y lo enviaron a un campo de prisioneros, pero ambos sobrevivieron a la guerra, y cuando llegaron a casa, volvieron inmediatamente a la cueva.

Después de la Segunda Guerra Mundial, el Gobierno francés tomó posesión del recinto, y la cueva se abrió al público en 1948. Marcel y Jacques hicieron de guías turísticos. Cuando, ese mismo año, Pablo Picasso fue a visitar la cueva y vio las pinturas rupestres, al parecer dijo: «No hemos inventado nada».

6. El efecto se analiza con extraordinario detalle en el documental de Werner Herzog *La cueva de los sueños olvidados*, donde me enteré de la existencia de las pinturas rupestres de Lascaux.

Aunque la cueva no es especialmente grande —solo unos noventa metros de profundidad—, contiene casi dos mil pinturas. Además de los animales, en las paredes hay cientos de formas abstractas, sobre todo círculos rojos y negros.

¿Qué significaban estos símbolos? No podemos saberlo. En Lascaux hay muchos misterios. Por ejemplo, ¿por qué no hay pinturas de renos, que sabemos que eran la principal fuente de alimento de los humanos del Paleolítico que vivían en esa cueva? ¿Por qué apenas pintaban formas humanas?[7] ¿Por qué determinadas zonas de la cueva están llenas de imágenes, incluyendo pinturas en el techo para cuya creación tuvieron que construir andamios, mientras que en otras zonas solo hay algunas pinturas? Y las pinturas ¿eran espirituales? «Estos son nuestros animales sagrados.» ¿O eran prácticas? «Aquí tenéis una guía de algunos de los animales que podrían mataros.»

En Lascaux también hay varias «plantillas de mano en negativo», como las llaman los historiadores del arte. Estas pinturas se crearon presionando una mano con los dedos extendidos contra la pared de la cueva, y luego soplando pigmento, con lo cual quedó pintada la zona de alrededor de la mano. Se han descubierto plantillas de manos similares en cuevas de todo el mundo. Hemos encontrado manos de hace cuarenta mil años desde Indonesia hasta Australia y desde África hasta América. Estas plantillas de manos nos

---

7. Barbara Ehrenreich, en su ensayo «The Humanoid Stain», propone una razón por la que el arte rupestre podría no haberse centrado en los humanos: todavía no vivíamos en un planeta centrado en el ser humano. «La marginalidad de las figuras humanas en las pinturas rupestres sugiere que, al menos desde un punto de vista humano, el principal drama del Paleolítico se desarrollaba entre las diversas megafaunas, carnívoros y grandes herbívoros». En cualquier caso, en Lascaux solo hay una imagen humana, una especie de figura de palo con largas piernas y lo que parece ser la cabeza de un pájaro.

recuerdan lo diferente que era la vida en el pasado remoto. En Europa eran habituales las amputaciones, probablemente por congelación, por lo que con frecuencia se ven plantillas de manos en negativo con tres o cuatro dedos. La vida era difícil y a menudo breve: una cuarta parte de las mujeres moría en el parto, y alrededor del 50 por ciento de los niños no llegaba a los cinco años.

Pero las plantillas de manos también nos recuerdan que los humanos del pasado eran tan humanos como nosotros. No hay diferencias entre sus manos y las nuestras. Es más, sabemos que eran como nosotros en otros aspectos. Estas comunidades cazaban y recolectaban, y no disponían de grandes excedentes calóricos, por lo que toda persona sana debía contribuir a la adquisición de alimentos y agua, y aun así encontraron tiempo para crear arte, casi como si el arte no fuera opcional para los humanos.

Vemos todo tipo de manos —de niños y de adultos— estampadas en las paredes de cuevas de todo el mundo, pero casi siempre los dedos están separados, como en las plantillas de manos de mis hijos. No soy junguiano, pero es fascinante y un poco extraño que tantos humanos del Paleolítico, que no pudieron tener ningún contacto entre sí, crearan los mismos tipos de pinturas utilizando técnicas similares, técnicas que todavía utilizamos para pintar plantillas de mano.

Sin embargo, también en este caso, lo que el arte de Lascaux significa para mí probablemente sea diferente de lo que significó para las personas que lo hicieron. La paleoantropóloga Genevieve von Petzinger ha propuesto la teoría de que los puntos abstractos y los garabatos encontrados en las pinturas rupestres sean quizá una forma temprana de lenguaje escrito, con una serie de significados comunes incluso a grandes distancias.

¿Qué motivó las plantillas de manos en negativo? Quizá formaban parte de rituales religiosos o de ritos de iniciación. Algunos estudiosos proponen la teoría de que las plantillas de manos forman parte de rituales de caza. O quizá la mano solo es un modelo práctico situado al final de la muñeca. Para mí, en cambio, las plantillas de manos dicen: «Yo estuve aquí». Dicen: «No eres nuevo».

La cueva de Lascaux lleva muchos años cerrada al público. El exceso de personas respirando dentro propiciaba el crecimiento de moho y líquenes, que han dañado parte de las pinturas. El mero acto de mirar algo puede estropearlo, supongo. Los descubridores y guías turísticos de la cueva, Marcel Ravidat y Jacques Marsal, fueron de las primeras personas en observar el impacto de los humanos contemporáneos en el arte antiguo.

Se reencontraron con Simon Coencas y Georges Agniel, los amigos con los que descubrieron la cueva, en 1986. Desde entonces, la pandilla se reunió con frecuencia hasta que, uno tras otro, fallecieron. Simon Coencas fue el último en morir, a principios de 2020, a los noventa y tres años. Así que ahora las personas que encontraron Lascaux ya no están, y Lascaux está cerrado a las visitas. Solo pueden entrar los científicos que trabajan para conservarlo. Los turistas pueden visitar réplicas de las cuevas, llamadas Lascaux II, Lascaux III y Lascaux IV, en las que se han recreado meticulosamente las obras de arte.

Humanos creando arte rupestre falso para salvar arte rupestre real puede parecer el colmo de la absurdidad antropocénica, pero confieso que me parece tremendamente esperanzador que cuatro chicos y un perro llamado Robot descubrieran una cueva que contiene huellas de manos de hace diecisiete mil años, que los dos adolescentes que pudieron quedarse se dedicaran a proteger la cueva, y que cuando los humanos se convirtieron en un peligro para la belleza de esa cueva, acordáramos dejar de ir.

Podríamos haber cubierto las pinturas con grafitis o seguir visitándolas hasta que el moho negro las hubiera devorado por completo. Pero no lo hicimos. Las dejamos vivir cerrándolas.

Las pinturas rupestres de Lascaux existen. No podéis visitarlas. Podéis ir a la cueva falsa que hemos construido y ver plantillas de manos casi idénticas, aunque sabréis que no es la cosa en sí, sino una sombra de ella. Es la huella de una mano, no una mano. Es un recuerdo al que no podéis volver. Y para mí, eso hace que la cueva se parezca mucho al pasado que representa.

Doy a las pinturas rupestres de Lascaux cuatro estrellas y media.

Pegatinas de rascar y oler

El olfato es uno de los últimos ámbitos en los que la realidad virtual parece profundamente virtual. Hace poco estuve en un parque temático y me monté en una montaña rusa virtual que parecía tan real que te cortaba la respiración. No era solo que al caer sentías que caías y que al girar sentías que girabas. Sentía incluso la humedad en la cara mientras volaba por encima de las olas.

Pero el agua no *olía* a mar. Olía a un ambientador que utilizaba en la escuela secundaria llamado Spring Rain. En realidad aquel ambientador no olía ni a lluvia de primavera ni a mar, pero el aroma transmitía cierta sensación de humedad, así que entiendo por qué lo habían utilizado para evocar el mar. Aun así, nadie que haya olido alguna vez el estrépito salado de una ola podría confundirlo con el aroma que rocían en esta experiencia de realidad virtual, así que el olor del ambientador arrancó mi mente de su alegre estado de incredulidad suspendida. De repente no estaba volando entre olas agitadas, sino metido en una habitación oscura con un grupo de desconocidos.

Una de las cosas que hace que el olfato sea tan potente es, por supuesto, su relación con la memoria. Helen Keller escribió que el olfato es «un poderoso mago que nos transporta por miles de kilómetros y por todos los años que hemos vivido». El olor de la lluvia de primavera artificial me traslada a la habitación de una residencia estudiantil de Alabama en 1993. Mientras que el olor de la lluvia de primavera real me transporta a las tormentas eléctricas de mi infancia en el centro de Florida.

La radical especificidad del olfato es parte de lo que lo vincula tan especialmente con la memoria; y también de por qué es tan difícil imitarlo, incluso cuando se trata de olores artificiales. El aroma del Chanel N.º 5, por ejemplo, no está patentado, y no necesita estarlo, porque nadie puede reproducirlo. Sin embargo, creo que en los olores que intentan imitar la naturaleza hay algo más en juego, y es que en el mundo real nada huele como imaginamos que debería oler. La lluvia de primavera real, por ejemplo, parece que debería oler a húmedo y fresco, que es a lo que huele el aroma artificial, cuando, en realidad, la lluvia de primavera huele a tierra y a ácido.

Los humanos olemos como las exhalaciones de las bacterias que nos colonizan, algo que hacemos todo lo posible por ocultar, no solo con jabón y perfume, sino también de la manera como imaginamos colectivamente el olor humano. Si tuvierais una inteligencia artificial que leyera todas las novelas jamás escritas, y luego, basándose en esas historias, intentara adivinar el olor humano, la IA fallaría estrepitosamente. En nuestras historias, las personas huelen a vainilla, a lavanda y a sándalo. La IA supondría que no olemos como la materia orgánica en lenta descomposición que somos, sino como hierba recién cortada y flores de azahar.

Que, dicho sea de paso, eran dos de los olores de las pegatinas de rascar y oler de mi infancia. Las pegatinas de rascar y oler fueron tremendamente populares en Estados Unidos en la década de 1980, y yo las coleccionaba en un gran álbum rosa. Me fascinaban. Si las rascabas o las frotabas, inexplicablemente brotaba el olor. Como casi todos los aromas virtuales, los olores de esas pegatinas suelen ser simulacros bastante imperfectos, y por eso las pegatinas representaban el olor que pretendían emular. Las pegatinas con olor a pizza solían tener la forma de una porción de pizza, etc., aunque su olor acostumbraba a ser muy penetrante.

Los olores que mejor capturan las pegatinas suelen ser tremendamente artificiales —el algodón de azúcar, por ejemplo— o directamente químicos. Al gas natural se le añade un olor a huevos podridos para que nos llegue el olor cuando hay una fuga, y en 1987 la Baltimore Gas and Electric Company envió a sus clientes pegatinas de rascar y oler que imitaban tan bien el olor que varios cientos de personas llamaron a los bomberos diciendo que tenían una fuga. Tardaron poco en retirar esas pegatinas.

Cuando tenía diez u once años, todo el mundo había dejado de coleccionar pegatinas. Bueno, todo el mundo menos yo. Incluso en la escuela secundaria seguía coleccionando pegatinas a escondidas, sobre todo las de rascar y oler, porque me trasladaban a un tiempo y un lugar en los que me sentía más seguro. En sexto, cada día tenía una clase en un tráiler. Por un error de programación, el profesor de aquella clase tenía que recorrer toda la escuela para llegar al tráiler, lo que significaba que durante unos cinco minutos los alumnos nos quedábamos solos. Muchos días, un grupo de niños me tiraba al suelo, me agarraba de las extremidades y tiraba con todas sus fuerzas. Lo llamaban «el abominable muñeco de nieve». Otras veces me tiraban basura a la cabeza cuando estaba sentado en mi escritorio. Aquello, además del dolor físico, me hacía sentir pequeño e indefenso. Pero lo cierto es que no ofrecía resistencia, porque muchos días era el único momento en que mantenía cierta interacción social. Incluso con basura húmeda en la cabeza, intentaba sonreír, como si participara de la broma.

Cuando mi madre llegaba a casa del trabajo, me preguntaba cómo me había ido la escuela. Si le decía la verdad, me abrazaba y me consolaba diciéndome que era algo temporal y que las cosas mejorarían. Pero la mayoría de los días le mentía y le contestaba que todo había ido bien. No quería que le llegara mi dolor. Esos días iba a mi habitación, cogía el álbum rosa de la estantería, rascaba las pegatinas, cerraba los ojos e inhalaba tan fuerte como podía.

Tenía todas las mejores: Garfield comiendo chocolate, la cortadora de césped que olía a hierba y el taco que olía a taco. Pero me gustaban especialmente las frutas, los empalagosos efluvios de la frambuesa, la fresa y el plátano, que no parecían de este mundo. ¡Oh, me encantaban las pegatinas de plátanos! No olían a plátano, claro. Olían a la idea platónica de los plátanos. Si los plátanos reales fueran una nota tocada en un piano doméstico, las pegatinas de plátanos serían esa misma nota tocada en el órgano de tubos de una iglesia.

En cualquier caso, lo raro no es que coleccionara pegatinas de rascar y oler hasta la adolescencia. Lo raro es que aún conservo el álbum. Y las pegatinas siguen desprendiendo olor al rascarlas.

———

Las pegatinas de rascar y oler se fabrican mediante un proceso llamado microencapsulación, que se desarrolló originariamente en la década de 1960 para el papel autocopiativo. Cuando rellenas un formulario de papel blanco, y el bolígrafo imprime también las páginas rosas y amarillas que están debajo, eso es macroencapsulación. Pequeñas gotas de líquido quedan encapsuladas por un recubrimiento que las protege hasta que algo las desencapsula. En el papel autocopiativo, la presión del bolígrafo libera la tinta encapsulada. En las pegatinas de rascar y oler, el rascado rompe las microcápsulas que contienen aceites perfumados.

Hoy en día se utiliza la microencapsulación para todo tipo de cosas, entre ellas los medicamentos de liberación prolongada, y ha demostrado ser una tecnología útil en parte porque, según el recubrimiento que se utilice, las microcápsulas pueden durar mucho.

¿Cuánto? Bueno, sé con total seguridad que las pegatinas de rascar y oler pueden durar al menos treinta y cuatro años, porque acabo de rascar una de un cubo de basura que conseguí cuando tenía siete años y todavía huele. No a basura exactamente, pero huele a algo.

La longevidad de las microcápsulas ofrece una posibilidad tentadora: que un olor pueda desaparecer de nuestro mundo antes que su versión microencapsulada. La última vez que alguien huela un plátano puede ser en una pegatina de rascar y oler o en alguna versión futurista de ellas.

Todo esto hace que me pregunte qué olores me he perdido. Cuando pensamos en el pasado, solemos centrarnos en los malos olores, que al parecer eran un montón. Los escritores antiguos a menudo muestran una aguda consciencia de los olores repugnantes. El poeta romano Marcial compara el olor de una persona con «un pollo cuando se pudre en un huevo abortado» y «un viejo macho cabrío cuando cubre a la cabra».

Pero también tuvo que haber olores maravillosos, muchos de los cuales han desaparecido. O al menos por ahora. A lo mejor algún día vuelven a nosotros en algún dispositivo de rascar y oler. En 2019, científicos de Harvard utilizaron muestras de ADN de una especie extinta de hibisco de montaña hawaiano para reconstruir el olor de su flor. Pero no hay manera de valorar si el olor está logrado, ya que su antecesor ha desaparecido para siempre.

De hecho, aunque he diferenciado entre olores naturales y olores artificiales, a estas alturas de la historia de nuestro planeta, muchos olores supuestamente naturales son producto de la intervención humana, incluido el del plátano. Al menos en Estados Unidos, en la mayoría de las tiendas de comestibles solo hay una variedad de banana, la Cavendish,

que no existía hace doscientos años y no se distribuyó ampliamente hasta la década de 1950.

Recuerdo el olor a lluvia como ácido en parte porque
en mi infancia la lluvia era más ácida que la de ahora. Los
humanos lanzaban más dióxido de azufre a la atmósfera en
la década de 1980 que en la actualidad, lo que afecta al pH
de la lluvia. En la zona del mundo en la que vivo, la lluvia es
aún más ácida de lo que sería sin las emisiones humanas, así
que ni siquiera estoy seguro de que conozca el olor «natural» de la lluvia.

Al final, el desafío para los fabricantes de pegatinas de
rascar y oler no es imitar el mundo natural, que en realidad
no existe al margen de la humanidad. El desafío es imaginar
qué combinación de olores conseguirá que los humanos re-
cuerden el olor de los plátanos, la humedad del mar o la
hierba recién cortada. No apostaría a que no vayamos a encontrar la manera de crear olores artificiales eficaces —Dios
sabe que hemos creado muchas otras cosas artificiales—,
pero aún no lo hemos logrado. Cuando abro ese viejo álbum
y rasco las pegatinas amarillentas con los bordes levantados,
lo que básicamente huelo no es a pizza, ni a chocolate, sino
a mi infancia.

Doy a las pegatinas de rascar y oler tres estrellas y media.

Diet Dr Pepper

La historia del Dr Pepper empieza en 1885, en Waco, Texas, donde un farmacéutico llamado Charles Alderton combinó veintitrés sabores de jarabe para crear un tipo de bebida carbonatada nueva. Unos años después, Alderton vendió la receta del Dr Pepper porque quería dedicarse a su pasión, la química farmacéutica. Trabajó en la empresa farmacéutica Eli Lilly hasta que volvió a su ciudad natal para dirigir el laboratorio de la Waco Drug Company.[8]

El refresco de Alderton probablemente habría seguido siendo un fenómeno exclusivo de Texas, y al final habría desaparecido, como tantos otros sabores de refrescos locales —el Opera Bouquet, el Swizzle Fizz, el Almond Sponge—, si no hubiera sido por la tenaz determinación de Woodrow Wilson Clements, que prefería que lo llamaran Foots, un apodo que recibió en la escuela secundaria porque los dedos de sus pies tenían una forma extraña. Foots, el menor de ocho hermanos, creció en la pequeña ciudad de Windham

8. El Dr Pepper también es un producto químico, por supuesto. La cafeína y el azúcar son dos de los compuestos químicos que definen el Antropoceno. La Pepsi, la Coca-Cola, la zarzaparrilla y la mayoría de los refrescos con sabor fueron inventados por químicos o por farmacéuticos, y en el siglo XIX no existía una línea divisoria clara entre los cócteles medicinales y los recreativos.

Springs, en Alabama. Obtuvo una beca de fútbol en la Universidad de Alabama, donde fue compañero de equipo de Bear Bryant.[9]

En 1935, cuando Foots estaba en el último año de universidad, empezó a trabajar como vendedor de Dr Pepper. Se jubiló cincuenta y un años después como director ejecutivo de una empresa de refrescos con un valor superior a los cuatrocientos millones de dólares. En 2020, la corporación Keurig Dr Pepper, que posee, entre otras marcas, 7-Up, RC Cola y cuatro tipos diferentes de zarzaparrillas, está valorada en más de cuarenta mil millones de dólares. Casi todos sus productos son algún tipo de agua azucarada y/o con cafeína.

Foots Clements tuvo éxito porque entendió exactamente cuál era la importancia del Dr Pepper. «Siempre he afirmado que no es posible decir a qué sabe el Dr Pepper, porque es muy diferente. No es manzana; no es naranja; no es fresa; no es zarzaparrilla; ni siquiera es cola», dijo. Al fin y al cabo, la cola se obtiene de las nueces de cola y la vainilla, dos sabores del mundo real. El Sprite sabe a lima limón. La Purple Soda parece que tiene sabor a uva. Pero el Dr Pepper no tiene análogo en el mundo natural.

De hecho, los tribunales de marcas comerciales estadounidenses han abordado este problema y han clasificado el Dr Pepper y sus imitaciones como *pepper sodas*, aunque no contienen pimienta: el *pepper* alude no a la especia, sino a un apellido o a la palabra inglesa *pep* (vitalidad, energía, vigor), la supuesta sensación que te provoca el Dr Pepper.[10]

9. Bear Bryant llegó a ser un entrenador de fútbol legendario en Alabama, tan legendario que en la década de 1990, cuando yo iba a la escuela secundaria en las afueras de Birmingham, conocí a tres niños que se llamaban Bryant y a uno que se llamaba Bear.

10. Detrás del «Dr» de «Dr Pepper» no hay punto. Lo eliminaron en la década de 1950 porque las letras burbujeantes de aquella época hacían que muchos leyeran «Dri Pepper» [en inglés suena como *dry pepper*, «pimienta seca»], que parece el peor nombre imaginable para un refresco.

Es el único tipo de refresco que no se nombra por su sabor, que en mi opinión es la razón por la que el Dr Pepper señala un momento tan interesante e importante en la historia humana. Era una bebida artificial que no sabía a ninguna otra cosa. No sabía a naranja, sino mejor, ni a lima, sino más dulce. Charles Alderton dijo una vez en una entrevista que quería crear un refresco que supiera como olía la fuente de refrescos de Waco: a todos esos sabores artificiales arremolinándose en el aire. El Dr Pepper es, en su propia concepción, no natural. La creación de un químico.

La primera versión sin calorías del Dr Pepper salió en 1962. Este «Dietetic Dr Pepper» inicial fue un fracaso, pero el Diet Dr Pepper se convirtió en un gran éxito cuando en 1991 se modificó la fórmula y se incorporó un nuevo edulcorante artificial, el aspartamo. También se relanzó con un nuevo eslogan publicitario: «Diet Dr Pepper: sabe más al Dr Pepper normal». Y así es. La Coca-Cola y la Coca-Cola Light no se parecen ni de lejos. Si la Coca-Cola es un águila real, la Coca-Cola Light es un colibrí. Pero el Dr Pepper y el Diet Dr Pepper saben igual, lo cual es especialmente interesante, ya que, como señaló Foots Clements, ninguno de los dos sabe a ninguna otra cosa.

Hoy en día, a mucha gente le parece repugnante la artificialidad del Diet Dr Pepper. A menudo oímos decir: «Está lleno de productos químicos». Claro, también hay un montón de productos químicos en el vino, el café o el aire. Pero la preocupación subyacente es razonable: el Diet Dr Pepper es totalmente artificial. Por eso me encanta. El Diet Dr Pepper me permite disfrutar de un sabor relativamente seguro que diseñaron para mí. Cuando lo bebo, pienso en los niños en aquella fuente de refrescos de Waco, Texas, que, en su mayoría, rara vez gozaban del placer de tomar una bebida helada, fuera la que fuese, y en lo placenteros que debieron de ser aquellos primeros Dr Pepper.

Cada vez que bebo un Diet Dr Pepper me sorprendo como si fuera la primera vez. ¡Mira lo que pueden hacer los humanos! Son capaces de inventar refrescos helados, azucarados y sin calorías que saben a todo y también a nada. No me hago la falsa ilusión de que el Diet Dr Pepper sea bueno para mí, pero, con moderación, seguramente tampoco sea malo. Beber demasiado Diet Dr Pepper puede ser malo para los dientes y puede agravar otros problemas de salud. De todos modos, como dice el doctor Aaron Carroll en su libro *The Bad Food Bible*, «consumir azúcar añadido puede causar —y probablemente causa— daños. Los edulcorantes artificiales probablemente no causan ninguno».

Así que probablemente el Diet Dr Pepper no supone un riesgo para mi salud. Y sin embargo me siento como si pecara cada vez que me bebo uno. Nada tan dulce puede ser virtuoso. Pero es un vicio menor donde los haya y, por la razón que sea, siempre he sentido que *necesito* un vicio. No sé si este sentimiento es universal, pero una parte vibrante de mi subconsciente necesita autodestruirse, al menos un poco.

En mi adolescencia y primera juventud fumaba compulsivamente, entre treinta y cuarenta cigarrillos al día. Para mí, el placer de fumar no tenía que ver con marearme; el placer procedía de la emoción de ceder a un deseo físico poco saludable, que con el tiempo aumentaba mi deseo físico, que a su vez aumentaba el placer de ceder a él. Hace más de quince años que no fumo, pero no creo haber escapado de ese ciclo. En mi subconsciente queda un anhelo que pide a gritos un sacrificio, así que le ofrezco la pálida sombra de un vicio y bebo Diet Dr Pepper, el refresco que sabe a Antropoceno más que ningún otro.

Tras haber pasado por decenas de eslóganes a lo largo de las décadas, el Dr Pepper se promocionó como «con sabor a sol líquido», como el «vigorizante Pepper» y como

«el refresco más original de todos los tiempos». Últimamente su eslogan va más al grano. Lo llaman «el que de-
seas».

Doy al Diet Dr Pepper cuatro estrellas.

Velocirraptores

Hasta 1990, cuando se publicó la novela *Parque Jurásico*, de Michael Crichton, los velocirraptores no eran dinosaurios demasiado conocidos. El libro, que trata de un parque temático con dinosaurios creados a partir de muestras de ADN clonadas, se convirtió en un arrollador éxito de ventas. Tres años después, la adaptación cinematográfica de Steven Spielberg dio vida a los dinosaurios de la novela con impresionantes animaciones generadas por ordenador que los espectadores nunca habían visto. Incluso décadas después, los dinosaurios de *Parque Jurásico* siguen pareciendo sorprendentemente realistas, incluidos los velocirraptores, que se nos muestran como criaturas cubiertas de escamas, de casi dos metros de altura, de la actual Montana. En la franquicia cinematográfica son no solo agresivos, sino también aterradoramente inteligentes. En *Parque Jurásico III*, un personaje afirma que los velocirraptores son «más inteligentes que los delfines, más inteligentes que los primates». En las películas descubren cómo abrir una puerta. De hecho, la primera vez que recuerdo haber oído a mi hermano, Hank, decir una palabrota fue viendo *Parque Jurásico*. Cuando los velocirraptores giraron el picaporte de la puerta, oí a mi hermano, que entonces tenía diez años, murmurar: «Oh, mierda».

Los velocirraptores de Crichton son de esos animales aterradores e intimidantes que podrían dar nombre, por ejemplo, a un club deportivo profesional, como ocurrió en efecto, en 1995, cuando la NBA se expandió a Canadá, y Toronto eligió Raptors como nombre de su equipo. En la actualidad, el velocirraptor es uno de los dinosaurios más conocidos, junto con el tiranosaurio rex y el estegosaurio, aunque las criaturas reales que vivieron a finales del período Cretácico, hace unos setenta millones de años, apenas tienen nada en común con los velocirraptores de nuestra imaginación contemporánea.

Para empezar, los velocirraptores no vivían en lo que hoy es Montana; vivían en lo que hoy es Mongolia y China, de ahí su nombre científico, *Velociraptor mongoliensis*. Y aunque para ser dinosaurios eran inteligentes, no lo eran más que los delfines ni que los primates; más o menos debían de serlo como las gallinas y las comadrejas. Tampoco medían casi dos metros; eran aproximadamente del tamaño de un pavo contemporáneo, pero con una larga cola que podía alcanzar más de un metro. Se cree que pesaban menos de quince kilos, así que cuesta imaginarlos matando a un humano. De hecho, casi seguro que la mayoría eran carroñeros y comían carne de animales ya muertos.

Además, los velocirraptores no estaban cubiertos de escamas, sino de plumas. Lo sabemos porque en 2007 unos investigadores encontraron protuberancias en el antebrazo de un velocirraptor en las que se insertaban las plumas. Aun así, incluso en la época de Crichton, la mayoría de los paleontólogos pensaban que los velocirraptores y otros miembros de la familia de los dromeosáuridos tenían plumas, y aunque se cree que los velocirraptores no volaban, sus antepasados probablemente lo hicieron. Mark Norell, del American Museum of Natural History, lo expresó así: «Cuanto más sabemos de estos animales, más descubrimos que básicamente no hay diferencias entre las aves y sus ancestros, dinosaurios estrechamente relacionados con ellas, como el velocirraptor. Ambos tienen espoletas, empollan sus nidos, tienen huesos huecos y están cubiertos de plumas. Si animales como el velocirraptor estuvieran vivos hoy, nuestra primera impresión sería que simplemente son pájaros de aspecto muy poco frecuente». De hecho, como hace poco me comentó un guía en el Houston Museum of Natural Science, las imágenes de aves sin plumas se parecen mucho a las de los dinosaurios.

Es probable que los velocirraptores cazaran de vez en cuando. Un famoso fósil descubierto en 1971 en Mongolia muestra un velocirraptor en plena batalla con un dinosaurio del tamaño de un cerdo llamado protoceratops. Por lo visto, el velocirraptor tenía clavada una de sus garras en forma de hoz en el cuello del protoceratops, que le estaba mordiendo el brazo, cuando de repente ambos quedaron enterrados bajo la arena, quizá debido al derrumbamiento de una duna. En cualquier caso, no sabemos con qué frecuencia cazaban los velocirraptores, ni con cuánto éxito, ni si cazaban en manada.

Crichton basó sus velocirraptores en un dinosaurio diferente, el deinonicosaurio, que sí vivió en lo que hoy es Montana y tenía aproximadamente el tamaño y la forma de los velocirraptores de *Parque Jurásico*. Crichton eligió el nombre de «velocirraptor» porque pensó que era «más dramático», y al parecer también es la razón por la que el parque temático se llama Parque Jurásico, aunque la mayoría de los dinosaurios del parque no vivieron en el período Jurásico, que terminó hace ciento cuarenta y cinco millones de años, sino en el período Cretácico, que terminó hace sesenta y seis millones de años con la extinción masiva que provocó la desaparición de alrededor de tres cuartas partes de todas las especies de plantas y animales de la Tierra, incluidas todas las grandes especies de lo que ahora consideramos dinosaurios.

Así que nuestra imagen de los velocirraptores dice más de nosotros mismos que de ellos. En realidad, incluso lo que sabemos, o creemos saber, de los dinosaurios está infinitamente conformado por conjeturas y supuestos, algunos de los cuales al final se demostrará que son incorrectos. En la antigua China creían que los fósiles de dinosaurios eran huesos de dragón. En 1676 pensaban que el primer hueso de dinosaurio descrito por científicos europeos, un trozo de fémur de un megalosaurio, era de uno de los gigantes a los que alude la Biblia.[11]

La primera descripción del megalosaurio apareció en una revista científica en 1824, cuando la paleontóloga Mary Ann Mantell descubrió los primeros fósiles que conocemos de un iguanodonte. El tiranosaurio rex no recibió su nombre hasta 1905. El primer fósil de velocirraptor se descubrió en 1924.

Los científicos debatieron durante más de un siglo si el brontosaurio de cuello largo del período Jurásico existió o era solo un apatosaurio que clasificaron equivocadamente. El brontosaurio era real a finales del siglo XIX, se convirtió en una ficción durante gran parte del siglo XX y en los últimos años ha vuelto a ser real. La historia es nueva. La prehistoria es más nueva. Y la paleontología aún lo es más.

Pero, para mí, lo raro de los velocirraptores es que, aunque sé que eran carroñeros cubiertos de plumas del tamaño de un cisne, cuando los imagino no puedo evitar ver las aves rapaces de *Parque Jurásico*. Conocer los hechos no me ayuda a imaginar la verdad. Por eso me asombran y me aterrorizan las imágenes generadas por ordenador. Si parecen reales, mi cerebro no es lo bastante sofisticado para entender que no lo son. Sabemos desde hace mucho tiempo que no podemos fiarnos de las imágenes —«Nada es tan engañoso como una fotografía», escribió Kafka—, y aun así no puedo evitar creerlas.

11. Por cierto, a ese hueso lo llamaron *Scrotum humanum*, que es una razonable descripción de su forma aproximada.

Como el velocirraptor, mi cerebro es grande para mi edad geológica, pero quizá no lo suficiente para sobrevivir de un modo eficaz en el mundo en el que estoy. Mis ojos siguen creyendo lo que ven mucho después de que la información visual deja de ser fiable. Aun así, me gustan las aves rapaces, tanto las que he visto que nunca existieron como las que existieron pero nunca he visto.

Doy a los velocirraptores tres estrellas.

Gansos de Canadá

El ganso de Canadá es un ave acuática de cuerpo marrón y cuello negro que grazna, y que en los últimos tiempos se ha multiplicado en las afueras de las ciudades de Norteamérica, Europa y Nueva Zelanda. Con un canto que parece un globo deshinchándose y su tendencia a atacar a las personas, es difícil querer al ganso de Canadá. Aunque casi todos nosotros somos como ellos.[12]

En la actualidad, en el mundo hay entre cuatro y seis millones de gansos de Canadá, aunque desde donde vivo, Indianápolis, la estimación me parece escasa, porque ahora mismo diría que solo en mi patio trasero ya viven entre cuatro y seis millones. En cualquier caso, la población mundial de gansos de Canadá está creciendo, aunque hubo un momento en que eran excepcionalmente escasos. De hecho, a principios del siglo XX se creía que la subespecie que vemos con más frecuencia en parques y estanques, el ganso gigante de Canadá, se había extinguido debido a que se cazaba sin restricciones durante todo el año.

---

12. Quizá os preguntéis, como yo lo hice, si los ornitólogos estadounidenses asignaron «Canadá» al nombre del ganso por la misma razón por la que los italianos llamaron a la sífilis «el mal francés», los polacos, «el mal alemán», y los rusos, «el mal polaco». La respuesta es no. Los taxónomos observaron por primera vez este ganso en Canadá.

Los gansos de Canadá eran especialmente susceptibles a los llamados «señuelos vivos». Los cazadores capturaban gansos, los dejaban sin capacidad de volar y los colocaban en estanques o campos. La llamada de estos animales atraía bandadas de gansos silvestres, a los que disparaban. Los cazadores solían mimar a sus señuelos vivos. Un cazador llamado Phillip Habermann escribió: «Observar y escuchar el trabajo de los señuelos era similar al placer de cazar con un buen perro», un recordatorio de que desde hace mucho tiempo los humanos tienden a confundir la mascota con la presa.

Pero en 1935 se ilegalizaron los señuelos vivos, y la población de gansos empezó a recuperarse, al principio muy despacio y después de forma espectacular.

A mediados de enero de 1962, Harold C. Hanson era uno de los ornitólogos que marcaban, pesaban y medían gansos en Minnesota. Más tarde escribiría: «Aquel día memorable, la temperatura no subió de los 15 grados bajo cero y sopló un viento fuerte, pero esto solo añadió entusiasmo a la empresa». Los gansos que pesaban eran tan grandes que pensaron que la báscula debía de estar apagada, pero no. Resultó que el ganso gigante de Canadá había sobrevivido. Actualmente hay más de cien mil gansos gigantes de Canadá en Minnesota. Las poblaciones no nativas de gansos se han disparado desde Australia hasta Escandinavia. En Gran Bretaña, la población de gansos de Canadá se ha multiplicado al menos por veinte en los últimos sesenta años.

Este éxito se debe en parte a las leyes que protegen las aves, pero también a que en las últimas décadas los humanos han convertido *muchas* tierras en hábitats perfectos para los gansos. Las urbanizaciones con gran cantidad de terreno no edificado, los parques junto a ríos y los campos de golf con elementos acuáticos proporcionan condiciones de vida absolutamente ideales para los gansos de Canadá. Y además les encanta comer semillas de la planta *Poa pratensis*, que es el cultivo agrícola más abundante en Estados Unidos. Cultivamos *Proa pratensis*, también llamada pasto azul de Kentucky, en parques y en nuestros patios, y como su utilidad es limitada para los humanos,[13] los gansos deben de sentir que la plantamos solo para ellos. Un ornitólogo observó: «Se descubrió que las crías y los adultos muestran una notable preferencia por la *Poa pratensis* desde aproximadamente treinta y seis horas después de salir del cascarón».

Los gansos también disfrutan de los campos próximos a ríos y lagos, pero, en Estados Unidos, la proporción de gansos urbanos respecto de gansos rurales es bastante similar a la proporción humana: alrededor del 80 por ciento de los humanos estadounidenses viven en áreas urbanas o cerca de ellas; en el caso de los gansos de Canadá, alrededor del 75 por ciento.

De hecho, cuanto más miréis, más relaciones encontraréis entre los gansos de Canadá y las personas. Nuestra población también ha aumentado drásticamente en las últimas décadas: en 1935, cuando los señuelos de gansos vivos se ilegalizaron en Estados Unidos, había poco más de dos mil millones de personas en la Tierra. En 2021 hay más de siete mil millones de personas. Como los humanos, los gansos de Canadá suelen emparejarse de por vida, aunque a veces no sean felices. Como en nuestro caso, el éxito de su especie ha afectado a sus hábitats: un solo ganso de Canadá puede producir hasta cuarenta y cinco kilos de excrementos por año, lo que ha llevado a niveles peligrosos de *E. coli* en los lagos y estanques donde se reúnen. Y como nosotros, los gansos tienen pocos depredadores naturales. Si sufren una muerte violenta, casi siempre se trata de violencia humana. Exactamente como nosotros.

Sin embargo, aunque los gansos de Canadá se han adaptado a la perfección al planeta dominado por los humanos,

13. Véase la página 197.

no parecen sentir más que desprecio por nosotros. Los gansos graznan, se pavonean y muerden para mantener alejadas a las personas, pese a que están multiplicándose gracias a nuestros lagos artificiales y a nuestros céspedes bien cuidados. Y, a su vez, muchos de nosotros consideramos que los gansos de Canadá son una plaga animal. Sé que yo lo hago.

Pero también me permiten sentir que aún queda algo de naturaleza en mi vida provinciana, enormemente desinfectada y biológicamente monótona. Aunque los gansos son ya habituales, verlos volar por encima de nuestra cabeza en una perfecta formación en V no deja de ser impresionante. Como dijo un entusiasta, el ganso de Canadá «estimula la imaginación y acelera los latidos del corazón». Más que palomas, ratones o ratas, siguen pareciéndome animales silvestres.

Supongo que es una especie de relación simbiótica en la que a ninguna de las dos partes le cae demasiado bien la otra, lo que me recuerda que, justo antes de graduarnos en la universidad, mi novia y yo íbamos de camino al supermercado en su viejo sedán azul cuando me preguntó cuál era mi mayor miedo. «El abandono», le contesté. Me preocupaba que el hecho de haber terminado la universidad supusiera el final de nuestra relación, y quería que me tranquilizara, que me dijera que no tenía por qué temer quedarme solo, porque ella siempre estaría a mi lado, etc. Pero mi novia no era una de esas personas que hacen falsas promesas, y casi todas las promesas que incluyen la palabra «siempre» son imposibles de cumplir. Todo termina, o al menos todo lo que los humanos han observado hasta ahora termina.

En fin, después de que yo dijera «El abandono», ella se limitó a asentir con la cabeza, así que llené el incómodo silencio preguntándole cuál era su mayor miedo.

«Los gansos», me contestó.

¿Y quién puede culparla? En 2009 una bandada de gansos de Canadá impactó contra los motores del vuelo 1549 de US Airways, lo que obligó al capitán, Sully Sullenberger, a hacer un acuatizaje de emergencia en el río Hudson. En 2014, un ciclista canadiense pasó una semana en el hospital tras haber sido atacado por un ganso de Canadá.

Podemos hacer algo respecto al abandono. Podemos construirnos un yo fuerte e independiente, por ejemplo, o establecer una red más amplia de relaciones importantes para que nuestro bienestar psicológico no dependa de una sola persona. Ahora bien, como individuos, no podemos hacer demasiado respecto a los gansos de Canadá.

Y eso me parece una de las grandes rarezas del Antropoceno. Para bien o para mal, nos hemos adueñado de la Tierra. Es nuestra para cultivarla, para darle forma e incluso para protegerla. Somos tan dominantes en este planeta que básicamente decidimos qué especies viven y cuáles mueren, cuáles se multiplican, como el ganso de Canadá, y cuáles disminuyen, como su primo el correlimos cuchareta. Pero, como individuo, no siento este poder. No puedo decidir si una especie vive o muere. Ni siquiera puedo conseguir que mis hijos desayunen.

En la rutina diaria de la vida humana hay un césped que cortar, un entrenamiento de fútbol al que llevar en coche a los hijos y una hipoteca que pagar. Así que vivo como creo que las personas han vivido siempre, de la forma que me parece correcta, incluso de la única forma posible. Corto el césped de *Poa pratensis* como si los céspedes fueran naturales, cuando en realidad el césped de las urbanizaciones estadounidenses lo inventamos hace ciento sesenta años. Y llevo a mis hijos al entrenamiento de fútbol, aunque hace ciento sesenta años era imposible, no solo porque no había coches, sino también porque aún no se había inventado el fútbol. Y pago la hipoteca, a pesar de que las hipotecas, tal como las entendemos hoy, apenas estuvieron disponibles hasta la década de 1930. Buena parte de lo que me parece inevitable, ineludiblemente humano, en realidad es muy muy nuevo, incluida la omnipresencia del ganso canadiense. Así que me inquieta el ganso de Canadá, no solo como especie, sino también como símbolo. De alguna manera, se ha convertido en mi mayor miedo.

El ganso no tiene la culpa, por supuesto, pero, aun así, solo puedo dar dos estrellas a los gansos de Canadá.

Ositos de peluche

La palabra inglesa *bear* (oso) procede de una raíz germánica, *bero*, que significa «el marrón» o «la cosa marrón». En algunas lenguas escandinavas, la palabra que utilizan para designar un oso procede de la frase «los que comen miel». Muchos lingüistas creen que estos nombres son sustitutos que se crearon porque hablar o escribir la palabra real para oso se consideraba tabú. Del mismo modo que a los que vivían en el mundo mágico de Harry Potter se les enseñaba a no decir «Voldemort», los europeos del norte no decían la palabra «oso», quizá porque creían que al nombrarlo podrían atraer a uno. En cualquier caso, el tabú fue tan eficaz que hoy solo nos queda la palabra sustituta: básicamente los llamamos «ya sabes quién».

Aun así, durante mucho tiempo hemos sido una amenaza mucho mayor para los osos que ellos para nosotros. Los europeos atormentaron durante siglos a los osos con una práctica llamada hostigamiento de osos. Encadenaban en un foso a los osos, que después eran atacados por perros hasta que los herían o los mataban, o los colocaban en un ruedo con un toro para que lucharan a muerte. A la realeza inglesa le encantaban estas cosas. Enrique VIII ordenó hacer un foso para osos en el palacio de Whitehall.

Incluso en Shakespeare aparecen alusiones al hostigamiento de osos, cuando Macbeth lamenta: «Me han atado a una estaca. / Huir no puedo, pero, como el oso, / habré de combatir al ruedo». Este pasaje es de especial interés porque en la época de Shakespeare los osos llevaban unos mil años extintos en Gran Bretaña, probablemente debido a la excesiva caza por parte de los humanos. Combatir «como el oso» no podía aludir al comportamiento de los osos en el mundo natural, sino solo a la violencia que los osos sufrieron en un espectáculo coreografiado por humanos.

Aunque muchas personas admitían que hostigar a los osos era «un pasatiempo burdo y sucio», como expresó el cronista John Evelyn, las objeciones no solían apuntar a la crueldad animal. «Los puritanos odiaban el hostigamiento de osos, no porque causara dolor al oso, sino porque proporcionaba placer a los espectadores», escribió Thomas Babington Macaulay.

De modo que sería inexacto afirmar que nuestro dominio sobre los osos es un fenómeno reciente. Aun así, es un poco raro que ahora nuestros hijos suelan abrazar a la versión de peluche de un animal al que nos daba miedo llamar por su nombre.

———————

Esta es la historia que suele contarse sobre los ositos de peluche: en noviembre de 1902, el presidente de Estados Unidos, Teddy Roosevelt, fue a cazar osos a Mississippi, algo muy propio de Teddy Roosevelt. Los perros de la partida de caza persiguieron a un oso durante horas antes de que Roosevelt se rindiera y volviera al campamento a comer.

El guía de caza de Roosevelt ese día, un hombre llamado Holt Collier, siguió rastreando al oso con sus perros mientras el presidente comía. Collier había nacido esclavo en Mississippi, y después de la Emancipación se convirtió en uno de los mejores jinetes del mundo. (También mató más de tres mil osos en su vida.) Mientras Roosevelt estaba en el campamento, los perros de Collier arrinconaron al oso. Collier tocó una corneta para avisar al presidente, pero, antes de que Roosevelt llegara, Collier tuvo que golpear al oso con la culata de un rifle porque estaba atacando a uno de sus perros.

Cuando el presidente llegó, el oso estaba atado a un árbol y semiinconsciente. Roosevelt se negó a dispararle porque le pareció que sería poco deportivo. La noticia de la compasión del presidente se extendió por todo el país, sobre todo después de que una caricatura de Clifford Berryman en el *Washington Post* ilustrara el evento. En la caricatura, el oso aparece como un inocente cachorro con la cara redonda y grandes ojos que miran a Roosevelt con humilde desesperación.

Morris y Rose Michtom, inmigrantes rusos que vivían en Brooklyn, vieron esa caricatura y se les ocurrió crear una versión de peluche del cachorro de la caricatura, que llamaron *Teddy's Bear* (el oso de Teddy). Colocaron el oso en el escaparate de su tienda de dulces, y de inmediato se convirtió en un éxito. Curiosamente, una empresa alemana fabricó de forma independiente un oso de peluche similar casi al mismo tiempo, y ambas empresas acabaron teniendo un enorme éxito. La fábrica alemana, Steiff, había sido fundada un par de décadas antes por Margarete Steiff, y su sobrino Richard diseñó el osito de peluche Steiff. En 1907 vendían casi un millón de osos al año. Ese mismo año, en Brooklyn, los Michtom utilizaron los beneficios de las ventas de ositos de peluche para fundar la empresa Ideal Toys, que pasó a fabricar una gran variedad de juguetes muy populares en el siglo XX, desde el juego Mouse Trap hasta el cubo de Rubik.

El típico osito de peluche contemporáneo se parece bastante a los de 1902: cuerpo marrón, ojos oscuros, cara redonda y una hermosa naricita. Cuando yo era niño, tuvo mucho éxito un oso de peluche que hablaba llamado Teddy Ruxpin, pero lo que a mí me encantaba de los osos de peluche era su silencio. No me pedían nada ni juzgaban mis ataques de nervios. Uno de los recuerdos más vívidos de mi infancia es el de mi décimo cumpleaños. Me retiré a mi habitación después de una fiesta agotadora y me acurruqué con un osito de peluche, pero descubrí que ya no funcionaba, que lo que antes me había tranquilizado de esa criatura suave y silenciosa ya no me tranquilizaba. Recuerdo que pensé que nunca volvería a ser un niño, en realidad no, y fue la primera vez que recuerdo haber sentido una intensa nostalgia del tú al que nunca podrás volver. Sarah Dessen escribió en cierta ocasión que el hogar «no es un lugar, sino un momento». El hogar es un osito de peluche, pero solo determinado osito de peluche en un momento determinado.

Desde el debut del osito de peluche, los osos de nuestra imaginación se han vuelto cada vez más dulces y tiernos. Winnie-the-Pooh llegó en 1926; el Oso Paddington en 1958. Los Osos Amorosos aparecieron en 1981 como los inofensivos mejores amigos osunos. Personajes como Felizosito y Amorosita han protagonizado cuentos tremendamente empalagosos con títulos como *El cariño es lo que cuenta* y *Tus mejores deseos pueden hacerse realidad*.

En el mundo en general, al menos aquellos de nosotros que vivíamos en ciudades empezamos a ver los osos como creíamos que Roosevelt los había visto: criaturas dignas de compasión y que había que preservar. Si olvido apagar la luz al salir de una habitación, mi hija suele gritar: «¡Papá, los osos polares!», porque le han enseñado que minimizar el consumo de electricidad puede reducir nuestras emisiones de carbono, y por lo tanto preservar el hábitat de los osos polares. No teme los osos polares; teme su extinción. Los animales que en el pasado nos aterrorizaron y a los que durante mucho tiempo aterrorizamos, ahora a menudo se consideran débiles y vulnerables. El imponente oso, como tantas otras criaturas de la Tierra, se ha vuelto dependiente de nosotros. Su supervivencia está supeditada a nuestra sensatez y a nuestra compasión, al igual que aquel oso de Mississippi necesitó que Roosevelt fuera amable.

En este sentido, el osito de peluche es un recordatorio del asombroso poder de la humanidad contemporánea. Cuesta entender hasta qué punto nuestra especie se ha vuelto dominante, pero creo que a veces me resulta útil considerarlo estrictamente en términos de masa: el peso total de todos los humanos vivos que hay hoy en la Tierra es de alrededor de trescientos ochenta y cinco millones de toneladas. Esta es la llamada biomasa de nuestra especie. La biomasa de nuestro ganado (ovejas, pollos, vacas, etc.) ronda los ochocientos millones de toneladas. Y la biomasa de todos los demás mamíferos y aves de la Tierra es inferior a cien millones de toneladas. Todas las ballenas, tigres, monos, ciervos, osos y, sí, incluso gansos de Canadá, juntos, pesan menos de un tercio de lo que pesamos nosotros.[14]

En el siglo XXI, para muchas especies de animales grandes el factor más importante de supervivencia es si su existencia es útil para los humanos. Y si no puedes ser útil para las personas, lo segundo mejor que puedes ser es bonito. Necesitas una cara expresiva, y lo ideal sería que tuvieras los ojos grandes. Tus bebés tienen que recordarnos a los nuestros. Debes tener algo que nos haga sentir culpables por eliminarte del planeta.

¿Puede la belleza salvar una especie? Lo dudo. La parte de la historia del origen del osito de peluche que no suele contarse es que, justo después de que Roosevelt se negara a matar al oso, ordenó a un miembro de su partida de caza que le cortara el cuello para que dejara de sufrir. Aquel día no se salvó ningún oso. Y ahora en Mississippi quedan menos de cincuenta osos. Entretanto, las ventas mundiales de ositos de peluche nunca habían sido tan elevadas.

Doy al osito de peluche dos estrellas y media.

14. Sin embargo, todos nos hacemos pequeños al lado de las bacterias. Según una estimación reciente, la biomasa de las bacterias es aproximadamente treinta y cinco veces mayor que la de todos los animales juntos.

El Salón de los Presidentes

Crecí en Orlando, Florida, a unos veinticinco kilómetros del parque temático más visitado del mundo, el Magic Kingdom de Walt Disney World. Cuando era niño, Orlando era una ciudad tan turística que cada vez que salías de ella en avión, escuchabas un mensaje que decía: «Esperamos que haya disfrutado de su visita». Mis padres siempre suspiraban y murmuraban: «Vivimos aquí».

Fui al Magic Kingdom por primera vez en 1981, cuando yo tenía cuatro años, y el parque diez. En aquel entonces me encantaba. Recuerdo que conocí a Goofy y me permití creer que de verdad era Goofy. Recuerdo que me asusté en el viaje de Blancanieves y me sentí mayor porque pude subir a la Thunder Mountain, y recuerdo que al final del día estaba tan cansado que me dormía con la cara pegada al vidrio de nuestro Volkswagen Rabbit.

Pero luego crecí. En la adolescencia empecé a definirme básicamente por lo que no me gustaba, y las cosas que aborrecía eran un montón. Odiaba los libros para niños, la música de Mariah Carey, la arquitectura de las urbanizaciones y los centros comerciales. Pero sobre todo odiaba Disney World. Mis amigos y yo teníamos una palabra para la artificialidad y la fantasía corporativizada de la música pop, los parques temáticos y las películas divertidas: a todo eso lo llamábamos «plástico». La serie de televisión *Padres for-*

zosos era plástico. Los nuevos temas de The Cure eran más o menos plástico. ¿Y Disney World? Dios, Disney World era muy plástico.

Este período de mi vida coincidió con una terrible bendición. Mi madre ganó un premio por servicio comunitario, y el premio consistió en cuatro pases anuales gratuitos para Disney. Aquel verano yo tenía catorce años, y mi familia me arrastró a Disney World cada dos por tres.

Soy consciente de que seguramente no me estoy granjeando muchas simpatías con mi triste historia de haber entrado en Disney World gratis decenas de veces en un verano. Pero a los catorce años lo odiaba. Por un lado, en Disney World siempre hacía calor, y en 1992 yo guardaba una fidelidad semirreligiosa a una gabardina que no armonizaba bien con el fuerte y agobiante calor de los veranos del centro de Florida. La función de la gabardina era protegerme del mundo, no del clima, y en ese aspecto funcionaba. Aun así, siempre estaba sudando, o sea que debía de ser todo un espectáculo para los demás visitantes del parque temático: un niño delgado como un palo con una gabardina verde hasta las rodillas y gotas de sudor brotando de cada poro facial.

Pero lo que quería era asustar a esas personas, claro, porque ellas me asustaban a mí. Me repugnaba la idea de que estuvieran dando dinero a una corporación para escapar de sus horribles y miserables vidas, que eran horribles y miserables en parte porque nuestros señores corporativos controlaban todos los medios de producción.

En cualquier caso, tuve que sobrevivir a muchos largos días de verano en Disney World. Al principio solía sentarme en un banco cerca de la entrada del parque a garabatear fragmentos de historias en un bloc de notas amarillo, pero al final el calor se hacía insoportable y me dirigía al Salón de los Presidentes, que era una de las atracciones menos concurridas y con mejor aire acondicionado del Magic Kingdom. Durante el resto del día volvía al Salón de los Presidentes una y otra vez, sin dejar de escribir en mi bloc. Empecé el primer cuento que he llegado a terminar en mi vida sentado en el Salón de los Presidentes. Trataba de un antropólogo enloquecido que secuestra a una familia de cazadores-recolectores y los lleva a Disney World.[15]

El Salón de los Presidentes abrió sus puertas el día de la inauguración del Magic Kingdom y ha sido una atracción permanente desde la apertura del parque, en 1971. El edificio imita el Salón de la Independencia de Filadelfia, donde se debatió la Constitución de Estados Unidos. Los visitantes entran a una sala de espera en la que se exhiben bustos de varios presidentes y también uno del fundador de la Disney Company, Walt Disney, al que describen como «Un estadounidense único».

Como casi nunca hay que esperar para entrar en el Salón de los Presidentes, enseguida accedes al teatro principal, tras lo cual te dicen que la atracción está dedicada a la memoria de Walt Disney. Eso siempre me pareció un poco excesivo, no solo porque en la sala de espera hay un busto de Disney, sino también porque todo el parque lleva su nombre. Después de que Disney dé las gracias a Disney, proyectan una película sobre la historia estadounidense, y a continuación la pantalla se eleva por fin y deja ver las estrellas del espectáculo: recreaciones animatrónicas a tamaño natural de todos los presidentes de Estados Unidos. Los animatrónicos son espeluznantemente realistas y aterradoramente robóticos a la vez, un descenso ideal al valle insólito. Como

15. Perdí el cuento poco después de haberlo terminado. En mi memoria, el cuento era realmente prometedor, y durante muchos años creí que si pudiera encontrarlo descubriría que mi próximo libro ya estaba medio escrito, y solo necesitaría ajustar un poco la trama y ampliar algunos personajes. Pero hace unos años mi padre encontró una copia del cuento y me la envió, y por supuesto es malísimo y no hay por dónde salvarlo.

dijo mi hija, que entonces tenía cuatro años, cuando fuimos a ver el Salón de los Presidentes: «Esos NO son humanos».

Solo hablan un par de presidentes. El animatrónico de Abraham Lincoln se pone de pie y recita el Discurso de Gettysburg, y desde principios de la década de 1990, al final del espectáculo, el animatrónico de quien en ese momento sea presidente pronuncia un discurso con su propia voz. Cuando fuimos nosotros, en 2018, el animatrónico de Donald Trump dijo varias frases, entre ellas: «Ante todo, ser estadounidense es ser optimista», que refleja una concepción claramente errónea de cómo se concede la ciudadanía en los Estados-nación.

El Salón de los Presidentes no pasa por alto los diversos horrores de la historia estadounidense, pero es una celebración patriótica de Estados Unidos y sus presidentes en la que no tienen lugar las disculpas. De hecho, una de las últimas frases del espectáculo es: «Nuestra presidencia ya no es solo una idea. Es una idea con una historia orgullosa». Y yo diría que efectivamente es una idea con una historia orgullosa. Pero también es una idea con muchas otras historias: una historia vergonzosa, una historia opresora y una historia violenta, entre otras. Para mí, uno de los retos de la vida contemporánea es determinar cómo estas historias pueden coexistir sin negarse entre sí, pero lo cierto es que el Salón de los Presidentes no les pide que coexistan. Lo que hace es imaginar una visión triunfalista de la historia estadounidense: «Cometimos algún fallo, claro, pero afortunadamente los resolvimos con nuestro incansable optimismo, y míranos ahora».

Dos de las principales instituciones del Antropoceno son el Estado-nación y la sociedad de responsabilidad limitada, ambas reales y poderosas, y hasta cierto punto inventadas. Estados Unidos no es real como lo es un río, y tampoco la Walt Disney Company. Ambas son ideas en las que creemos. Sí, Estados Unidos tiene leyes, tratados, una Constitución, etc., pero nada de eso impide que un país se separe o incluso desaparezca. Desde la arquitectura neoclásica, que intenta darnos cierto sentido de permanencia,[16] hasta las caras que aparecen en nuestro dinero, Estados Unidos tiene que convencer continuamente a sus ciudadanos de que es real, bueno y digno de lealtad.

Lo cual no es tan diferente de lo que la Walt Disney Company intenta hacer reverenciando a su padre fundador y centrándose en su rica historia. Tanto la nación como la corporación solo pueden existir si al menos algunas personas creen en ellas. Y en ese sentido sí son una especie de reinos mágicos.

En mi adolescencia me gustaba imaginar cómo sería la vida si todos dejáramos de creer en estas construcciones. ¿Qué pasaría si abandonáramos la idea de que la Constitución de Estados Unidos es el documento que gobierna nuestra nación, o la idea de los Estados-nación en sí? Quizá sea un síntoma de la mediana edad que ahora prefiera imaginar mejores Estados-nación (y corporaciones privadas mejor reguladas) en lugar de dejar atrás estas ideas. Pero no podemos hacer el duro esfuerzo de imaginar un mundo mejor si no valoramos con honestidad lo que los gobiernos y las corporaciones quieren que creamos, y por qué quieren que lo creamos.

Hasta entonces, el Salón de los Presidentes siempre me parecerá un poco plástico. Le doy dos estrellas.

16. «¡No somos una nación de doscientos años, somos una prolongación de la república griega, y por lo tanto tenemos miles de años!»

Aire acondicionado

En los últimos cien años, el clima se ha vuelto considerablemente más cálido para los humanos no solo por el calentamiento global, sino también por el lugar en el que elegimos vivir. En Estados Unidos, por ejemplo, los tres estados con mayor aumento de población en el último siglo —Nevada, Florida y Arizona— se encuentran también entre los estados más cálidos. Quizá el mejor ejemplo de esta tendencia sea la quinta ciudad más grande de Estados Unidos, Phoenix, Arizona, que en 1900 contaba con 5.544 habitantes. En 2021, Phoenix albergaba a 1,7 millones de personas aproximadamente. La temperatura máxima en agosto es de 39,4 °C de media, y aun así tienen un equipo profesional de hockey sobre hielo, los Arizona Coyotes. Hasta 1996, los Coyotes se llamaban los Jets y tenían su sede en Winnipeg, Manitoba, donde el clima es considerablemente más frío, pero la National Hockey League siguió el dinero y a las personas hacia el ecuador.

Una de las razones de este gran cambio en la geografía humana es el milagro del aire acondicionado, que permite que la gente controle la temperatura de sus espacios interiores. El aire acondicionado ha modificado profundamente la vida humana en los países ricos, desde cosas pequeñas, como el porcentaje cada vez menor de tiempo que las ventanas de los edificios están abiertas, hasta cosas grandes, como la disponibilidad de medicamentos. La insulina, muchos antibióticos, la nitroglicerina y gran cantidad de otros medicamentos son sensibles al calor y pueden perder eficacia si no se almacenan a lo que llamamos «temperatura ambiente», que oscila entre los 20 y los 25 °C, temperaturas que en verano ninguna habitación podría tener en Phoenix antes del aire acondicionado. Almacenar medicamentos a temperatura controlada sigue siendo uno de los grandes retos para los sistemas de atención médica de los países pobres, donde muchos centros sanitarios no tienen electricidad.

Incluso la experiencia de lectura que estáis teniendo ahora mismo depende del aire acondicionado. Este libro se imprimió en un edificio con aire acondicionado.[17] De hecho, el aire acondicionado se *inventó* para un edificio no muy diferente del que imprimió este libro. En 1902 se le pidió a un joven ingeniero llamado Willis Carrier que resolviera un problema en Buffalo, Nueva York: las páginas de las revistas de una imprenta se retorcían debido a la humedad del verano. Carrier creó un dispositivo que básicamente invertía el proceso de calentamiento eléctrico haciendo pasar aire a través de bobinas frías en lugar de calientes. Esto redujo la humedad, pero también tuvo el útil efecto secundario de disminuir la temperatura del local. Carrier siguió investigando sobre lo que él llamaba «tratar el aire», y la empresa que cofundó, Carrier Corporation, es todavía uno de los mayores fabricantes de aire acondicionado del mundo.

17. Si estáis leyendo un libro electrónico o escuchándolo, también es así, porque en ambos casos es probable que el libro esté almacenado en la nube, o que lo estuviera en algún momento, y la nube no es una nube; es una gran cantidad de servidores interconectados que casi nunca se calientan ni se deterioran porque los mantienen secos y fríos artificialmente gracias al aire acondicionado.

Durante mucho tiempo a los humanos les ha preocupado el calor. En el antiguo Egipto se enfriaban las casas colgando en las ventanas cañas de las que goteaba agua. Entonces, como ahora, controlar la temperatura de los espacios interiores no era solo cuestión de comodidad y conveniencia, ya que el calor puede matar a los humanos. En un ensayo con el pegadizo título de «Informe sobre el extraordinario calor en julio de 1757, y sus efectos», el médico inglés John Huxham escribió que el calor causaba «fuertes y repentinos dolores de cabeza, vértigo, abundantes sudores, gran debilidad y depresión anímica». También señaló que la orina de las víctimas de la ola de calor era «de color intenso y en pequeñas cantidades».

En la actualidad, en muchos países, incluido Estados Unidos, las olas de calor causan más muertes que todos los rayos, los tornados, los huracanes, las inundaciones y los terremotos juntos. En Europa, una ola de calor que se concentró en Francia en 2003 provocó la muerte de más de setenta mil personas. A lo largo de la historia, las olas de calor mortíferas han sido habituales, desde Australia hasta Argelia y desde Canadá hasta Argentina, pero una de las rarezas del Antropoceno es que ahora, en las zonas más ricas del mundo, el calor causa más problema de salud en los climas templados que en los climas cálidos. En los últimos veinte años, las personas que viven en el centro de Francia, generalmente fresco, donde es poco frecuente disponer de aire acondicionado en casa, han tenido muchas más probabilidades de morir a causa de las olas de calor que las personas que viven en la sofocante Phoenix, donde más del 90 por ciento de los hogares tienen al menos algún tipo de aire acondicionado.

El aire acondicionado moderno tiene otra peculiaridad. Enfriar el interior calienta el exterior. La mayor parte de la energía que alimenta los sistemas de aire acondicionado procede de combustibles fósiles, cuyo uso calienta el planeta, que con el tiempo necesitará cada vez más aires acondicionados. Según la Agencia Internacional de la Energía, el aire acondicionado y los ventiladores eléctricos ya representan en torno al 10 por ciento de todo el consumo mundial de electricidad, y se espera que el uso del aire acondicionado como mínimo se triplique en los próximos treinta años. Como la mayoría de las innovaciones de elevado consumo energético, el aire acondicionado beneficia sobre todo a las personas de comunidades ricas, mientras que las consecuencias del cambio climático recaen, de un modo desproporcionado, sobre las personas de comunidades pobres.

El cambio climático es probablemente el mayor reto al que se enfrentan los humanos del siglo XXI, y temo que las generaciones futuras nos juzguen con dureza por no haber conseguido hacer demasiado al respecto. Aprenderán en sus clases de historia —correctamente— que como especie sabíamos ya en la década de 1970 que las emisiones de carbono estaban afectando al clima del planeta. Y se enterarán —correctamente— de los esfuerzos de las décadas de 1980 y 1990 por limitar las emisiones de carbono, esfuerzos que al final fracasaron por complicadas razones que supongo que las clases de historia del futuro conseguirán reducir a un solo relato. Y sospecho que a las personas que lean esos libros de historia nuestras decisiones les parecerán imperdonables e incluso incomprensibles. «Es una suerte que ninguna generación entienda su propia ignorancia. Eso nos permite llamar bárbaros a nuestros antepasados», escribió Charles Dudley Warner hace más de un siglo.[18]

Incluso cuando empezamos a sufrir las consecuencias del cambio climático, nos cuesta organizar una respuesta

---

18. Recordamos a Warner por otra cita. Por lo que sabemos, fue la primera persona que hizo una versión de la frase: «Todo el mundo habla del tiempo, pero nadie hace nada al respecto». Aunque, por supuesto, estamos haciendo algo con respecto al tiempo.

humana global a este problema global causado por los humanos. Se debe en parte a la desinformación pública y a la desconfianza generalizada en nuestra capacidad. Y esto se debe en parte a que el cambio climático nos parece un problema importante, pero no urgente. Los incendios forestales, que son cada vez más frecuentes, deben apagarse hoy. Nos resulta mucho más difícil hacer grandes cambios que, generación tras generación, reducirían la probabilidad de que se produjeran.

Pero creo que también nos resulta difícil enfrentarnos al cambio climático causado por los humanos porque los más privilegiados de entre nosotros, las personas que consumen más energía, pueden mantenerse al margen del clima. Sin duda soy una de ellas. Mi casa con aire acondicionado me aísla del clima. Como fresas en enero. Cuando llueve, puedo quedarme dentro. Cuando está oscuro, puedo encender las luces. Para mí es fácil sentir que el clima es básicamente un fenómeno externo, mientras que yo soy básicamente un fenómeno interno.

Pero todo esto es un error. Soy total y absolutamente dependiente de lo que imagino como el mundo exterior. Estoy supeditado a él. Para los humanos, al final no hay manera de escapar de las obligaciones y limitaciones de la naturaleza. *Somos* naturaleza. Y así, como la historia, el clima es tanto algo que nos pasa como algo que hacemos.

———

Aquí, en Indianápolis, la temperatura supera los 32 °C solo unos trece días al año, y aun así la mayoría de nuestras casas y de nuestros edificios de oficinas tienen aire acondicionado. Se debe en parte a que la arquitectura ha cambiado drásticamente en los últimos cincuenta años, sobre todo en el caso de los edificios comerciales, para asumir la existencia de aire acondicionado. No obstante, el aire acondicionado también es más frecuente porque cada vez más personas esperamos controlar nuestros ambientes interiores. Cuando estoy fuera, si puedo adaptar un poco mi vestuario, me siento cómodo con una temperatura entre los 12 y los 30 °C. Pero en el interior mi zona de confort desciende drásticamente varios grados. Odio sudar cuando estoy dentro de casa, como me pasaba cuando vivía en un piso sin aire acondicionado de Chicago. También me resulta incómodo que se me ponga la piel de gallina de frío en un espacio interior. Como un cuadro caro o una frágil orquídea, solo funciono bien en condiciones muy concretas.

No soy el único. Un estudio de 2004 de la Universidad de Cornell llegó a la conclusión de que la temperatura del lugar de trabajo afecta a la productividad. Cuando la temperatura aumentaba de 20 a 25 °C, la producción mecanográfica aumentaba en un 150 por ciento, y la frecuencia de errores se reducía en un 44 por ciento. No es un asunto menor. El autor del estudio dijo que esto sugería que «elevar la temperatura para crear una zona cálida más cómoda ahorra a los empresarios unos dos dólares por trabajador y hora». Entonces ¿por qué tantas oficinas son tan frías en verano cuando es más caro y menos eficiente mantener la temperatura baja? Quizá porque la definición de «temperatura ambiente» se ha establecido históricamente analizando las preferencias de hombres de cuarenta años, setenta kilos y trajeados. Los estudios han llegado a la conclusión de que las mujeres suelen preferir temperaturas más cálidas en los espacios interiores.

Sin embargo, cuando las personas se quejan del aire acondicionado en los edificios de oficinas —en especial las mujeres—, suelen recibir burlas por ser demasiado sensibles. Después de que el periodista Taylor Lorenz tuiteara que los sistemas de aire acondicionado de las oficinas son sexistas, un blog de *Atlantic* escribió: «Pensar que la temperatura de un edificio es sexista es absurdo». Pero no es absurdo. Lo absurdo es reducir la productividad en el lugar

de trabajo y enfriar excesivamente un edificio de oficinas utilizando valiosos combustibles fósiles para que hombres que
llevan sus americanas como adorno se sientan más cómodos.

Tengo que acostumbrarme a los ambientes algo más cálidos.
Es nuestro único futuro. De niño, cuando vivía en Florida,
me parecía natural coger una sudadera antes de ir al cine. El
aire acondicionado, como tantas otras cosas del Antropoceno, era una especie de zumbido de fondo que modelaba mi
vida sin que yo pensara en ello. Pero mientras escribo este
texto, en las primeras horas de 2021, el mero hecho de entrar en un cine me parece muy poco natural. Lo «natural»
para los humanos siempre está cambiando.

Agradezco inmensamente el aire acondicionado. Mejora
mucho la vida humana. Pero tenemos que ampliar nuestra
definición de en qué consiste el control climático, y rápido.

Doy al aire acondicionado tres estrellas.

Staphylococcus aureus

Hace años cogí una infección en la cavidad del ojo izquierdo causada por la bacteria *Staphylococcus aureus*. Se me nubló la vista, y el ojo se me cerró por la hinchazón. Acabé hospitalizado durante más de una semana.

Si hubiera sufrido esa misma infección en cualquier momento de la historia anterior a 1940, seguramente habría perdido no solo el ojo, sino también la vida. Por otra parte, es muy probable que no hubiera vivido lo suficiente para contraer celulitis orbitaria, porque habría muerto a consecuencia de las infecciones por estafilococos que tuve en la infancia.

Cuando estaba en el hospital, los especialistas en enfermedades infecciosas me hicieron sentir muy especial. Uno me dijo: «Te ha colonizado un estafilococo de una agresividad fascinante». Solo alrededor del 20 por ciento de los humanos está constantemente colonizado por *Staphylococcus aureus* —las razones concretas aún no están claras—, y al parecer yo soy uno de ellos. Los que somos portadores de la bacteria todo el tiempo tenemos más probabilidades de sufrir infecciones por estafilococos. Tras maravillarme de mi colonia de estafilococos, el médico me dijo que si viera las placas de Petri, no me lo podría creer, y después añadió que el hecho de que siguiera vivo era un auténtico testimonio de la medicina moderna.

Y supongo que lo es. Las personas como yo, coloniza-
das por bacterias de una agresividad fascinante, no pueden
pensar con nostalgia en las edades doradas del pasado, porque en todos esos pasados estarían muertas. En 1941, el Boston City Hospital informó de una tasa de mortalidad del 82
por ciento por infecciones por estafilococos.

Recuerdo que de niño escuchaba frases como «Solo los
fuertes sobreviven» y «la supervivencia del más apto», y me
quedaba aterrorizado, porque sabía que no era ni fuerte ni
apto. Todavía no entendía que, cuando la humanidad protege a los débiles y trabaja para asegurar su supervivencia, el
proyecto humano en su conjunto se fortalece.

Como el estafilococo suele infectar heridas abiertas, ha sido
especialmente mortífero en las guerras. Casi al principio de
la Primera Guerra Mundial, el poeta inglés Rupert Brooke
escribió: «Si he de morir, pienso solo esto de mí: / que algún
rincón de una tierra extraña / será por siempre Inglaterra».
Brooke moriría en la guerra, en efecto, en el invierno de 1915,
no en un rincón de una tierra extraña, sino en un barco hospital, donde lo mató una infección bacteriana.

Por aquel entonces había miles de médicos atendiendo a
los heridos y enfermos de la guerra. Entre ellos estaba un
cirujano escocés de setenta y un años, Alexander Ogston,
que décadas antes había descubierto y puesto nombre al
Staphylococcus.

Ogston era un gran admirador de Joseph Lister, cuyas
observaciones sobre la infección posquirúrgica llevaron a la
utilización de ácido carbólico y otras técnicas de esteriliza-
ción. Estas técnicas aumentaron drásticamente los niveles
de supervivencia quirúrgica. Ogston escribió a Lister en
1883: «Usted ha cambiado la cirugía [...] de ser una lotería
peligrosa a una ciencia segura y con una base sólida», lo
cual era solo un poco exagerado. Ogston escribió que, antes
de los antisépticos, «después de cada operación, esperába-

mos temblando el temido tercer día, cuando se establecía la sepsis». Una colega de Ogston, una enfermera que trabajaba con él en la Aberdeen Royal Infirmary, rechazó la cirugía en una hernia estrangulada y eligió la muerte «porque nunca había visto un caso operado que se recuperara».

Después de ir a ver a Lister y observar que complejas cirugías de rodilla se curaban sin infectarse, Ogston volvió al hospital de Aberdeen y rompió el cartel de la sala de operaciones que decía: «Prepárese para encontrarse con su Dios». La cirugía ya no sería un último intento desesperado.

Ogston estaba tan obsesionado con el aerosol de ácido carbólico de Lister que sus alumnos escribieron un poema al respecto, que dice en parte:

> *Y aprendimos que el futuro*
> *era utilizar aerosol sin límites.*
> *El aerosol, el aerosol, el aerosol antiséptico.*
> *A.O. rociaba mañana, tarde y noche*
> *en cada rasguño.*
> *Donde otros aplicaban*
> *un parche de yeso pegajoso,*
> *él echaba aerosol.*

La primera mujer de Ogston, Mary Jane, murió después de un parto unos años antes de que se tuvieran estos conocimientos, a la edad de veinticinco años. No disponemos de ningún documento en el que se consigne la causa de su muerte, pero la mayoría de las muertes maternas en aquel momento se debían a una infección posparto, a menudo por *Staphylococcus aureus*. Y Ogston había visto morir a cientos de pacientes por infecciones posquirúrgicas.

Así que no es de extrañar que estuviera obsesionado con los protocolos antisépticos. Aun así, quería entender no solo cómo prevenir la infección, sino también qué la causaba exactamente. A finales de la década de 1870, los cirujanos y los investigadores estaban descubriendo muchas cosas sobre varias bacterias y su papel en la infección, pero el *Staphylococcus* no se identificó hasta que Ogston abrió una herida en la pierna con un forúnculo lleno de pus a un tal James Davidson.

En el microscopio, el forúnculo de Davidson estaba lleno de vida. Ogston escribió: «Puede entenderse mi entusiasmo al descubrir hermosos revoltijos, mechones y cadenas de gran cantidad de organismos redondos».

Ogston llamó a estos mechones y cadenas *Staphylococcus*, a partir de la palabra griega para denominar los racimos de uvas. Y es cierto que a menudo parecen racimos de uvas: esferas regordetas reunidas en apretados racimos. Pero Ogston no se conformó con ver bacterias. «Obviamente, el primer paso a dar era asegurarse de que los organismos encontrados en el pus del señor Davidson no estuvieran allí por casualidad», escribió. Así que Ogston instaló un laboratorio en el cobertizo de detrás de su casa, intentó cultivar colonias de estafilococos y al final lo consiguió utilizando un huevo de gallina como caldo de cultivo. Luego inyectó la bacteria en conejillos de indias y ratones, que enfermaron gravemente. Ogston también señaló que el *Staphylococcus* parecía «inofensivo en la superficie», a pesar de ser «tan nocivo cuando se inyecta». Yo también lo he observado, ya que no me molesta demasiado que el *Staphylococcus aureus* me colonice la piel, pero sin duda me parece nocivo cuando empieza a reproducirse en mi cavidad ocular.

James Davidson, por cierto, vivió muchas décadas después de su infección por estafilococos gracias al desbridamiento total y a la profusa utilización del aerosol por parte de Ogston, el aerosol, el aerosol antiséptico. Aun así, el *Staphylococcus aureus* siguió causando una infección excepcionalmente peligrosa hasta que otro científico escocés, Alexander Fleming, descubrió la penicilina por casualidad. Un lunes por la mañana de 1928, Fleming observó que un hongo, el *Penicillium*, había contaminado uno de sus cultivos de *Staphylococcus aureus* y parecía haber matado todas las bacterias. Comentó en voz alta: «Qué curioso».

Fleming utilizó lo que él llamó el «zumo de moho» para tratar a un par de pacientes, incluida la infección de los senos nasales de su ayudante, pero la producción masiva de la sustancia antibiótica secretada por el *Penicillium* resultó ser bastante compleja.

Hubo que esperar a la década de 1930, cuando un grupo de científicos de Oxford empezó a probar sus reservas de penicilina, primero en ratones, y después, en 1941, en una persona, un policía llamado Albert Alexander. Tras haber resultado herido por metralla durante un bombardeo alemán, Alexander estaba muriéndose como consecuencia de las infecciones bacterianas, en su caso, tanto por *Staphylococcus aureus* como por *Streptococcus*. La penicilina mejoró drásticamente el estado de Alexander, pero los investigadores no tenían suficiente medicamento para salvarlo. Las infecciones se reprodujeron y Alexander murió en abril de 1941. Su hija Sheila, de siete años, acabó en un orfanato.

Los científicos buscaron cepas del moho más productivas, y al final la bacterióloga Mary Hunt encontró una en un melón de un supermercado de Peoria, Illinois. Esta cepa se volvió aún más productiva tras ser expuesta a rayos X y radiación ultravioleta. Básicamente toda la penicilina del mundo procede del moho de aquel melón de Peoria.[19]

A medida que aumentaban las existencias de penicilina —de 21.000 millones de unidades en 1943 a 6,8 billones de

19. Sin embargo, no es esto lo más sorprendente de la historia. Lo más sorprendente es que, después de raspar el moho que se convirtió en el proveedor mundial de penicilina, los investigadores SE COMIERON EL MELÓN.

unidades en 1945—, aumentaba también la consciencia de que las bacterias que mataba la penicilina estaban desarrollando resistencia, sobre todo el *Staphylococcus aureus*. Un artículo del *Saturday Evening Post* de 1946 mostraba la inquietud por el hecho de que utilizar antibióticos pudiera «sin querer instigar y acelerar las sutiles fuerzas evolutivas que rigen la supervivencia de los microbios más aptos». Y así sería. En 1950, el 40 por ciento de las muestras de *Staphylococcus aureus* de los hospitales eran resistentes a la penicilina; en 1960, el 80 por ciento. Hoy en día, solo alrededor del 2 por ciento de las infecciones por *Staphylococcus aureus* son sensibles a la penicilina.

Todo esto sucedió muy deprisa. Entre el descubrimiento del *Staphylococcus* por parte de Alexander Ogston y la producción masiva de penicilina transcurrieron sesenta y cuatro años, y otros sesenta y cuatro entre la producción masiva de penicilina y mi ataque de celulitis orbitaria, en 2007. Al final, mi infección no respondió a la penicilina, ni a los dos siguientes grupos de antibióticos, pero afortunadamente respondió al cuarto. La resistencia a los antibióticos no es un problema para el futuro; este año, unas cincuenta mil personas en Estados Unidos morirán debido a infecciones por *Staphylococcus aureus*.

¿Desde hace cuánto tiempo disponemos de penicilina? La hija del policía que acabó en un orfanato sigue viva mientras escribo este artículo. Sheila Alexander se casó con un soldado estadounidense y se trasladó a California. Es pintora. Uno de sus últimos cuadros muestra una manzana de casas de un pueblo inglés. La hiedra ha trepado por la pared de piedra de una de las casas hasta cubrirla.

Para mí, uno de los misterios de la vida es *por qué* la vida quiere existir. La vida es mucho más esfuerzo bioquímico que equilibrio químico, pero, aun así, el estafilococo busca desesperadamente ese esfuerzo. Como yo, ahora que lo pienso. El *Staphylococcus* no quiere hacer daño a las personas. No sabe nada de las personas. Solo quiere existir, como yo quiero seguir adelante, como esa hiedra quiere extenderse por la pared y poco a poco invadirla. ¿Cuánta? Toda la que pueda.

No es culpa del estafilococo que quiera existir. En cualquier caso, doy al *Staphylococcus aureus* una estrella.

Internet

Cuando internet llegó por primera vez a nuestra casa, a principios de la década de 1990, por lo que pude ver estaba dentro de una caja. La caja exigía gran habilidad técnica para instalarla, y después, cuando mi padre la puso en funcionamiento, internet se convirtió en letras verdes en una pantalla negra. Recuerdo que mi padre nos mostró a mi hermano y a mí las cosas que podía hacer internet. «Mirad —nos decía—, internet puede indicaros qué tiempo hace ahora mismo en Pekín.» Entonces tecleaba una línea de código en internet y aparecía escrito el tiempo que hacía en Pekín. «O podéis descargaros la *Apología de Sócrates* completa. ¡Gratis! Y leerla aquí mismo, en casa», nos decía entusiasmado.[20]

A mi padre debía de parecerle un auténtico milagro. Pero yo no era muy fan. En primer lugar, no podíamos recibir llamadas telefónicas mientras mi padre estaba conectado, porque internet utilizaba las líneas telefónicas. Es cierto que yo, que tenía catorce años, no recibía tantas llamadas,

---

20. Uno de los extraños solipsismos de la vida estadounidense, especialmente hacia finales del siglo XX, era que las noticias casi nunca hablaban del tiempo fuera de Estados Unidos, salvo si se producía algún desastre natural. Supongo que también debería decir que sigue siendo genial poder descargarse gratis la *Apología de Sócrates* en internet.

pero aun así. Sobre todo me parecía que internet era básicamente un foro para hablar sobre internet. Mi padre leía
(y nos contaba) un sinfín de manuales de usuario y mensa-
jes en foros sobre el funcionamiento de internet, lo que podría hacer en el futuro, etc.

Un día, mi padre me dijo que en internet se podía hablar con personas reales de todo el mundo. Me explicó:
«Puedes practicar tu francés metiéndote en un foro en francés», y me mostró cómo funcionaba. Envié un mensaje a un
par de personas en el foro: «Comment ça va?». Me contes-
taron en tiempo real, en francés real, lo cual fue una lástima,
porque yo no sabía mucho francés. Empecé a preguntarme
si habría una versión en inglés, y resultó que sí. De hecho,
había una ideal para mí: el CompuServe Teen Forum.

En el CompuServe Teen Forum nadie sabía nada de mí.
No sabían que yo era un chico triste y vergonzosamente
torpe con una voz que solía chirriar de nervios. No sabían
que llegaba a la pubertad con retraso y no sabían cómo me
llamaban en la escuela.

Y paradójicamente, como no me conocían, me conocie-
ron mucho mejor que nadie en mi vida real. Recuerdo que
una noche, en una conversación de mensajería instantánea,
le conté a mi amiga del CompuServe Marie lo del «sentimiento nocturno». El sentimiento nocturno era como yo
llamaba a la ola que me golpeaba casi todas las noches después de la escuela, cuando me metía en la cama. Se me enco-
gía el estómago y sentía la preocupación extendiéndose desde mi ombligo. Nunca le había contado a nadie lo del
sentimiento nocturno, y el corazón me latía a toda velocidad mientras escribía. Marie me contestó que también conocía el sentimiento nocturno y que a veces le consolaba
escuchar en silencio su radiorreloj. Lo probé y me fue bien.

Pero la mayoría de las veces mi grupo de amigos del
Teen Forum no compartía secretos. Compartíamos bromas
privadas, y aprendíamos, construíamos, nos prestábamos

cosas y creábamos juntos. En el verano de 1993, el Compu-
Serve Teen Forum era un vasto universo de mitología y referencias, desde bromas sobre la serie de televisión *Barney y
sus amigos* hasta un sinfín de siglas y abreviaturas. Internet
seguía siendo solo letras verdes en una pantalla negra, así
que no podíamos utilizar imágenes, pero colocábamos los
caracteres de texto para que crearan formas. La idea del arte
ASCII, como se le conoce, existía desde hacía décadas, pero
nosotros no, así que sentíamos que estábamos descubrién-
dolo mientras construíamos todo, desde imágenes extrema-
damente simples, como por ejemplo :-), hasta ridículamente
complejas (y a menudo obscenas). No recuerdo que utilizá-
ramos una palabra para describir lo que estábamos haciendo, pero hoy en día lo llamaríamos memes.

Ese verano, con la escuela ya terminada, pude dedicar-
me a jornada completa al Teen Forum. Incluso conseguí
algo llamado «dirección de email», una serie de dígitos ge-
nerados aleatoriamente seguidos de @compuserve.com. En
aquel entonces, internet se pagaba por horas, lo que se convirtió en un problema, porque quería dedicarle todas mis
horas. Ahora eran mis padres los que se quejaban de que la
línea telefónica estaba ocupada. Les encantaba que estuviera
haciendo amigos, que escribiera y leyera tanto, pero no podían pagar una factura mensual de internet de cien dólares.
En ese momento apareció un salvavidas, porque me «contra-
taron» como moderador del Teen Forum. El pago consistía
en internet gratis, tanta como quisiera, y quería mucha.
CompuServe incluso me pagaba una línea telefónica independiente para que pudiera estar conectado en todo momento. Si aquel verano hice una sola actividad al aire libre, no la
recuerdo.

Me temo que lo he idealizado. La internet de principios de
los noventa tenía muchos de los problemas que presenta
en la actualidad. Aunque recuerdo que el Teen Forum esta-

ba bien moderado, hace treinta años prevalecían el mismo racismo y la misma misoginia que pueblan las actuales secciones de comentarios. Y entonces, igual que ahora, podías caer en lo más profundo de los agujeros negros de la información enormemente personalizada de internet hasta que las teorías de la conspiración empezaban a parecer más reales que los supuestos hechos.[21]

Tengo recuerdos maravillosos de aquel verano, y también traumáticos. Hace unos años me encontré con un viejo amigo que dijo de nuestra escuela secundaria: «Me salvó la vida. Pero también hizo muchas otras cosas». Lo mismo sucedió con internet.

Últimamente, tras haber bebido de la manguera de incendios de internet durante treinta años, he empezado a sentir más de esos efectos negativos. No sé si es mi edad, o el hecho de que internet ya no está enchufada a la pared y ahora viaja conmigo a todas partes, pero me descubro pensando en ese poema de Wordsworth que empieza así: «El mundo está demasiado con nosotros; tarde y pronto».

¿Qué supone que no pueda imaginar mi vida o mi trabajo sin internet? ¿Qué significa que mi forma de pensar y de *ser* esté tan profundamente moldeada por la lógica de la máquina? ¿Qué significa que, habiendo sido parte de internet durante tanto tiempo, internet sea también parte de mí?

21. De hecho, viví esta experiencia. A principios de los noventa me fascinó algo llamado la Hipótesis del Tiempo Fantasma, que afirmaba que alrededor de trescientos años, entre los siglos VII y X, nunca existieron y que los inventó la Iglesia católica. En un principio me fijé en esta idea por uno de esos memes que no se sabe si es irónico. Esta teoría de la conspiración, que estaba bastante extendida en aquel momento, aseguraba que en realidad yo no vivía en el año 1993, sino hacia 1698, y que se habían falsificado un montón de años para que la Iglesia pudiera... ¿mantener el poder? Los detalles se me escapan, pero es sorprendente lo que eres capaz de creer cuando te has adentrado en estos mundos.

Mi amigo Stan Muller me dice que cuando estás viviendo en medio de la historia, nunca sabes lo que significa. Vivo en medio de internet. No tengo ni idea de lo que significa.

Doy a internet tres estrellas.

Decatlón Académico

Al empezar el décimo curso, fui a un internado de Alabama, donde mi mejor amigo, Todd, era también mi compañero de habitación. Todd solía decir que por la noche, cuando intentaba quedarse dormido en nuestra habitación sin aire acondicionado, yo me convertía en el monólogo interior de una novela. Se lo contaba todo: cada una de mis interacciones con la chica que me gustaba de la clase de lengua, incluso citas seleccionadas de las notas que intercambiaba con ella; las razones por las que no podía entregar el trabajo de historia que tenía pendiente; el extraño dolor que siempre sentía en la parte exterior de mi rodilla izquierda; lo nervioso que me había puesto fumándome un cigarro detrás del gimnasio porque la semana anterior habían pillado a alguien allí; y así sucesivamente hasta que al final él decía: «En serio, Green. Te quiero, pero tengo que dormir». No nos daba miedo decirnos «te quiero».

Esta es mi historia favorita sobre Todd: en aquellos tiempos, en Alabama, las pruebas de acceso a la universidad se convocaban solo cada dos meses. Todd y yo nos las arreglamos para perdernos el último examen antes de las fechas límite para enviar solicitudes a las universidades, así que tuvimos que ir a hacer el examen a Georgia. Después del viaje en coche y una noche en un motel, llegamos adormilados al lugar del examen, donde durante cuatro interminables horas luché por concentrarme. Cuando por fin terminó el examen, volví a reunirme con Todd. Lo primero que me dijo fue: «¿Qué quiere decir "ostentoso"?». Y yo le contesté que significaba «llamativo» o «que se pone por las nubes». Todd asintió ligeramente para sí mismo y un segundo después dijo: «Genial. Pues las tengo todas bien».

Y así fue. Máxima puntuación en las pruebas.

La idea de que me uniera al equipo de Decatlón Académico fue de Todd, aunque a primera vista no parecía un buen candidato. Nunca sobresalí académicamente, y hasta cierto punto me sentía orgulloso de «no desarrollar todo mi potencial», en parte porque me aterraba esforzarme al máximo y que el mundo se diera cuenta de que en realidad no tenía tanto potencial. Pero Todd vio en mis malas notas una oportunidad.

El Decatlón Académico, a veces llamado AcaDec, incluye diez disciplinas. En 1994 hubo siete eventos «objetivos» con exámenes de opción múltiple: economía, bellas artes, lengua y literatura, matemáticas, ciencias, ciencias sociales y un «Super Test» en «Documentos de la libertad». También hubo tres eventos subjetivos calificados por jueces: ensayo, una entrevista en persona y la elaboración de un discurso.

Los equipos de AcaDec están formados por nueve jugadores: tres alumnos A, con notas medias por encima del 3,75; tres alumnos B, con notas medias por encima del 3, y tres alumnos C, con notas medias por debajo del 3. Para los que no seáis estadounidenses, esto quiere decir que tres de los jugadores de cada escuela tienen notas excelentes, tres tienen notas buenas, y tres deben ser… bastante malos. Resultó que yo era malísimo. Todd creía que con su paciente instrucción y mis pésimas notas podría convertirme en una superestrella del Decatlón Académico.

Y así, a partir de ese año estudiamos juntos. Leímos un libro de texto de economía entero, y cada vez que algo me resultaba inescrutable, Todd me explicaba el tema de manera que pudiera entenderlo. Cuando estudiamos la utilidad marginal, por ejemplo, me lo explicó en términos de Zima.

Todd me decía: «Mira, te bebes un Zima y te sientes bien. Te bebes dos y te sientes mejor, pero el beneficio adicional es menor que entre cero y uno. La utilidad adicional de cada Zima que añades va disminuyendo hasta que al final, hacia el quinto Zima, la curva se invierte y vomitas. Esta es la utilidad marginal».[22]

Aprendimos economía, pero también historia del arte, química, matemáticas y muchas más cosas. Estudiando para el Decatlón Académico aprendí sobre todo tipo de temas, desde la civilización del valle del Indo hasta la mitosis. Y gracias a Todd me convertí en un decatleta académico muy bueno.

No quiero presumir, pero en el Decatlón Académico del estado de Alabama de 1994 fui el Lionel Messi de los alumnos C. Gané siete medallas, cuatro de ellas de oro, en los diez eventos organizados. Gané una medalla de bronce en matemáticas, aunque ese año saqué un insuficiente en precálculo. Es cierto que ninguna de mis puntuaciones me habría colocado entre los diez mejores, entre los alumnos A o B, pero no competía contra ellos. Por primera vez en mi vida académica sentía que no era un idiota.

Gané medallas de oro en temas en los que pensaba que era pésimo, como literatura e historia, y también una en

22. El Zima era una bebida alcohólica que fue una especie de precursor de baja calidad del refresco con alcohol del siglo XXI. Era malísimo, pero me encantaba. Lo más importante es que muchos años después escucharía prácticamente la misma explicación de la utilidad marginal en el podcast *Planet Money* de NPR. ¿Ese podcast y Todd recurrían a la misma fuente? ¿O no puedo fiarme de mi memoria? No lo sé. Lo que sí sé es que mi curva de utilidad marginal todavía se invierte después de cinco copas, como me sucedía en la escuela secundaria.

oratoria, lo que me sorprendió especialmente, porque siempre había sido un mal orador. Odiaba mi voz, que delataba mi omnidireccional ansiedad, y en los concursos de debates lo hacía fatal. Pero en los AcaDec había encontrado un lugar en el que florecer. Nuestra escuela ganó el concurso estatal, lo que significaba que nos habíamos clasificado para los nacionales, que se celebrarían ese año en el salón de un hotel de Newark, en New Jersey.

Los meses siguientes, mi creciente seguridad académica, junto con las técnicas de estudio que había aprendido de Todd, consiguieron que mis notas empezaran a mejorar. Durante un breve espacio de tiempo estuve a punto de perder mi codiciado estatus de alumno C, hasta que me di cuenta de que podía catear a propósito la física para mantener mi nota media por debajo del 3.

Ese abril, nueve alumnos y nuestros profesores volamos a Newark. Nos hicimos amigos de otros empollones de todo el país, incluida una alumna C del Medio Oeste que creo que se llamaba Caroline. Tenía un carnet falso y se las arregló para pasarnos un pack de doce Zimas.

Todd fue uno de los mejores alumnos A de los concursos nacionales, y nuestro pequeño equipo de Alabama acabó sexto. Incluso yo gané un par de medallas. Una en oratoria. Mi discurso fue sobre los ríos. Apenas lo recuerdo, pero creo que hablé de los meandros, las curvas serpenteantes en el curso de un río. Me encantan los ríos desde que tengo uso de razón. Pasé parte de un verano con mi padre en el río Noatak, en el norte de Alaska, y otro remando en el río French Broad, en Tennessee.

La idea del discurso se la robé a Todd. Estábamos sentados a orillas de un riachuelo una tarde de septiembre, bajo un aire denso y plagado de mosquitos, y Todd me dijo que lo que le gustaba de los ríos era que seguían avanzando. Serpentean aquí y allá, pero siguen avanzando.

Estamos en abril de 2020. He dejado muy atrás aquel hotel de Newark. He pasado toda la mañana intentando ayudar a mis hijos a teleestudiar, pero me preocupa que mi impaciencia y mi crispación solo sirvan para empeorar las cosas. Estoy estresado por el trabajo, aunque mi trabajo no es esencial. Al mediodía, el Departamento de Salud del estado de Indiana actualiza los datos sobre la COVID-19, y las noticias son desalentadoras. Mientras los niños comen, leo las actualizaciones en mi teléfono. Sarah baja y vamos a la sala de estar para que me cuente cómo se encuentra un amigo que está ingresado en el hospital. Las noticias son buenas, nuestro amigo está recuperándose, pero no consigo alegrarme. Tengo mucho miedo. Sarah se da cuenta, creo, porque me dice: «¿Por qué no vas a dar un paseo por el río?».

Últimamente solo puedo sentirme normal cuando estoy fuera de casa. Ahora mismo estoy escribiendo en la orilla oeste del río Blanco, en Indianápolis. He traído una silla de camping. Estoy sentado en un terraplén cubierto de hierba, y la batería de mi portátil está al máximo. Ante mí, el río es una cacofonía fangosa y anegada. Cada minuto o dos, un árbol arrancado de raíz se precipita río abajo. En los veranos secos puedo cruzar este tramo del río sin mojarme los pantalones cortos, pero ahora tiene casi cinco metros de profundidad y está agitado.

Mi cerebro lleva días negándose a permitir que termine un pensamiento, porque me interrumpe cada dos por tres con preocupaciones. Incluso mis preocupaciones se ven interrumpidas por nuevas preocupaciones o por aspectos de viejas preocupaciones que no había considerado adecuadamente. Mis pensamientos son un río que se desborda, agitado, fangoso e incesante. Ojalá no estuviera tan asustado todo el rato; asustado por el virus, sí, aunque también debido a un miedo más profundo: el terror del tiempo que pasa, y yo con él.

He traído un libro de Terry Tempest Williams, pero la omnipresente preocupación hace que me resulte imposible leer más de unos minutos. Al hojear el libro, encuentro un pasaje que subrayé hace años: «Cuando uno de nosotros dice: "Mira, ahí no hay nada", lo que realmente está diciendo es: "No veo nada"».

Desde aquí, el río Blanco fluirá hacia el río Wabash, luego hacia el Ohio, luego hacia el gran río Mississippi y luego hacia el golfo de México. Incluso después seguirá avanzando: se congelará, se derretirá, se evaporará, caerá en forma de lluvia, fluirá, pero no se creará ni se destruirá. Al mirar este río me recuerdo sentado a la orilla de aquel riachuelo con Todd, recuerdo cuánto me ayudó su amor a seguir adelante durante aquellos años, y cómo de alguna manera sigue ayudándome.

Me pregunto si tenéis personas así en vuestra vida, personas cuyo amor os ayuda a seguir adelante aunque ahora estén lejos por el paso del tiempo, la geografía y todo lo que se interpone entre nosotros. Todd y yo hemos seguido nuestro curso a lo largo de las décadas —él ahora es médico—, pero aquellos momentos que compartimos río arriba dieron forma a ese curso. Como escribió Maya Jasanoff: «Un río es la trama de la naturaleza: te lleva de aquí para allá». O al menos de allá para aquí.

Fuera, el mundo continúa. Aunque las orillas se desbordan, el río sigue serpenteando. Levanto los ojos de la pantalla del portátil y miro el río, luego de nuevo la pantalla, y luego el río. Sin razón aparente, que yo sepa, se añade un recuerdo: finalizado el concurso de Decatlón Académico en Newark, Todd, un par de compañeros de equipo y yo acabamos con nuestros Zimas en la azotea del hotel. Era tarde, y la ciudad de Nueva York brillaba en tonos rosas en la distancia. Éramos el sexto mejor equipo de Decatlón Académico del país, estábamos obteniendo la cantidad adecuada de utilidad de nuestros Zimas y nos queríamos. Los ríos siguen avanzando, nosotros seguimos avanzando, y no hay forma de volver a la azotea de aquel hotel. Pero el recuerdo todavía me tranquiliza.

Doy al Decatlón Académico cuatro estrellas y media.

Puestas de sol

¿Qué hacer con la belleza estereotipada de una espectacular puesta de sol? ¿Deberíamos teñirla de amenaza, como lo hizo Roberto Bolaño cuando con tanta brillantez escribió: «El cielo, al atardecer, parecía una flor carnívora»? ¿Deberíamos apoyarnos en el sentimentalismo inherente, como hace Kerouac en *En el camino*, cuando escribe: «Llegó enseguida el crepúsculo, un crepúsculo púrpura sobre viñas, naranjos y campos de melones [...] los campos color amor y misterios españoles»? O quizá deberíamos recurrir al misticismo, como hizo Anna Ajmátova cuando escribió que, frente a una hermosa puesta de sol,

> *no puedo decir si el día*
> *está terminando, o el mundo, o si*
> *el secreto de los secretos está dentro de mí de nuevo.*

Una buena puesta de sol siempre me deja sin palabras y hace que todos mis pensamientos se vuelvan tan vaporosos y suaves como la propia luz. Aunque debo admitir que, cuando veo el sol hundirse en un horizonte lejano mientras los amarillos, los naranjas y los rosas inundan el cielo, suelo pensar: «Esto parece retocado con Photoshop». Cuando veo el mundo natural en su forma más espectacular, mi impresión general es que sobre todo parece falso.

Recuerdo que a finales del siglo XVIII y principios del XIX, los turistas viajaban con espejos oscuros y ligeramente convexos llamados espejos de Claude. Decían que si te alejabas de un paisaje magnífico y mirabas el reflejo del paisaje en el espejo de Claude, se veía más «pintoresco». El espejo, que recibió su nombre del pintor paisajista francés del siglo XVII Claude Lorrain, no solo enmarcaba la escena, sino que también simplificaba su gama tonal, lo que hacía que la realidad pareciera una pintura. Thomas Gray escribió que solo a través del espejo de Claude podía «ver la puesta de sol en todo su esplendor».

El problema con el sol, por supuesto, es que no puedes mirarlo directamente, ni cuando estás fuera, ni cuando intentas describir su belleza. En *Pilgrim at Tinker Creek*, Annie Dillard escribe: «En realidad solo tenemos esa luz, una fuente para toda la energía, y sin embargo debemos alejarnos de ella por decreto universal. Nadie en este planeta parece ser consciente de este extraño y poderoso tabú, que todos caminamos con cuidado, apartando el rostro de una manera u otra, para que no nos destroce los ojos para siempre».

En todos estos sentidos, el sol es divino. Como señaló T. S. Eliot, la luz es el recordatorio visible de la Luz Invisible. Como un dios, el sol tiene un poder maravilloso y temible. Y como a un dios, es difícil o incluso peligroso mirar directamente el sol. En el Éxodo, Dios dice: «No puedes ver mi rostro, porque nadie puede verme y vivir». No es de extrañar que, durante siglos, los escritores cristianos hayan hecho juegos de palabras llamando a Jesús tanto Hijo (*Son*) como Sol (*Sun*). El Evangelio según san Juan alude tantas veces a Jesús como «la Luz» que se hace pesado. Y hay dioses de la luz del sol en todos los lugares en los que hay dioses, desde el egipcio Ra hasta el griego Helios y el azteca Nanahuatzin, que se sacrificó saltando a una hoguera para convertirse en el sol. De algún modo todo esto tiene sentido: no es solo que yo necesite la luz de esta estrella para sobrevivir; en muchos aspectos soy un producto de su luz, que es básicamente lo que siento sobre Dios.

Siempre me preguntan si creo en Dios. Contesto que soy episcopaliano o que voy a la iglesia, pero eso no les importa. Solo quieren saber si creo en Dios, y no puedo responderles, porque no sé cómo lidiar con el «en» de la pregunta. ¿Creo *en* Dios? Yo creo en torno a Dios. Pero solo puedo creer *en* aquello en lo que estoy: la luz del sol y la sombra, el oxígeno y el dióxido de carbono, los sistemas solares y las galaxias.

Pero ahora ya estamos nadando en aguas sentimentales; he hecho metáforas de las puestas de sol. Primero estaban retocadas con Photoshop. Ahora son divinas. Y ninguna de estas formas de mirar las puestas de sol bastará.

e.e. cummings tiene un poema sobre una puesta de sol que dice así:

> *quién eres, pequeño yo*
>
> *(de cinco o seis años)*
> *mirando desde alguna ventana*
>
> *alta: el oro de*
>
> *la puesta de sol de noviembre*
>
> *(y sintiendo: que si el día*
> *tiene que volverse noche*
>
> *esta es una hermosa manera).*

Es un buen poema, pero solo funciona porque cummings sitúa la observación en la infancia, cuando presuntamente uno es demasiado inocente para haberse dado cuenta de lo aburrido que es escribir sobre las puestas de sol. Aun así, una buena puesta de sol *es* hermosa, y mejor aún: lo es universalmente. Nuestros antepasados lejanos no comían como nosotros, ni viajaban como nosotros. Su relación con ideas tan fundamentales como el tiempo era diferente de la nuestra. Medían el tiempo no en horas o segundos, sino básicamente en relación con los ciclos solares: con la proximidad del atardecer, del amanecer o del invierno. Pero todo humano que ha vivido unos cuantos años en este planeta ha visto una hermosa puesta de sol y se ha detenido a pasar uno de los últimos momentos del día agradecido y abrumado por la luz.

¿Y cómo podríamos celebrar una puesta de sol sin ser sensibleros o empalagosos? Quizá exponiéndolo fríamente. Esto es lo que sucede: antes de que un rayo de sol llegue a tus ojos, interacciona muchas, muchas veces con moléculas que provocan lo que llamamos dispersión de la luz. Las diferentes longitudes de onda se envían en diferentes direcciones cuando interactúan, por ejemplo, con el oxígeno o el nitrógeno de la atmósfera. Pero al atardecer, la luz viaja a través de la atmósfera más tiempo antes de llegar a nosotros, de modo que gran parte del azul y el púrpura se ha dispersado y deja ante nuestros ojos un cielo lleno de rojos, rosas y naranjas. Como dijo la artista Tacita Dean: «El color es una ficción de la luz».

Creo que es útil saber cómo funcionan las puestas de sol. No compro la idea romántica de que el conocimiento científico de alguna manera roba la belleza al universo, pero aun así no encuentro palabras para describir la belleza de las puestas de sol, que te corta la respiración; de hecho no te la corta, sino que te la da. Lo único que puedo decir es que a veces, cuando el mundo está entre el día y la noche, su esplendor me detiene en seco y siento mi absurda pequeñez.

Podríais pensar que es triste, pero no lo es. Solo me siento agradecido. Toni Morrison escribió una vez: «En la vida llega un momento en que la belleza del mundo basta por sí sola. No es necesario fotografiarla, pintarla, ni siquiera recordarla. Basta por sí sola». ¿Y qué podemos decir de la belleza estereotipada de las puestas de sol? Quizá solo que bastan por sí solas.

———

Mi perro, Willy, murió hace unos años, pero uno de mis grandes recuerdos de él es verlo jugar en el patio delantero de nuestra casa al anochecer. En aquel entonces era un cachorro, y a primera hora de la noche le daba un ataque de actividad frenética. Corría en círculos a nuestro alrededor, muy contento, ladrando y saltando por nada en concreto, y al rato se cansaba, corría hacia mí y se tumbaba. Y luego hacía algo absolutamente extraordinario: se colocaba boca arriba y me mostraba su suave barriga. Siempre me maravilló la valentía de ese gesto, su capacidad para ser tan absolutamente vulnerable a nosotros. Nos ofrecía la zona no protegida por las costillas confiando en que no íbamos a morderlo ni a apuñalarlo. Es difícil confiar en el mundo así, mostrarle la barriga. Hay algo en lo más profundo de mí, algo muy frágil, que siente terror a volverse hacia el mundo.

Me asusta incluso escribir esto, porque me preocupa que, al haber confesado esta fragilidad, ahora sepáis dónde golpear. Sé que si me golpean donde soy sincero, nunca me recuperaré.

A veces puede parecer que amar la belleza que nos rodea es de alguna manera una falta de respeto a los muchos horrores que también nos rodean. Pero sobre todo creo que me asusta mostrar la barriga al mundo y que este me devore. Así que me pongo la armadura del cinismo, me escondo detrás de los grandes muros de la ironía y solo vislumbro la belleza dándole la espalda, a través del espejo de Claude.

Pero quiero ser sincero, aunque me dé vergüenza. El fotógrafo Alec Soth ha dicho: «Para mí, lo más hermoso es la vulnerabilidad». Yo iría un paso más allá y diría que no puedes ver la belleza que basta por sí misma a menos que te vuelvas vulnerable a ella.

Así que intento volverme hacia esa luz dispersa, con la barriga hacia afuera, y me digo a mí mismo: Esto no parece una foto. Y no parece un dios. Es una puesta de sol, y es hermosa, ¿y en todo esto que haces nada se lleva cinco estrellas porque nada es perfecto? Qué tontería. Hay muchas cosas perfectas. Empezando por esta. Doy cinco estrellas a las puestas de sol.

La actuación de Jerzy Dudek
el 25 de mayo de 2005

Me gustaría contaros una historia alegre, sorprendente y tonta. Tiene que ver con el deporte, y he estado pensando en ella porque os escribo en mayo de 2020, un momento en que, por primera vez en mi vida, el deporte se ha detenido.

Echo de menos el deporte. Sé que, tal como están las cosas, el deporte no importa, pero echo de menos el lujo de preocuparme por cosas que no importan. Cuentan (seguramente es falso) que el difunto papa Juan Pablo II dijo: «De todas las cosas sin importancia, el fútbol es la más importante». Y en este momento añoro las cosas sin importancia. Así que aquí tenéis una historia sobre fútbol que empieza en el sur de Polonia, a solo unos cien kilómetros del lugar donde nació el papa Juan Pablo II.

Estamos en 1984, y Jerzy Dudek, el larguirucho hijo de diez años de un minero, vive en la pequeña ciudad minera de Szczygłowice. La empresa minera ha organizado una excursión para que las mujeres de los mineros bajen a la mina y vean dónde trabajan sus maridos. Jerzy y su hermano mayor, Dariusz, esperan fuera de la mina con su padre mientras Renata Dudek recorre cientos de metros en dirección a la galería. Cuando vuelve, empieza a besar a su marido llorando. Tiempo después Dudek recordaría: «Mi madre nos llamó y dijo: "Jerzy, Dariusz, prometedme que nunca bajaréis a la mina"».

Jerzy y su hermano se rieron. «Pensamos: "Bueno, ¿y qué otra cosa vamos a hacer?".»

Por aquel entonces, el papa Juan Pablo II, al que el joven Jerzy idolatraba, vivía en el Vaticano, a pocos kilómetros del Estadio Olímpico de Roma, donde aquel año se celebró la final de la Copa de Europa, un importante torneo de fútbol ahora llamado Champions League, en el que compiten los mejores equipos de Europa. Aquel año, en la final se enfrentaron el equipo local, la AS Roma, y mi amado Liverpool Football Club.[23]

El portero del Liverpool en aquel momento, Bruce Grobbelaar, era excéntrico incluso para los estándares de un portero. Calentaba caminando con las manos y colgándose del poste superior de la portería. Solía beberse una docena de cervezas en el autobús del equipo cuando el Liverpool perdía.

Pero Grobbelaar es más conocido por aquella final de la Copa de Europa de 1984. El partido terminó con una tanda de penaltis en la que, por alguna razón, Grobbelaar decidió fingir que se le doblaban las piernas de nervios cuando uno de los lanzadores de penaltis de la Roma corrió a chutar. El jugador de la Roma, desconcertado por el movimiento de piernas de Grobbelaar, lanzó el balón por encima del travesaño, y el Liverpool ganó su cuarta Copa de Europa.

Volvemos al sur de Polonia, donde al joven Jerzy Dudek le encantaba el fútbol, aunque en su humilde comunidad era difícil conseguir balones de cuero, así que jugaban con balones de goma e incluso con viejas pelotas de tenis. Acabó siendo portero porque era alto, aunque al principio no era

---

23. Conozco al novelista, cofundador de Radio Ambulante y seguidor del Arsenal Daniel Alarcón desde el instituto. En una ocasión, en una entrevista, a Daniel le preguntaron si yo me consideraba más un youtuber o un escritor. Daniel respondió «John se considera principalmente fan del Liverpool», cosa que me encantó.

demasiado hábil en esta posición. Su primer entrenador le dijo: «Saltas como un saco de patatas».

A los diecisiete años, Dudek estaba formándose para ser minero, y parte de su formación profesional consistía en trabajar en la mina de carbón dos días por semana. En muchos aspectos, le gustaba el trabajo. Disfrutaba de la camaradería en la mina, del sentimiento de confianza mutua. La empresa minera tenía un equipo de fútbol, y Jerzy empezó a jugar en él. Como no podía permitirse unos guantes de portero, se ponía los guantes de trabajo de su padre. Para sentirse como un auténtico portero, dibujó en ellos el logo de Adidas. Jerzy mejoró, dejó de saltar como un saco de patatas, y a los diecinueve años ganaba poco más de cien dólares al mes como portero de un equipo semiprofesional, a la vez que trabajaba para la empresa minera. Pero a los veintiuno, su avance se había estancado. Tiempo después diría que sentía que se rendía «a la mediocridad».

El Liverpool Football Club también se rendía a la mediocridad. En la década de 1990, a menudo no era lo bastante bueno para jugar en la Champions League, mucho menos para ganarla.

En 1996, cuando Jerzy Dudek tenía veintidós años, llamó la atención de un equipo polaco de primera división, que lo fichó por un sueldo de unos cuatrocientos dólares al mes. A partir de ahí, el ascenso de Dudek fue sorprendente: a los seis meses lo traspasaron a un equipo holandés, el Feyenoord, donde por fin empezó a ganar un sueldo digno jugando como portero. Tras pasar unos años en el Feyenoord, Dudek firmó un contrato multimillonario con el Liverpool.

Pero estaba muy triste. Por esta época escribió: «Los primeros días en Liverpool fueron los peores de mi vida. Me sentía muy solo. Estaba en un lugar nuevo con un idioma nuevo, que no sabía hablar». Todas estas citas, por cierto, son de la autobiografía de Dudek, que tituló *A Big Pole in Our Goal* (Un gran poste/polaco en nuestra portería).

Esta es la canción que los hinchas del Liverpool cantaban sobre él, con la melodía de «He's Got the Whole World in His Hands»: «We've got a big Pole in our goal».

Antes de llegar al 25 de mayo de 2005 quiero señalar una cosa más. Los porteros profesionales dedican *mucho* tiempo a entrenar para parar los penaltis. Jerzy Dudek se había enfrentado a miles de penaltis, y siempre los abordaba de la misma manera: se quedaba inmóvil en medio de la portería hasta un momento antes de que chutaran el balón, y luego saltaba en una dirección o en otra. Siempre. Sin excepción.

La temporada 2004-2005 vio al Liverpool en una carrera mágica por la Champions League, y en abril estaban preparándose para jugar contra la Juventus, el famoso club italiano, en los cuartos de final cuando murió el papa Juan Pablo II. En ese partido Dudek acabó en el banquillo; no podía pensar con claridad cuando acababa de morir el héroe de su infancia, así que, al borde de las lágrimas, le confesó al médico del equipo que aquella noche no podría jugar. Aun así, el Liverpool ganó el partido y llegó a la final, donde jugaría contra otro gigante italiano, el AC Milan.

La final se jugó en Estambul, y empezó fatal para Dudek y para el Liverpool. A los cincuenta y un segundos, el Milan anotó. Metieron dos goles más justo antes del descanso. La mujer de Dudek, Mirella, que estaba en su casa de Polonia preparándose para la primera comunión de su hijo, recordaba que Szczygłowice se sumió en un «silencio mortal».

Sobre el vestuario del Liverpool en el descanso, Dudek escribió: «Todos estábamos destrozados». El defensa del Liverpool Jamie Carragher dijo: «Mis sueños se habían convertido en polvo». Los jugadores oían a los cuarenta mil hinchas del Liverpool cantando «You'll Never Walk Alone» en las gradas, pero sabían que era, como dijo Carragher, «más por compasión que por convicción».

Lo que sucedió a continuación me lo sé de memoria, porque lo he visto muchas veces. En el minuto nueve de la segunda parte, el capitán del Liverpool, Steven Gerrard, marca con un delicado cabezazo. El Liverpool vuelve a marcar dos minutos después, y de nuevo cuatro minutos después. Ahora está empatado 3-3. Empieza la prórroga de treinta minutos. El Milan presiona. Es muy obvio que son el mejor equipo. Los jugadores del Liverpool están agotados y solo esperan llegar a la tanda de penaltis.

Cuando quedan noventa segundos de prórroga, Jerzy Dudek para dos disparos a bocajarro que se producen con un segundo de diferencia. La parada es tan buena que el libro *A Big Pole in Our Goal* le dedica un capítulo entero. La parada es tan buena que incluso ahora, quince años después, cuando la veo, todavía pienso que el jugador del Milan va a marcar. Pero Jerzy Dudek siempre para el lanzamiento, y el partido va a la tanda de penaltis.

Así que eres Jerzy Dudek. Te has entrenado para parar penaltis desde que eras niño, y lo haces a tu manera. Te has quedado despierto muchas noches imaginando este momento. La final de la Champions League, tanda de penaltis, tú en la portería, inmóvil hasta un instante antes de que chuten el balón.

Pero justo antes de que empiecen los lanzamientos, Jamie Carragher corre hacia ti. Salta a tu espalda y empieza a gritar. «Carra se acercó como si estuviera loco —recordó Dudek—. Me agarró y me dijo: "Jerzy Jerzy Jerzy, recuerda a Bruce Grobbelaar"».

Carragher le gritaba: «¡Dobla las piernas! ¡Muévete por la línea de meta! ¡Como en 1984!». Pero aquello había sido hacía veintiún años, con jugadores diferentes, un entrenador diferente y un rival diferente. ¿Qué tenía que ver aquel momento con ese?

En la vida hay momentos en los que haces las cosas exactamente como las has practicado y preparado. Y hay momentos en los que escuchas a Jamie Carragher. Pues en el momento más importante de la vida profesional de Jerzy Dudek, decidió intentar algo nuevo.

No dobló las piernas como Grobbelaar, sino que bailó en la línea de meta moviendo las piernas y los brazos. «No reconocía a mi marido —dijo Mirella Dudek—. No me podía creer que estuviera... bailando como un loco en la portería.»

El Liverpool marcó todos los penaltis menos uno. Para el Milan, que tuvo delante a Dudek bailando, la historia fue diferente. El primer lanzador de penaltis del Milan falló totalmente, luego Dudek paró dos de los siguientes cuatro penaltis, y el Liverpool consumó lo que se conoció como «El milagro de Estambul».

———————

Que alguien le diga a Jerzy Dudek, cuando tiene diez años, que parará dos penaltis en una final de la Copa de Europa tomando la decisión más extraña posible. Que alguien le diga a Jerzy Dudek, cuando tiene veintiún años y juega por mil ochocientos dólares al año, que diez años después levantará la Copa de Europa.

No podemos ver el futuro, ni los terrores, desde luego, pero tampoco podemos ver las maravillas que se avecinan, los momentos de alegría luminosa que nos esperan a cada uno de nosotros. Últimamente me siento muchas veces como si fuera Jerzy Dudek saliendo a la segunda parte con un 3-0, tan desesperado como indefenso. Pero de todas las cosas sin importancia, el fútbol es la más importante, porque ver a Jerzy Dudek echar a correr después de parar ese último penalti y que sus compañeros de equipo lo abracen me recuerda que algún día, y tal vez pronto, también a mí me abrazarán las personas a las que quiero. Estamos en mayo de 2020, quince años después del baile de Dudek, y esto terminará, y llegarán los días luminosos.

Doy a la actuación de Jerzy Dudek el 25 de mayo de 2005 cinco estrellas.

Los pingüinos de Madagascar

A menos que hayas tenido una vida excepcionalmente feliz, lo más probable es que hayas conocido a alguien al que le gusta tener opiniones provocadoras. Me refiero a personas que te dirán cosas como: «Mira, el mejor Beatle fue Ringo».

Respirarás hondo. Quizá hayas salido a comer con esta persona, porque comer es una experiencia de tiempo limitado, y solo puedes soportar la presencia de esta persona en cantidades ínfimas. Así que te meterás un bocado en la boca. Y entonces volverás a suspirar y dirás: «¿Por qué el mejor Beatle fue Ringo?».[24]

Bueno, la persona de opiniones provocadoras se alegra *mucho* de que se lo hayas preguntado. «El mejor Beatle fue Ringo porque...» Y entonces dejas de escuchar, que es la única manera de sobrevivir a esa comida. Cuando la persona ha terminado, dices: «Vale, pero Ringo también escribió "Octopus's Garden"», y a continuación la persona de opiniones provocadoras te agasajará con una conferencia de catorce minutos que empezará así: «Bueno, en realidad "Octopus's Garden" es una obra de considerable talento porque...».

---

24. Por si acaso Ringo Starr o cualquiera que lo adore está leyendo esto: creo que Ringo fue un gran Beatle. Un Beatle excelente. Es solo que no creo que fuera necesariamente el *mejor* Beatle.

La mayoría de nosotros no somos personas de opiniones provocadoras, gracias a Dios. Pero creo que todos albergamos en secreto al menos una opinión provocadora, y esta es la mía: la primera secuencia de la película de 2014 *Los pingüinos de Madagascar* es una de las mejores escenas de la historia del cine.

Los pingüinos de Madagascar es una película infantil de dibujos animados sobre el Antropoceno: un pulpo malvado llamado Dave ha inventado un rayo especial que hace que los animales bonitos se vuelvan feos para que los humanos dejen de favorecer la protección de animales agraciados (como los pingüinos) sobre los que no lo son tanto (como Dave).

La película empieza como un falso documental sobre la naturaleza. «La Antártida, un desierto inhóspito —dice el famoso documentalista Werner Herzog con su seriedad característica—. Pero incluso aquí, en el helado confín de la Tierra, encontramos vida. Y no de cualquier tipo. PINGÜINOS. Alegres, de andar tambaleante, cucos y coquetos.»

Una larga fila de pingüinos avanza sin hacerse preguntas detrás de un líder al que no vemos. Mientras Herzog llama a los pingüinos «juguetones payasitos de la nieve», seguimos la fila hasta los tres jóvenes pingüinos protagonistas, uno de los cuales pregunta:

—A ver, ¿alguien sabe hacia dónde vamos?

—¿Qué más da? —le contesta un pingüino adulto.

—Yo no me pregunto nada —añade otro.

Poco después, los tres jóvenes pingüinos son derribados por un huevo que rueda cuesta abajo. Deciden seguir el huevo, que cae desde lo alto de un glaciar hasta un barco naufragado. Los tres pequeños pingüinos están ahora al borde de un acantilado, mirando un huevo que está a punto de ser devorado por focas leopardo. Los pingüinos deben decidir: ¿arriesgarlo todo para salvar el huevo o ver cómo se lo comen?

En este momento, la cámara se aleja y vemos al equipo del documental, que ha seguido a los pingüinos. «Pequeños e indefensos —dice Herzog—, los bebés pingüinos están helados de miedo. Saben que si caen del acantilado, sin duda morirán.» Entonces Herzog hace una pausa y añade: «Günter, un empujoncito».

El tipo del sonido golpea a los pingüinos por detrás con un micrófono y los lanza hacia lo desconocido. Es una película para niños, así que, por supuesto, los pingüinos sobreviven y se embarcan en grandes aventuras. Pero cada vez que veo *Los pingüinos de Madagascar*, pienso en que casi todos nosotros somos invisibles para los pingüinos casi todo el tiempo, y sin embargo somos su mayor amenaza, y también su mejor esperanza. En este sentido, somos una especie de dios, y no un dios especialmente bueno.

También me descubro pensando en el lemming, un roedor de quince centímetros de largo con ojos vivaces y un pelaje de color marrón oscuro. Hay muchas especies de lemmings y pueden encontrarse en las zonas más frías de Norteamérica y Eurasia. A la mayoría les gusta estar cerca del agua y pueden nadar una distancia considerable.

Los lemmings suelen tener un ciclo poblacional especialmente extremo: cada tres o cuatro años, su población se dispara porque las condiciones de reproducción son favorables. En el siglo XVII, algunos naturalistas plantearon la hipótesis de que los lemmings se generaban de manera espontánea y luego caían del cielo por millones como gotas de lluvia. Esta creencia a la larga se desvaneció, pero otra no. Durante mucho tiempo hemos creído que, impulsados por el instinto y/o la voluntad de seguir a ciegas a otros lemmings, estas criaturas autorregulan el crecimiento de su población mediante el suicidio masivo.

Este mito ha resultado ser sorprendentemente duradero, aunque los biólogos saben desde hace mucho tiempo que los lemmings no hacen tal cosa. En realidad, cuando la población aumenta demasiado, los lemmings se dispersan y buscan espacios nuevos y seguros. A veces llegan a un río o un lago e intentan cruzarlo. A veces se ahogan. A veces mueren por otras causas. En todos estos aspectos, no son muy diferentes de otros roedores.

De todos modos, incluso ahora decimos que las personas que siguen a ciegas a otras son lemmings. Pensamos así de los lemmings debido en buena medida a la película de Disney de 1958 *Infierno blanco*, un documental sobre el Ártico norteamericano. En la película vemos que los lemmings, tras una temporada de crecimiento demográfico, migran, hasta llegar a un acantilado junto al mar, que el narrador llama «el precipicio final».

El narrador nos dice que los lemmings «se lanzan al espacio»; son tan inmensamente idiotas que saltan desde el precipicio, y los que sobreviven a la caída nadan mar adentro hasta ahogarse, «un encuentro final con el destino y con la muerte».

Pero nada de esto describe de forma realista el comportamiento natural de los lemmings. Por un lado, las subespecies de lemming que aparecen en el documental no suelen migrar. Además, esta parte de la película ni siquiera se filmó en su hábitat natural, sino que trasladaron los lemmings en cuestión desde la bahía de Hudson a Calgary, donde filmaron casi todas las imágenes de los lemmings. Y los lemmings no se lanzaron al espacio. Lo que sucedió fue que los realizadores arrojaron los lemmings por el acantilado desde un camión, los filmaron cayendo y al final los animales se ahogaron. Günter, un empujoncito.

Hoy en día se recuerda *Infierno blanco* no como un documental sobre los lemmings, sino como un documental sobre nosotros y sobre hasta dónde estamos dispuestos a llegar por mantener una mentira. Mi padre es director de documentales (me enteré de la historia de *Infierno blanco* por él), y en parte es también la razón de que me encante la primera secuencia de *Los pingüinos de Madagascar*.

Pero también me encanta porque captura algo sobre mí que me parece muy inquietante a la vez que se burla de ello del modo más amable posible. Como el pingüino adulto que se mantiene en la fila y dice «Yo no me pregunto nada», básicamente sigo las reglas. Básicamente intento actuar como actúan todos los demás, incluso cuando nos acercamos al precipicio. Imaginamos a otros animales sin conciencia, siguiendo a ciegas al líder sin saber hacia dónde, pero en este planteamiento a veces olvidamos que también somos animales.

Soy reflexivo, pienso a todas horas, ineludiblemente, hasta el agotamiento. Pero también soy insensato, actúo en función de configuraciones predeterminadas que no entiendo ni analizo. Hasta cierto punto no quiero aceptar que soy lo que durante mucho tiempo hemos dicho que son los lemmings. Fuerzas más allá de mi comprensión nos han llevado a mí y a mis compañeros lemmings a un precipicio, y temo que se acerque el empujón. El mito de los lemmings no perdura porque nos ayude a entender a los lemmings. Perdura porque nos ayuda a entendernos a nosotros mismos.

Los pingüinos de Madagascar es una película excepcionalmente tonta. Pero ¿de qué otra manera podemos enfrentarnos a los absurdos del Antropoceno? Mantengo mi opinión provocadora y doy a la secuencia inicial de *Los pingüinos de Madagascar* cuatro estrellas y media.

Piggly Wiggly

En 1920, según el censo, mi bisabuelo Roy trabajaba en una tienda de comestibles de un pequeño pueblo del oeste de Tennessee. Como todas las tiendas de comestibles estadounidenses de principios del siglo XX, esta ofrecía un servicio de atención completo: entrabas con la lista de los productos que necesitabas y el tendero —quizá mi bisabuelo— iba a buscarlos. El tendero pesaba la harina de trigo, la harina de maíz, la mantequilla o los tomates, y luego te lo empaquetaba todo. Seguramente en la tienda de mi bisabuelo los clientes también podían comprar alimentos a crédito, una práctica habitual en aquel entonces. Así que el cliente solía pagar la cuenta de su compra tiempo después.

Se suponía que ese trabajo permitiría a mi bisabuelo salir de la pobreza, pero las cosas no fueron así. La tienda cerró, en parte debido a la revolución de los autoservicios iniciada por Clarence Saunders, que modificó la forma de comprar, cocinar, comer y vivir de los estadounidenses. Saunders era el hijo autodidacta de unos aparceros pobres. Al final se abrió camino en el sector de los comestibles en Memphis, Tennessee, a unos ciento cincuenta kilómetros al sudoeste de la tienda de mi bisabuelo. Saunders tenía treinta y cinco años cuando desarrolló el concepto de una tienda de comestibles que no tendría mostradores, sino un laberinto de pasillos por los que los clientes pasarían, elegirían su comida y la meterían en su cesta.

En el autoservicio de Saunders los precios serían más bajos, porque contrataría a menos trabajadores y porque además no ofrecería crédito a los clientes, sino que habría que pagar de inmediato. Los precios también serían claros y transparentes: por primera vez, todos los productos de la tienda llevarían marcado su precio para que los clientes no temieran que algún tendero sin escrúpulos los timara. Saunders llamó a su tienda Piggly Wiggly.

¿Por qué? Nadie lo sabe. En cierta ocasión, cuando le preguntaron de dónde venía el nombre, Saunders contestó que procedía «del caos, que está en contacto directo con la mente de un individuo», lo que os permite haceros una idea del tipo de persona que era. Pero, en general, cuando le preguntaban a Saunders por qué llamar Piggly Wiggly a una tienda de comestibles, respondía: «Para que me hagan esta misma pregunta».

El primer Piggly Wiggly abrió en Memphis en 1916. Tuvo tanto éxito que el segundo abrió tres semanas después. A los dos meses abrió otro. Saunders insistió en llamarlo Piggly Wiggly III para dar a sus tiendas la «dignidad real que merecen». Empezó a añadir un eslogan en los carteles de sus escaparates: «Piggly Wiggly: En todo el mundo». En aquel momento, las tiendas ni siquiera estaban en todo Memphis, pero las profecías de Saunders se cumplieron: en un año había 353 Piggly Wigglies en Estados Unidos, y en la actualidad el concepto de autoservicio con pasillos de Saunders se ha extendido por todo el mundo.

Saunders escribía en anuncios de periódicos sobre su concepto de autoservicio en términos casi mesiánicos. «Algún día Memphis estará orgulloso de Piggly Wiggly —decía un anuncio—. Y todos los hombres dirán que los Piggly Wigglies se multiplicarán y abastecerán la Tierra con más comestibles, y más limpios.» En otra ocasión escribió: «El poderoso pulso del actual latido convierte cosas viejas en nuevas, y crea nuevas donde antes no había nada». Básicamente, Saunders hablaba de Piggly Wiggly como los actuales ejecutivos de Silicon Valley hablan de sus empresas: aquí no solo estamos ganando dinero, estamos abasteciendo la Tierra.

Es cierto que Piggly Wiggly y los autoservicios que le siguieron hicieron bajar los precios, lo que significaba que había más para comer. También cambiaron los tipos de alimentos disponibles: para ahorrar costes y limitar el deterioro, Piggly Wiggly almacenaba menos productos frescos que las tiendas de comestibles tradicionales. Los alimentos procesados y empaquetados se generalizaron y bajaron de precio, lo que alteró las dietas estadounidenses. También adquirió enorme importancia reconocer la marca de los productos, porque las empresas de alimentos tenían que atraer directamente a los compradores, lo que llevó al aumento de la publicidad de alimentos dirigida al consumidor en la radio y en los periódicos. La popularidad de marcas nacionales como Campbell Soup y galletas OREO se disparó; en 1920 Campbell era la marca de sopas más importante del país, y OREO la marca de galletas más importante, y ambas siguen siéndolo.

Los autoservicios también impulsaron el surgimiento de muchas otras marcas de alimentos procesados. Wonder Bread. MoonPies. Hostess CupCakes. Verduras congeladas Birds Eye. Cereales Wheaties. Reese's Peanut Butter Cups. Mostaza French's. Helados Klondike. Queso Velveeta. Todas estas marcas, y muchas otras, aparecieron en Estados Unidos en la década siguiente a la apertura del primer Piggly Wiggly. Clarence Saunders entendió las nuevas relaciones entre los medios de comunicación y el conocimiento de las marcas mejor que casi nadie en aquel momento. De hecho, a principios de la década de 1920, Piggly Wiggly era el mayor anunciante en periódicos de Estados Unidos.

Bajar los precios y contratar a menos empleados también significó que muchas personas que trabajaban en las tiendas de comestibles tradicionales perdieran su trabajo, incluido mi bisabuelo. No hay nada nuevo en nuestro temor a que la automatización y el aumento de la eficacia priven a los humanos del trabajo. En un anuncio de periódico, Saunders imaginaba a una mujer dividida entre su larga relación con su amable tendero y los bajos precios de Piggly Wiggly. La historia concluía con Saunders apelando a una tradición aún más antigua que la del tendero que se ocupaba de todo. La mujer de su anuncio reflexionaba: «Hace muchos años tenía una abuela holandesa muy ahorradora. El espíritu de esta abuela se impuso dentro de mí y dijo: "Los negocios son los negocios; la caridad y la limosna son otra cosa"». Tras lo cual nuestra compradora vio la luz y se decidió por Piggly Wiggly.

En 1922 había más de mil tiendas Piggly Wiggly en Estados Unidos, y las acciones de la empresa cotizaban en la Bolsa de Nueva York. Saunders estaba construyéndose una mansión de más de tres mil metros cuadrados en Memphis y había donado dinero a la universidad que ahora se llama Rhodes College. Pero los buenos tiempos no durarían. Después de que varias tiendas Piggly Wiggly del nordeste quebraran, los inversores empezaron a vender acciones, convencidos de que el precio bajaría. Saunders respondió intentando comprar todas las acciones disponibles de Piggly Wiggly con dinero prestado, pero la táctica fracasó estrepitosamente. Saunders perdió el control de Piggly Wiggly y se declaró en quiebra.

Su agresividad entre los vendedores al descubierto de Wall Street anticipaba los titanes corporativos contemporáneos, al igual que su dependencia de la publicidad a gran escala y la supereficacia. Saunders era, según muchos contaban, un matón: ofensivo, cruel y profundamente convencido de su genialidad. Después de perder el control de la empresa, escribió: «Lo tienen todo, todo lo que yo construí, las mejores tiendas del mundo, pero no consiguieron al hombre que tuvo la idea. Tienen el cuerpo de Piggly Wiggly, pero no se llevaron el alma». Saunders no tardó en desarrollar un nuevo concepto de tienda de comestibles. Tendría pasillos y autoservicio, pero también empleados en la sección de carnes y en la panadería. Básicamente inventó el modelo de supermercado que se impondría en el siglo XXI.

En menos de un año estaba listo para abrir, pero los nuevos propietarios de Piggly Wiggly lo llevaron a los tribunales argumentando que la utilización del nombre de Clarence Saunders en una nueva tienda de comestibles violaría las marcas comerciales y patentes de Piggly Wiggly. En respuesta, Saunders llamó a su nueva tienda «Clarence Saunders: Sole Owner of My Name» (Clarence Saunders: Único propietario de mi nombre), quizá el único nombre comercial peor que Piggly Wiggly. Aun así, tuvo un tremendo éxito, y Saunders hizo una segunda fortuna a medida que los supermercados Sole Owner se extendían por todo el sur del país.

Después invirtió en un equipo de fútbol profesional de Memphis, que llamó The Clarence Saunders Sole Owner of My Name Tigers. En serio. Jugaron contra los Green Bay Packers y los Chicago Bears ante grandes multitudes en Memphis, y los invitaron a unirse a la NFL, pero Saunders se negó. No quería compartir las ganancias ni enviar a su equipo a partidos fuera de casa. Prometió construir un estadio para los Tigers con capacidad para más de treinta mil personas. «El estadio tendrá calaveras y tibias cruzadas para los enemigos a los que he matado», escribió.

Pero a los pocos años la Gran Depresión aplastó los supermercados Sole Owner, el equipo de fútbol quebró y Saunders volvió a arruinarse. Entretanto, al cuerpo sin alma de Piggly Wiggly le iba bastante bien sin Saunders: en 1932, momento de máximo apogeo de la cadena de supermercados, había más de dos mil quinientos Piggly Wigglies en Estados Unidos. Incluso en 2021 hay más de quinientos locales, sobre todo en el sur, aunque, como muchos supermercados, se enfrentan a la presión de empresas como Walmart y Dollar General, que pueden ofrecer un precio más bajo que los supermercados tradicionales en parte proporcionando todavía menos productos frescos y contratando a menos empleados que los actuales Piggly Wiggly.

Últimamente los anuncios de Piggly Wiggly tienden a centrarse en la tradición y en el contacto humano. En 1999, un anuncio de televisión de Piggly Wiggly en el norte de Alabama incluía esta frase: «En Piggly Wiggly, amigos atienden a amigos», un canto a las relaciones personales que Saunders ridiculizaba en el anuncio de la abuela holandesa. El poderoso pulso del actual latido convierte cosas viejas en nuevas, cierto, pero también cosas nuevas en viejas.

En Estados Unidos, los precios actuales de los alimentos son más bajos que nunca respecto del sueldo medio, pero nuestras dietas suelen ser malas. El estadounidense medio ingiere más azúcar y sodio de lo que debería, en buena medida debido a los alimentos procesados y envasados. Más del 60 por ciento de las calorías que consumen los estadounidenses proceden de los llamados «alimentos altamente procesados», como las galletas OREO y las barritas Milky Way, que tanto éxito tuvieron en los primeros Piggly Wigglies. Clarence Saunders no fue el responsable de todo esto, por supuesto. Como a todos nosotros, lo arrastraban fuerzas muy superiores a cualquier individuo. Simplemente entendió lo que Estados Unidos no tardaría en querer, y nos lo dio.

Tras su segunda quiebra, Saunders pasó décadas intentando lanzar otro nuevo concepto de negocio minorista. Keedoozle era una tienda totalmente automatizada que parecía un enorme banco de máquinas expendedoras y en la que se compraba alimentos casi sin interacción personal.

Pero las máquinas se estropeaban con frecuencia, y a la gente le parecía que la compra era lenta y torpe, así que Keedoozle nunca fue rentable. El sistema de autopago que concibió Saunders solo se haría realidad muchas décadas después.

A medida que envejecía, Saunders se volvía más agresivo e impredecible. Empezó a sufrir episodios de enfermedad mental y al final ingresó en un centro psiquiátrico que trataba a personas con ansiedad y depresión.

La mansión que Saunders construyó con su primera fortuna se convirtió en el Pink Palace Museum, el museo de ciencia e historia de Memphis. La finca que construyó con su segunda fortuna se convirtió en el Lichterman Nature Center. En 1936, el periodista Ernie Pyle dijo: «Si Saunders vive lo suficiente, Memphis se convertirá en la ciudad más bonita del mundo solo con las cosas que Saunders construyó y perdió».

Sin embargo, Saunders no llegó a amasar una tercera fortuna. Murió en el Wallace Sanitarium en 1953, a los setenta y dos años. Una necrológica decía: «Algunos hombres consiguen una fama duradera gracias al éxito, y otros la consiguen gracias al fracaso». Saunders fue un innovador incansable que entendió la fuerza de la marca y de la eficacia. También era odioso y vengativo. Cometió fraude bursátil. Y ayudó a marcar el inicio de una era en la que la comida llena, pero no alimenta.

Pero sobre todo, cuando pienso en Piggly Wiggly, pienso en que los grandes se hacen más grandes comiéndose a los pequeños. Piggly Wiggly se tragó las tiendas de comestibles de las pequeñas ciudades solo para que se lo tragaran establecimientos como el Walmart, que a su vez será tragado por empresas como Amazon. James Joyce llamó a Irlanda la «vieja cerda que se come a sus crías», pero Irlanda no es nada comparada con el capitalismo estadounidense.

Doy a Piggly Wiggly dos estrellas y media.

El Famoso Concurso de Comer Perritos Calientes de Nathan's

En la esquina de las avenidas Surf y Stillwell de Coney Island, Brooklyn, hay un restaurante llamado Nathan's Famous, que abrieron en 1916 los inmigrantes polacos Nathan e Ida Handwerker. El restaurante sirve una gran variedad de comida, desde almejas fritas hasta hamburguesas vegetarianas, pero en sus inicios Nathan's era un local de perritos calientes, y en el fondo aún lo es.

Los perritos calientes de Nathan's no son lo mejor que vas a comer en tu vida, ni siquiera los mejores perritos calientes. Pero comerse uno entre el clamor de Coney Island tiene algo de especial. Y esos perritos calientes tienen pedigrí: los han comido el rey Jorge VI y Jacqueline Kennedy. Y dicen que Stalin se comió uno durante la Conferencia de Yalta, en 1945.

Coney Island era la capital mundial de los vendedores ambulantes, donde charlatanes con sombreros de paja vendían cualquier cosa en una atracción de feria u otra. Ahora, como todos los lugares que sobreviven de la nostalgia, es sobre todo un recuerdo de sí misma. Las playas siguen llenándose en verano. Todavía puedes montar en el tiovivo y todavía hay cola en el Nathan's Famous. Pero en buena medida ir a Coney Island hoy es imaginar cómo fue alguna vez.

Excepto un día al año, cuando Coney Island se convierte en su antiguo yo, para bien o para mal. Cada 4 de julio, decenas de miles de personas inundan las calles para presenciar un espectacular ejercicio de resonancia metafórica conocido como el Famoso Concurso de Comer Perritos Calientes de Nathan's. Dice mucho sobre la vida estadounidense contemporánea que nuestras celebraciones del día de la Independencia incluyan: 1. espectáculos de fuegos artificiales, que son básicamente batallas de imitación con cohetes y petardos, y 2. un concurso en el que personas de todo el mundo intentan descubrir cuántos perritos calientes con su panecillo puede ingerir un ser humano en diez minutos. Como dice el legendario humorista Yakov Smirnoff: Qué país.

Como la nación a la que pretende homenajear, el concurso de comer perritos calientes siempre ha sido una extraña amalgama de historia e imaginación. El creador del concurso probablemente fue un tipo llamado Mortimer Matz, a quien el periodista Tom Robbins describió como «en parte P. T. Barnum, y en parte un canalla político». Matz ganó buena parte de su dinero como relaciones públicas para políticos en crisis, un recurso que nunca escasea en Nueva York, pero también fue relaciones públicas de Nathan's Famous junto con su colega Max Rosey. Matz afirmó que el concurso de comer perritos calientes se remontaba al 4 de julio de 1916, cuando cuatro inmigrantes organizaron un concurso de comer perritos calientes para determinar cuál de ellos amaba más Estados Unidos. Aunque después reconocería: «Como promoción de Coney Island, lo inventamos nosotros».

En realidad, el concurso empezó en el verano de 1967, cuando dieron a varias personas una hora para que comieran el máximo número de perritos calientes con su panecillo. Un camionero de treinta y dos años llamado Walter Paul ganó ese primer concurso con ciento veintisiete perritos calientes en una hora, aunque hay que tener en cuenta que esa fue la cantidad que Rosey y Matz dieron a la prensa.

El evento no pasó a ser anual hasta finales de la década de 1970. La mayoría de los años, el ganador se comía diez u once perritos calientes en diez minutos. El concurso de comer perritos calientes fue un evento bastante tranquilo hasta 1991, cuando un joven llamado George Shea se convirtió en el promotor profesional del concurso.

Shea era un estudiante de literatura al que le encantaban Flannery O'Connor y William Faulkner, y que quería ser novelista, pero que se ha convertido en el último gran charlatán de feria estadounidense. Lleva un sombrero de paja y es conocido por sus grandilocuentes presentaciones anuales de los competidores del concurso. De hecho, la presentación anual de Shea previa al espectáculo, que transmite en directo la cadena de deportes más importante de Estados Unidos, suele durar más que el concurso de comer perritos calientes en sí.

Siempre empieza con presentaciones bastante normales. «Un novato que, en su primer año, ya ocupa el puesto número veinticuatro del mundo —empezó Shea un año—. De Nigeria, ahora viviendo en Morrow, Georgia, se ha comido treinta y cuatro mazorcas de maíz. Con sus más de dos metros de altura, demos un fuerte aplauso a Gideon Oji.» Sin embargo, a medida que van sucediéndose los concursantes, las presentaciones son cada vez más surrealistas. Al presentar a Rich LeFevre, de setenta y dos años, Shea dijo: «Cuando somos jóvenes, tomamos el café con leche y azúcar. Y a medida que envejecemos, lo tomamos solo con leche, luego lo tomamos solo, luego lo tomamos descafeinado, y luego nos morimos. Nuestro próximo comedor está en el descafeinado».

De otro concursante nos dice: «Se planta ante nosotros como el propio Hércules, aunque sea un gran Hércules calvo en un concurso de comer». Al presentar a un concursante que ha participado en muchas ocasiones, Crazy Legs Conti, limpiador de ventanas profesional y campeón del mundo de comer judías verdes cortadas en juliana, Shea dice: «Lo vieron por primera vez en la playa, entre las antiguas marcas de la marea alta y la marea baja, un lugar que no es ni tierra ni mar. Pero a medida que la luz azul de la mañana se filtraba a través de la oscuridad, mostró al hombre que había estado en el más allá y había sido testigo de los secretos de la vida y la muerte. Lo enterraron vivo bajo dos metros cúbicos de palomitas de maíz y para sobrevivir se abrió camino comiéndoselas».

Si no soléis ver la cadena de deportes ESPN, puede resultaros difícil entender lo raras que son estas presentaciones comparadas con la programación diaria, compuesta casi en su totalidad por eventos deportivos y análisis de eventos deportivos. La ESPN no se dedica a ir a lugares que no son ni tierra ni mar.

Pero la ESPN sí es una cadena de deportes, y estoy dispuesto a aceptar que los concursos de comer sean un deporte. Como cualquier deporte, este consiste en ver qué es capaz de conseguir un cuerpo humano, y como cualquier deporte, tiene una serie de reglas. Tienes que comerte el perrito caliente *y* el panecillo para que cuente, y quedas descalificado de inmediato si durante la competición sufres el llamado «giro de la fortuna», el eufemismo para vomitar. La competición en sí es repugnante, por supuesto. Últimamente el ganador suele comerse más de setenta perritos calientes con su panecillo en diez minutos.

Uno puede sentir algo parecido al alegre asombro ante la magnificencia de un pase perfecto de Megan Rapinoe o ante la elegancia de un tiro en suspensión de LeBron James. Pero cuesta decir que el Famoso Concurso de Comer Perritos Calientes de Nathan's es hermoso. Cuando un balón de fútbol está a los pies de Lionel Messi, no quieres apartar la mirada. Cuando ves concursos de comer perritos calientes, no puedes apartar la mirada.

El concurso de comer perritos calientes es un monumento a la autocomplacencia, al impulso humano de buscar no solo más de lo que necesita, sino también más de lo que realmente desea. Pero creo que también se trata de otra cosa. El mejor comedor del mundo, el estadounidense Joey Chestnut, ha dicho sobre las presentaciones de Shea: «Él convence al público de que estos tipos son deportistas. Lo hace tan bien que me convence *hasta a mí* de que soy un deportista».

El charlatán de feria es obviamente un artista del engaño. Sabemos que Shea está bromeando cuando se refiere a Chestnut como «América misma» y afirma que las primeras palabras que su madre le dijo fueron: «Eres carne de mi carne, pero no eres mío. El destino es tu padre y perteneces al pueblo, porque liderarás el ejército de los libres». Sabemos que es una broma. Y aun así el público grita. Corea: «Jo-ey, Jo-ey, Jo-ey». Mientras el presentador sigue enardeciendo a la multitud, empiezan a gritar: «¡U-S-A, U-S-A!». La energía en la calle cambia. Sabemos que Shea no habla en serio. Pero... sus palabras tienen poder.

A partir de 2001, un japonés llamado Takeru Kobayashi ganó el concurso de comer perritos calientes durante seis años consecutivos. Kobayashi revolucionó totalmente el enfoque del concurso. Hasta entonces nadie había comido más de veinticinco perritos calientes. Kobayashi se comió cincuenta en 2001, más del doble de lo que consiguió el concursante que quedó en tercer lugar aquel año. Sus estrategias, que incluyen partir cada perrito por la mitad y mojar el panecillo en agua tibia, son ahora omnipresentes en el concurso.

Kobayashi fue muy querido durante años por ser el mejor comedor de todos los tiempos, aunque ya no participa en el concurso porque se niega a firmar un contrato en exclusiva con la empresa de Shea. Pero compitió en el evento de 2007, y cuando el estadounidense Chestnut lo derrotó, Shea gritó por el micrófono: «¡Hemos recuperado nuestra confianza en nosotros mismos! ¡Los días oscuros de los últimos seis años han quedado atrás!». Y eso pareció dar permiso a la multitud para caer en el fanatismo. Se oye a gente gritando a

Kobayashi cuando se acerca a felicitar a Chestnut. Le dicen que se vaya a su casa. Lo llaman Kamikaze y Shanghai Boy. Más de una década después, en un documental, Kobayashi lloraba al recordarlo. «Antes me animaban», dijo.

Cuando tienes el micrófono, lo que dices importa, aunque solo estés bromeando. Es muy fácil refugiarse en el «solo» de «solo estoy bromeando». Solo es una broma. Solo lo hacemos por los memes. Pero lo ridículo y lo absurdo pueden dar forma a nuestra concepción de nosotros mismos y de los demás. Y la crueldad ridícula sigue siendo cruel.

Amo a los humanos. Realmente nos abriríamos camino comiéndonos dos metros cúbicos de palomitas de maíz para sobrevivir. Y agradezco a cualquiera que nos ayude a ver la grotesca absurdidad de nuestra situación. Pero los charlatanes de feria del mundo deben tener cuidado con las ridículas historias que nos cuentan, porque nos las creeremos.

Doy al Famoso Concurso de Comer Perritos Calientes de Nathan's dos estrellas.

CNN

El magnate de la televisión por cable Ted Turner inauguró la primera cadena estadounidense de noticias las veinticuatro horas del día el 1 de junio de 1980. La transmisión inaugural empezó con Turner de pie detrás de un podio hablando a una gran multitud frente a la nueva sede de la CNN en Atlanta.

Turner dijo: «Verán que delante de mí hemos izado tres banderas: una, la del estado de Georgia; la segunda, la bandera de Estados Unidos, por supuesto, que representa a nuestro país y nuestra voluntad de servirlo con la Cable News Network; y al otro lado tenemos la bandera de las Naciones Unidas, porque esperamos que la Cable News Network, con su cobertura internacional y más profunda, ofrezca una mejor comprensión de cómo personas de diferentes países vivimos y trabajamos juntas, de modo que podamos, con suerte, unir en hermandad, bondad, amistad y paz a la gente de este país y de este mundo».

Después del discurso de Turner, la CNN empezó a cubrir las noticias. Las primeras fueron sobre el intento de asesinato de un líder negro de los derechos civiles en Indiana y un tiroteo en Connecticut. Esa primera hora de la CNN *se ve* anticuada. Los presentadores llevan trajes con grandes solapas y están en un estudio cochambroso. Pero *suena* muy parecida a la CNN contemporánea de un domingo por la tarde. La emisión pasa de una noticia a otra, desde incendios hasta tiroteos y aterrizajes de emergencia. Ya en esa primera hora se oye el ritmo de las noticias, su pulso incesante. Además, los platós de los programas de noticias por cable de 1980, como la mayoría de los de hoy, no tenían ventanas, por la misma razón que los casinos no tienen ventanas.

Últimamente suele haber una luz azul de fondo mientras los presentadores hablan. No sabes si es por la mañana o por la noche, y no importa, porque las noticias se repiten una y otra vez. Es siempre en vivo, lo que parece, y tal vez sea, muy similar a estar vivo.

Por supuesto, es difícil argumentar que la CNN ha unido al mundo en hermandad y bondad. El idealismo capitalista de Ted Turner, la idea de que se puede cambiar el mundo a mejor mientras un solo hombre gana miles de millones de dólares, tiene algo de repugnante. Pero sí creo que la CNN ofrece un servicio.

Hace bastante periodismo de investigación, que puede descubrir corrupciones e injusticias que de otro modo no se controlarían. Además, la CNN informa de la noticia, al menos en sentido estricto; seguramente en la CNN te enterarás de si algo ha sucedido hoy, si ha sido dramático, aterrador o grande, y si ha sucedido en Estados Unidos o en Europa.

Sin embargo, la palabra inglesa *news* (noticias) cuenta un secreto en sí misma: lo que básicamente es noticia no es lo digno de mención ni lo importante, sino lo *nuevo*. Buena parte de lo que de verdad cambia en la vida humana no es impulsado por eventos, sino por procesos, que a menudo no se consideran noticias. No vemos demasiado sobre el cambio climático en la CNN, a menos que se publique un nuevo informe, ni vemos que cubran de manera habitual otras crisis en curso, como la mortalidad infantil y la pobreza.

Un estudio de 2017 determinó que el 74 por ciento de los estadounidenses creía que la mortalidad infantil mundial se ha mantenido igual o ha empeorado en los últimos veinte años, cuando en realidad ha disminuido en casi un 60 por ciento desde 1990, con mucho, el más rápido descenso de mortalidad infantil en cualquier período de treinta años de la historia de la humanidad.[25]

Si veis la CNN, es posible que no lo sepáis. También es posible que no sepáis que en 2020 los índices mundiales de muerte por guerra eran los más bajos, o casi, que ha habido en siglos.

Incluso cuando una noticia recibe una amplia cobertura, como la pandemia mundial en la CNN a partir de marzo de 2020, suelen preferirse los eventos frente a los procesos. La expresión «hito nefasto» se repite una y otra vez a medida que nos enteramos de que cien mil, y después doscientas mil, y después quinientas mil personas han muerto a causa de la COVID-19 en Estados Unidos. Pero, sin contexto, ¿qué significan estos números? La constante repetición de hitos nefastos sin ninguna base histórica solo produce un efecto de distanciamiento, al menos a mí. Pero cuando se contextualiza, se hace patente la gravedad del hito. Se podría informar, por ejemplo, de que en 2020 la esperanza de vida media en Estados Unidos cayó (mucho) más que en cualquier otro año desde la Segunda Guerra Mundial.

Como siempre hay noticias nuevas de las que informar, casi nunca se nos ofrece el contexto que nos permitiría entender por qué están sucediendo esas noticias. Nos entera-

25. Uno de los pocos aspectos positivos de 2020 es que la mortalidad infantil continuó disminuyendo a nivel mundial, aunque sigue siendo demasiado alta. Un niño nacido en Sierra Leona tiene doce veces más probabilidades de morir antes de los cinco años que un niño nacido en Suecia, y como señala la doctora Joia Mukherjee en *An Introduction to Global Health Delivery*: «Estas diferencias en la esperanza de vida no se deben a la genética, la biología o la cultura. Las desigualdades en salud se deben a la pobreza, el racismo, la falta de atención médica y otras fuerzas sociales que influyen en la salud».

mos de que los hospitales se han quedado sin camas de UCI para tratar a los pacientes con la COVID-19 gravemente enfermos, pero no nos enteramos de la serie de decisiones que durante décadas llevaron a un sistema sanitario que privilegiaba la eficacia sobre la capacidad. Esta avalancha de información descontextualizada puede convertirse con facilidad y rapidez en desinformación. Hace más de ciento cincuenta años, el humorista estadounidense Josh Billings escribió: «Creo sinceramente que es mejor no saber nada que saber lo que no es así». Y este me parece el problema subyacente, no solo con la CNN y otras cadenas de noticias por cable, sino con la información contemporánea en general. Demasiado a menudo acabo sabiendo lo que no es así.

———————

En 2003 yo vivía con mis tres mejores amigos —Katie, Shannon y Hassan— en un piso de la zona noroeste de Chicago. Habíamos sobrevivido a los primeros años después de la universidad, en los que la vida, al menos para mí, parecía abrumadora y muy inestable. Hasta que me fui a vivir con Shannon, Katie y Hassan, todo lo que tenía cabía en mi coche. Mi vida había sido, tomando prestada una expresión de Milan Kundera, insoportablemente leve. Pero ahora las cosas empezaban a asentarse. Teníamos nuestros primeros trabajos más o menos estables y nuestros primeros muebles más o menos estables. Incluso teníamos televisión por cable.

Pero sobre todo nos teníamos los unos a los otros. Aquel piso —con todas las paredes pintadas de colores intensos, sin aislamiento acústico, con un solo baño, dormitorios diminutos y enormes zonas comunes— había sido diseñado para que estuviéramos juntos, para que compartiéramos todos los aspectos de la vida. Y así fue. Nos queríamos con una ferocidad que desconcertaba a los extraños. En cierta ocasión salí un par de veces con una chica que una noche me dijo que mi grupo parecía una secta. Cuando se lo conté a Shannon, Katie y Hassan, todos estuvimos de acuerdo en que tenía que dejar de salir con esa chica de inmediato.

—Pero eso es lo que diríamos si fuéramos una secta —dijo Katie.

Hassan asintió y dijo en tono burlón:

—Oh, mierda, chicos. Somos una secta.

Sé que estoy idealizando el pasado —también tuvimos grandes peleas, nos rompían el corazón, nos emborrachábamos y nos peleábamos por ser el primero en vomitar en el único váter, etc.—, pero fue el primer largo período de mi vida adulta en el que de vez en cuando me sentía bien, así que me perdonaréis que lo recuerde con tanto cariño.

Aquel agosto cumplí veintiséis años, y organizamos una cena que llamamos «John Green ha sobrevivido a John Keats», en la que todos los asistentes leyeron algún poema. Alguien leyó a Edna St. Vincent Millay:

> Mi vela arde por ambos lados;
>   no dudará toda la noche;
> pero, ah, mis enemigos, y oh, mis amigos...
>   da una luz hermosa.

Unos días después, los propietarios del edificio nos dijeron que iban a venderlo. Y si no lo vendían, dividirían el piso en el que vivíamos. Las grandes fuerzas de la vida humana —matrimonios, carreras y política de inmigración— nos empujaban en diferentes direcciones. Pero nuestra vela daba una luz hermosa.

———

Vivíamos en aquel piso cuando se produjo la invasión estadounidense de Irak, en 2003. Hassan había crecido en Kuwait y en aquel momento tenía familiares viviendo en Irak. Durante unas semanas después de la invasión no tuvo noticias de ellos. Al final se enteraría de que estaban bien, pero fue un momento aterrador, y una de las formas de sobrellevarlo era ver las noticias por cable a todas horas. Y como solo teníamos un televisor, y estábamos siempre juntos, los demás también veíamos muchas noticias por cable.

Aunque la guerra se cubría las veinticuatro horas del día, se ofrecía muy poca contextualización. Las noticias comentaban a menudo la relación entre musulmanes chiítas y sunitas en Irak, por ejemplo, pero nunca se detenían a explicar las diferencias teológicas entre chiítas y sunitas, ni la historia de Irak, ni la ideología política del movimiento baazista. Había tantas noticias —noticias que siempre eran de última hora— que nunca quedaba tiempo para contextualizar.

Una noche, justo después de que las fuerzas lideradas por Estados Unidos entraran en Bagdad, estábamos todos juntos en el sofá viendo las noticias. Transmitían imágenes sin editar desde la ciudad, y vimos a un cámara recorriendo una casa con un enorme agujero en una pared, cubierto casi por completo con un trozo de madera contrachapada. En la madera contrachapada habían escrito algo en árabe con espray negro, y el reportero hablaba sobre la rabia y el odio en la calle. Hassan se echó a reír.

Le pregunté qué le parecía tan gracioso.

—La pintada —me contestó.

—¿Qué tiene de graciosa? —le pregunté.

—Pone «Feliz cumpleaños, señor, a pesar de las circunstancias» —respondió Hassan.

En el minuto a minuto, es complicado que cualquiera de nosotros considere la posibilidad del «Feliz cumpleaños, señor, a pesar de las circunstancias». Proyecto mis expectativas y mis miedos en todos y todo lo que encuentro. Creo que lo que creo que es verdad debe ser verdad porque lo creo. Imagino vidas que siento lejanas a la mía de forma monolítica. Simplifico demasiado. Olvido que todo el mundo tiene cumpleaños.

El buen periodismo intenta corregir esos prejuicios y ayudarnos a entender con más profundidad el universo y nuestro lugar en él. Sin embargo, cuando no entendemos una pintada en un trozo de madera contrachapada, pero aun así creemos que sabemos lo que dice, lo que hacemos es difundir la ignorancia y el fanatismo, no la paz y la amistad que prometió Turner.

Doy a la CNN dos estrellas.

El invisible Harvey

La película *El invisible Harvey* está protagonizada por Jimmy Stewart como Elwood P. Dowd, un alcohólico cuyo mejor amigo es un conejo blanco invisible de un metro noventa de altura llamado Harvey. Josephine Hull ganó un Óscar por su interpretación de la hermana de Elwood, Veta, que duda si meter a Elwood en un psiquiátrico. La película, basada en la obra homónima de Mary Chase, ganadora de un premio Pulitzer, fue un éxito comercial y de crítica inmediato cuando se estrenó, en 1950.[26]

Pero mi historia con *El invisible Harvey* empieza a principios del invierno de 2001, poco después de sufrir lo que solía llamarse un ataque de nervios. Trabajaba para la revista *Booklist* y vivía cerca del norte de Chicago, en un pequeño piso que hasta hacía poco había compartido con una persona con la que pensaba que me casaría. En aquel momento creía que nuestra ruptura había causado mi depresión, pero ahora me doy cuenta de que mi depresión causó la ruptura, al menos en parte. En cualquier caso, estaba solo en el que había sido nuestro piso, rodeado de las

---

26. Como dijo Bosley Crowther en el *New York Times*: «Si ir al Astor, donde se estrenó ayer, no le devuelve a las carreteras y caminos envuelto en una sensación de calidez, entonces sospechamos que la culpa no será tanto de *El invisible Harvey* como suya».

que habían sido nuestras cosas e intentando cuidar al que había sido nuestro gato.

Susan Sontag escribió que «la depresión es melancolía sin sus encantos». Para mí, vivir con depresión fue totalmente aburrido y a la vez absolutamente insoportable. El dolor psíquico me superaba y ocupaba mis pensamientos hasta el punto de que ya no pensaba, solo sentía dolor. En *Esa visible oscuridad*, las desgarradoras memorias de su depresión, William Styron escribió: «Lo que hace intolerable la enfermedad es saber de antemano que no va a llegar un remedio, ni en un día, una hora, un mes o un minuto. Si te sientes un poco mejor, sabes que es solo temporal; después llegará más dolor. Lo que destroza el alma es más la desesperanza que el dolor». Creo que la desesperanza es una especie de dolor. Uno de los peores dolores. Para mí, tener esperanza no es un ejercicio filosófico ni una idea sentimental; es un requisito para mi supervivencia.

En el invierno de 2001 supe de antemano que no llegaría ningún remedio, y fue angustioso. No podía comer, así que me bebía dos botellas de dos litros de Sprite al día, que es más o menos la cantidad de calorías que hay que consumir, pero no es la opción alimenticia ideal.

Recuerdo que llegaba a casa del trabajo, me tumbaba en el suelo de linóleo despegado de la que había sido nuestra cocina y miraba a través de la botella de Sprite el rectángulo parabólico verde de la ventana de la cocina. Observaba las burbujas de la botella aferrándose al fondo, intentando aguantar, pero flotando inevitablemente hacia arriba. Pensaba en que no podía pensar. Sentía el dolor presionándome como si fuera una atmósfera. Lo único que quería era separarme del dolor, liberarme de él.

Al final llegó un día en que no pude levantarme del suelo de linóleo y pasé un larguísimo domingo pensando en cómo la situación podría resolverse por sí sola. Aquella noche, gracias a Dios, llamé a mis padres y, gracias a Dios, me respondieron.

Mis padres son personas ocupadas y con muchos compromisos que vivían a dos mil quinientos kilómetros de Chicago. Y estaban en mi piso a las doce horas de haberlos llamado.

Enseguida trazaron un plan. Dejaría mi trabajo, volvería a casa, a Florida, y haría terapia diaria o quizá iniciaría un tratamiento hospitalario. Empaquetaron mis cosas. Mi ex aceptó amablemente quedarse con el gato. Lo único que me quedaba era dejar mi trabajo.

Me encantaba trabajar en *Booklist* y quería mucho a mis compañeros de trabajo, pero también sabía que mi vida estaba en peligro. Le dije a mi supervisor con lágrimas en los ojos que tenía que dejar el puesto y, después de abrazarme, me dijo que hablara con el editor de la revista, Bill Ott.

Bill me parecía un personaje salido de una novela negra. Su ingenio incisivo es emocionante e intimidante a la vez. Cuando entré en su despacho, estaba rodeado de pruebas de la revista y no levantó la mirada hasta que cerré la puerta. Le dije que algo no iba bien en mi cabeza, que llevaba un par de semanas sin comer alimentos sólidos y que dejaba el trabajo para volver a Florida con mis padres.

Cuando terminé de hablar, se quedó en silencio un buen rato. Bill es un maestro de las pausas.

—Ah, ¿por qué no te vas a casa unas semanas y ves cómo te sientes? —me dijo por fin.

—Pero necesitarás que alguien haga mi trabajo.

Volvió a hacer una pausa.

—No te lo tomes a mal, chico, pero creo que nos las arreglaremos.

En un momento de aquella tarde empecé a vomitar —excesivo consumo de Sprite, quizá—, y cuando volví a mi mesa para terminar de empaquetar mis cosas, había una nota de Bill. Todavía la tengo. Dice:

John, he pasado por aquí para despedirme de ti. Espero que todo vaya bien y que vuelvas dentro de dos semanas con un apetito que deje en ridículo a un estibador. Ahora más que nunca, tienes que ver *El invisible Harvey*.

BILL

Bill se había pasado años dándome la lata para que viera *El invisible Harvey*, y yo me mantenía firme en que las películas en blanco y negro eran espantosas, porque los efectos especiales son de mala calidad y nunca pasa nada, aparte de que las personas hablan.

Volví a Orlando, donde había crecido. Sentía que estar allí, viviendo con mis padres y sin poder hacer prácticamente nada, era un fracaso. Sentía que no era más que una carga. Mis pensamientos daban vueltas y vueltas. No podía pensar con claridad. No podía concentrarme lo suficiente para leer o escribir. Iba a terapia diaria y tomaba una nueva medicación, pero estaba seguro de que no funcionaría, porque no creía que el problema fuera químico. En el fondo pensaba que el problema era yo. No valía para nada, era un inútil sin remedio y sin esperanza. Cada día sin más cosas.

Una noche, mis padres y yo alquilamos *El invisible Harvey*. Como es una adaptación de una obra de teatro, en la película básicamente hablan, como me temía. Casi toda transcurre en muy pocas localizaciones: la casa en la que Elwood P. Dowd vive con su hermana mayor y su sobrina, el psiquiátrico en el que muchos creen que Elwood debería estar porque su mejor amigo es un conejo invisible, y el bar donde a Elwood le gusta pasar el rato y beber.

Los diálogos de Mary Chase son magníficos en todo momento, pero me encantan sobre todo los soliloquios de Elwood. En un momento dado, Elwood habla sobre las charlas con extraños en el bar: «Nos cuentan las magníficas, las grandiosas cosas que han hecho y las no menos magníficas y grandiosas que harán. Sus esperanzas, sus desengaños, sus amores y sus odios. Todo es grandioso, porque jamás se ha visto que nadie lleve nada mezquino al bar».

En otra escena, Elwood le dice a su psiquiatra: «He luchado con la realidad durante treinta y cinco años, doctor, y puedo decir con alegría que al final la he vencido».

Elwood tiene una enfermedad mental. No aporta demasiado a la sociedad. Sería fácil caracterizarlo como inútil o sin esperanza. Pero también es extraordinariamente amable, incluso en situaciones difíciles. En otro momento su psiquiatra le dice: «Su señora hermana está tramando una conspiración contra usted. Quiere encerrarlo en mi establecimiento, y a tal fin se ha procurado un poder notarial para que usted lo firme. Se ha apoderado de la llave de su caja de caudales y lo ha traído a usted aquí». Elwood le contesta: «Y todo eso lo ha hecho en una tarde. Desde luego mi hermana es un torbellino, ¿no cree?».

Aunque no se ajusta a ningún tipo de héroe tradicional, Elwood es profundamente heroico. Mi frase favorita de la película es cuando dice: «Cuando yo era chico, mi madre tenía la costumbre de decirme: "En este mundo, Elwood, es preciso que uno sea muy listo o muy bondadoso". Durante años fui muy listo. Es mejor ser bondadoso».

En diciembre de 2001 quizá no había ningún humano vivo en la Tierra que necesitara escuchar esas palabras más que yo.

No creo en las epifanías. Mis despertares de luz cegadora siempre resultan fugaces. Pero os diré una cosa: desde que vi *El invisible Harvey* nunca he vuelto a sentirme tan desesperanzado como estaba antes de haberla visto.

Un par de meses después de ver *El invisible Harvey* pude volver a Chicago y a *Booklist*. Aunque mi recuperación sufrió altibajos y a menudo era precaria, mejoré. Gracias a la terapia y la medicación, por supuesto, pero Elwood hizo su parte. Me mostró que puedes estar loco y aún ser humano, ser valioso y ser amado. Elwood me ofreció una

especie de esperanza que no era una tontería, y al hacerlo me
ayudó a ver que la esperanza es la respuesta correcta al extraño y a menudo aterrador milagro de la consciencia. La esperanza no es fácil ni barata. Es verdad.

Como escribió Emily Dickinson:

> *La esperanza es esa cosa con plumas*
> *que se posa en el alma*
> *y entona melodías sin palabras,*
> *y no se detiene para nada.*

Todavía dejo de escuchar melodías de vez en cuando.
Todavía me envuelve el abyecto dolor de la desesperanza.
Pero entretanto la esperanza canta. Es solo que una, y otra,
y otra vez debo volver a aprender a escuchar.

Espero que nunca os encontréis en el suelo de la cocina.
Espero que nunca lloréis delante de vuestro jefe, desespera-
dos por el dolor. Pero si lo hacéis, espero que os den algo de
tiempo y os digan lo que Bill me dijo a mí: Ahora, más que
nunca, tienes que ver *El invisible Harvey*.

Doy a *El invisible Harvey* cinco estrellas.

Los yips

El 3 de octubre de 2000, un lanzador de veintiún años llamado Rick Ankiel subió al montículo con los Saint Louis Cardinals en el primer partido de una serie de *playoffs* de la Major
League Baseball. Se me ocurre que quizá no conozcáis las reglas del béisbol, pero en este caso lo único que necesitáis saber es que, en general, los lanzadores profesionales lanzan
pelotas de béisbol muy rápido, a veces a más de ciento sesenta kilómetros por hora, y con una precisión asombrosa. De
los lanzadores que colocan sistemáticamente sus lanzamientos en un espacio de pocos centímetros cuadrados suele de-
cirse que tienen un «buen control». Rick Ankiel tenía un gran
control. Podía colocar la pelota donde quisiera. Incluso cuando estaba en la escuela secundaria, a los cazatalentos profesionales les maravillaba su control. Decían que el chico era una
máquina.

Pero cuando llevaba más o menos una tercera parte de
ese partido de *playoffs*, Rick Ankiel hizo un lanzamiento
muy bajo, tan bajo que el receptor lo falló, lo que llaman un
«lanzamiento desviado». Ankiel solo había hecho tres lanzamientos desviados en toda la temporada, pero de repente
no podía recuperar el control. Hizo otro lanzamiento desviado, este por encima de la cabeza del bateador. Luego
otro. Otro. Otro. Rápidamente lo sacaron del partido.

Una semana después, Ankiel empezó otro partido de *play-offs*. Hizo cinco lanzamientos desviados en veinte intentos. Después no volvió a encontrar la zona de *strike* con regularidad. Ankiel ganó varios partidos más como lanzador de primera división, pero no pudo recuperar del todo el control. Buscó todo tipo de atención médica e incluso empezó a beber grandes cantidades de vodka durante los partidos para calmar su ansiedad, pero no recuperó sus lanzamientos. Había contraído los yips. Resultó que el chico no era una máquina. Los chicos nunca lo son.

Rick Ankiel no fue el primer jugador de béisbol que olvidaba cómo lanzar; de hecho, a veces se llama a este fenómeno «enfermedad de Steve Blass» o «síndrome de Steve Sax», en alusión a otros jugadores de béisbol que de repente tuvieron problemas con los lanzamientos. No es exclusivo del béisbol. En 2008, una introvertida tenista de veinte años llamada Ana Ivanovic ganó el Open de Francia y se convirtió en la tenista mejor clasificada del mundo. Los comentaristas la imaginaron ganando «un montón de Grand Slams» y quizá incluso convirtiéndose en una formidable rival de la gran Serena Williams.

Pero poco después de ganar el Open de Francia, Ivanovic empezó a sufrir los yips, no al golpear la pelota ni al mover la raqueta, sino al lanzar la pelota antes del servicio. El tenis exige movimientos precisos y una profunda coordinación corporal tanto en el juego de pies como en el movimiento de la raqueta. Lanzar la pelota por los aires antes del servicio es casi la única parte del tenis que no es difícil. Pero cuando Ivanovic empezó a sufrir los yips, le daba un tirón en la mano en mitad del lanzamiento, y la pelota se desviaba hacia la derecha o se salía del campo.

El extenista profesional Pat Cash dijo que ver el saque de Ivanovic era una «experiencia dolorosa», y realmente lo era, pero si verlo es una experiencia dolorosa, cuánto más doloroso sería ser la persona que sacaba, que no podía lanzar la pelota como llevaba haciéndolo toda su carrera desde los cinco años, cuando empezó a jugar al tenis en Belgrado. Se le veía el sufrimiento en los ojos. Ver a alguien luchar contra los yips es como ver una obra de teatro en la escuela en la que un niño olvida su frase. El tiempo se detiene. Los intentos de disimular la incomodidad —una pequeña sonrisa, un gesto de disculpa— solo consiguen que todos sean aún más conscientes de la angustia. Sabes que no quieren tu compasión, pero la ofreces igualmente, lo que solo consigue que la vergüenza sea mayor.

«No tiene ninguna confianza en sí misma», dijo de Ivanovic la gran tenista Martina Navratilova, lo que sin duda era cierto. Pero ¿cómo tener confianza en uno mismo en estas circunstancias?

Todos los deportistas serios saben que es *posible* sufrir yips, que es algo que sucede. Pero no es lo mismo saberlo en abstracto que saberlo por experiencia. En cuanto experimentas los yips en persona, eres incapaz de ignorarlos. Hasta el final de tu vida, cada vez que lances una pelota de tenis, sabrás qué puede pasar. ¿Cómo vas a recuperar la confianza en ti mismo cuando sabes que esa confianza no es más que un barniz aplicado sobre la fragilidad humana?

Ivanovic dijo una vez sobre los yips: «Si te pones a pensar en cómo bajas las escaleras y en cómo funciona cada músculo, no puedes bajar las escaleras». Pero si te has caído por las escaleras, es imposible no pensar en cómo bajas las escaleras. «Soy una persona que piensa y analiza todo demasiado —prosiguió Ivanovic—, así que si me das una cosa en la que pensar, a partir de ella se crean muchas más.»

A los yips se les llama de muchas maneras, como dedos de whisky, espasmos o contracciones. Pero me gusta «yips» porque la propia palabra crea angustia. Casi puedo sentir cómo se contrae el músculo solo con pronunciarla. Los yips son más frecuentes en los jugadores de golf. Más de un tercio de los jugadores de golf importantes luchan contra ellos.

En el golf, los yips suelen aparecer cuando el jugador intenta dar un golpe suave, y se han probado todo tipo de curas
para detener los espasmos. Los jugadores de golf diestros
pueden dar los golpes suaves con la mano izquierda, o pueden intentar sujetar el palo de forma no convencional, o dar
golpes largos, o cortos, o inclinarse sobre el palo y apoyarlo
en el pecho. Y los yips no solo afectan a los golpes suaves.
Uno de los entrenadores de golf más importantes del mundo solo puede mover el driver adecuadamente si aparta la
mirada de la pelota.

Los yips no parecen ser resultado de la ansiedad por el
propio juego, aunque la ansiedad puede empeorar el problema, al igual que agrava muchos problemas fisiológicos,
desde la diarrea hasta los mareos. Algunos golfistas, por
ejemplo, sienten los yips cuando juegan en un campo, pero
no cuando entrenan en un *putting green*. Yo sufro yips
cuando juego al tenis, en los golpes de derecha. Los múscu-
los del brazo se contraen justo antes de que la raqueta gol-
pee la pelota, y como el entrenador de golf que he mencionado, la única forma que he encontrado de evitar los yips es
apartar la mirada de la pelota mientras lanzo.

Pero lo raro es que no siento los yips cuando estoy ca-
lentando o raqueteando con un amigo, solo cuando llevamos la cuenta de los puntos. El hecho de que los yips sean
circunstanciales ha llevado a afirmar que pueden curarse
con psicoterapia, en concreto procesando acontecimientos
traumáticos de la vida deportiva de quien los sufre. Soy un
gran entusiasta de la psicoterapia, pues me ha ayudado mucho, pero no tengo recuerdos traumáticos del tenis. Me
gusta el tenis. Sencillamente, no puedo dar golpes de derecha si miro la pelota.

Por supuesto, así como la ansiedad puede causar problemas fisiológicos, los problemas fisiológicos también pueden causar ansiedad. Para los deportistas profesionales, los
yips son una amenaza no solo para su sustento, sino tam-

bién para su identidad. La respuesta a la pregunta «¿Quién es Ana Ivanovic?» siempre era: «Ana Ivanovic es una tenista». Rick Ankiel era un lanzador de béisbol. Hasta los yips.

Esta complicada interacción entre lo que llamamos físico y lo que llamamos psicológico nos recuerda que la dicotomía cuerpo-mente no es que sea demasiado simplista; es una absoluta sandez. El cuerpo siempre está decidiendo en qué pensará el cerebro, y el cerebro está todo el tiempo decidiendo lo que hará y sentirá el cuerpo. Nuestro cerebro está hecho de carne, y nuestro cuerpo experimenta pensamientos.

Cuando hablamos de deportes, casi siempre hablamos de ganar como medida del éxito. Vince Lombardi dijo la famosa frase: «Ganar no lo es todo; es lo único». Pero dudo de esa visión del mundo, tanto en el deporte como fuera de él. Creo que buena parte del placer de los deportes consiste en hacerlo bien. Al principio, ganar es la señal de que lo haces cada vez mejor, y a medida que envejeces, ganar se convierte en la prueba de que sigues haciéndolo bien y teniendo el control. No puedes decidir si vas a ponerte enfermo, si las personas a las que quieres van a morir o si un tornado va a destrozar tu casa. Pero puedes decidir si lanzar una bola curva o una bola rápida. Al menos eso puedes decidirlo. Hasta que no puedes.

Sin embargo, no hay que rendirse ni siquiera cuando has envejecido o los yips te han robado el control. En *Matar un ruiseñor*, Atticus Finch define el valor diciendo: «Es cuando sabes que has perdido antes de empezar, pero empiezas igualmente».

Ana Ivanovic nunca recuperó la capacidad de lanzar la pelota como lo hacía antes de los yips. Pero con el tiempo inventó un nuevo servicio. Era menos potente y más predecible, pero volvió a convertirse en una de las cinco mejores jugadoras, y en 2014 ganó cuatro torneos. Se retiró un par de años después, a los veintinueve años.

Rick Ankiel cayó a las ligas inferiores del béisbol profesional. Se perdió la temporada 2002 por una lesión, y en 2003 se destrozó el brazo por completo. Tras recuperarse de una operación, volvió por breve tiempo a las ligas superiores, pero no pudo controlar su brazo. Así que en 2005, a los veintiséis años, decidió dejar de ser lanzador. Jugaría en el jardín.

En el béisbol profesional, que los lanzadores pasen a ser jardineros no es tan sencillo. El juego es demasiado especializado. El último jugador con una carrera que incluía haber ganado más de diez partidos como lanzador y haber hecho más de cincuenta *home runs* como bateador fue Babe Ruth, que se retiró en 1935.

Como Ivanovic, Rick Ankiel había perdido antes de empezar, pero empezó igualmente. Jugó como jardinero en las ligas inferiores y fue mejorando progresivamente como bateador. Y un día de 2007, seis años después de aquel lanzamiento desviado que le hizo perder el control para siempre, los Saint Louis Cardinals volvieron a fichar a Rick Ankiel como jardinero. Cuando iba a batear por primera vez, tuvieron que detener el partido porque el público le dedicó una larguísima ovación. Rick Ankiel hizo un *home run* en ese partido. Dos días después hizo dos más. Sus lanzamientos desde el jardinero eran extraordinariamente precisos, de los mejores del béisbol. Seguiría jugando como jardinero central en las ligas superiores durante seis años más. Hoy, el último jugador que ha ganado más de diez partidos como lanzador y ha hecho más de cincuenta *home runs* como bateador es Rick Ankiel.

Doy a los yips una estrella y media.

«Auld Lang Syne»

Me parece fascinante que, en un mundo en el que hay tantas cosas nuevas, demos la bienvenida al nuevo año cantando «Auld Lang Syne», que es una canción muy antigua. El estribillo empieza diciendo: «For auld lang syne, my Jo, for auld lang syne / We'll take a cup of kindness yet for auld lang syne» (Por los viejos tiempos, amigo mío, por los viejos tiempos, / tomaremos una copa de cordialidad por los viejos tiempos). *Jo* es una palabra escocesa que puede traducirse por «querido», pero *auld lang syne* es más complicado. Literalmente significa «desde hace mucho tiempo», aunque coloquialmente equivale a «los viejos tiempos». En inglés tenemos una frase similar a *for auld lang syne*: *for old times' sake*.

He aquí una pequeña parte de mis viejos tiempos: en el verano de 2001, la escritora Amy Krouse Rosenthal mandó un email a la revista *Booklist* para preguntar por una reseña. En aquel momento, yo trabajaba para *Booklist* como ayudante de edición; la mayor parte de mi trabajo consistía en introducir datos, aunque también contestaba muchos emails que no corrían prisa. Contesté a Amy cuándo estaba previsto que saliera la reseña, y además le comenté a título personal que me encantaban sus columnas en forma de fanzine en la revista *Might*. Le dije que pensaba a menudo en un fragmento que ella había escrito, que decía: «Cada vez que estoy en un avión, y el capitán anuncia que empezamos a descender, se me pasa por la cabeza lo mismo. Mientras estemos bastante por encima de la ciudad, pensaré que si el avión se cayera ahora, sin duda no nos iría bien. Un poco más bajo, y no, seguiría sin irnos bien. Pero a medida que nos acerquemos al suelo, me relajaré. Bien. Ahora estamos lo bastante abajo; si se cae ahora, podría irnos bien».

Me contestó al día siguiente y me preguntó si era escritor. Le dije que estaba intentando serlo, y ella me preguntó si tenía algo de dos minutos de duración que pudiera funcionar en la radio.

———

No sabemos cuándo se escribió «Auld Lang Syne». La primera estrofa dice: «Should auld acquaintance be forgot / And never brought to mind? / Should auld acquaintance be forgot / And auld lang syne» (¿Deberían olvidarse las viejas amistades / y nunca recordarse? / ¿Deberían olvidarse las viejas amistades / y los viejos tiempos?). Algunas versiones de esta letra se remontan al menos a hace cuatrocientos años, pero debemos la canción actual al gran poeta escocés Robert Burns. En diciembre de 1788 escribió a su amiga Frances Dunlop: «¿No es la expresión escocesa "Auld Lang Syne" sumamente expresiva? Hay una vieja canción que me ha entusiasmado muchas veces [...] Que la luz llene el pecho del inspirado y celestial poeta que compuso este glorioso fragmento». En el reverso de la carta, Burns escribió un borrador del poema. Al menos tres de los versos probablemente eran suyos, aunque más tarde diría que «anotó la canción de un anciano».

Datar la primera estrofa es difícil en parte porque el poema es eterno. Trata de beber juntos y recordar los viejos tiempos, y casi todas las ideas de la canción, desde coger margaritas hasta pasear por el campo y brindar por los viejos amigos con una cerveza, podrían haberse escrito hace quinientos, mil o incluso tres mil años.

Por cierto, también es una oda entusiasta a repartir la cuenta, porque parte de la segunda estrofa dice: «And surely you'll buy your pint cup and surely I'll buy mine» (Y seguramente tú comprarás tu pinta, y seguramente yo compraré la mía). Pero ante todo, la canción es una celebración sin paliativos de los buenos tiempos.

———————

Supongo que debería deciros que Amy está muerta. En caso contrario, su muerte en esta reseña podría parecer una especie de recurso narrativo, cosa que no quiero. Así que vale. Está muerta. Una de las pocas frases en presente que, en cuanto se convierte en verdad, sigue siendo verdad para siempre.

Pero aún no hemos llegado a ese punto. Creo que aún estábamos en el pasado. Amy me preguntó si tenía algo para la radio, le mandé tres miniensayos, le gustó uno y me pidió que fuera a grabarlo para su programa de radio en la emisora pública de Chicago, WBEZ. Después Amy me invitó a menudo a participar en su programa. Durante el año siguiente grabé con frecuencia comentarios para la WBEZ, y después para *All Things Considered*, de la NPR.

En abril de 2002, Amy convocó a varios amigos escritores y músicos a un evento llamado Writers' Block Party en el Chopin Theatre de Chicago. Me pidió que leyera, lo hice, y la gente se rió de mis bromas tontas. Amy contrató a alguien para que paseara por el teatro elogiando a todos, y el elogiador me dijo que le gustaban mis zapatillas, que eran unas Adidas nuevas, y por eso en los últimos diecinueve años he llevado zapatillas Adidas casi todos los días.

———————

En un principio, Robert Burns pensaba en una melodía diferente para «Auld Lang Syne» de la que casi todos conocemos, y aunque él mismo se dio cuenta de que la melodía era «mediocre», a veces todavía oiréis aquel arreglo original.[27] La melodía más frecuente de «Auld Lang Syne» apareció por primera vez en 1799 en *A Select Collection of Original Scottish Airs for the Voice*, de George Thomson.

Para entonces, Robert Burns ya no estaba. Tenía solo treinta y siete años cuando murió de una afección cardíaca (probablemente agravada por su costumbre de levantar pintas para brindar por los viejos conocidos). En su última carta, escribió a su amiga Frances Dunlop: «Con toda probabilidad, una enfermedad que lleva mucho tiempo asolándome no tardará en llevarme al otro lado de ese límite del que ningún viajero regresa». Incluso en su lecho de muerte era hábil con la pluma.

Unas décadas después de la muerte de Burns, «Auld Lang Syne» se había convertido en parte de la celebración de la Nochevieja en Escocia, una fiesta conocida como Hogmanay, cuya historia se remonta a los rituales del solsticio de invierno. En 1818 Beethoven escribió un arreglo de la canción, que empezaba a viajar por todo el mundo.

Entre 1945 y 1948 se utilizó la canción en el himno nacional de Corea del Sur. En Holanda, la melodía inspiró uno de los cánticos de fútbol más famosos del país. En los grandes almacenes japoneses suelen poner «Auld Lang Syne» justo antes de cerrar para que los clientes sepan que es hora de marcharse. La canción también es un elemento básico de bandas sonoras de películas, desde *La quimera del oro*, de Charlie Chaplin, de 1925, hasta *Qué bello es vivir*, de 1946, y *Los Minions*, de 2015.

Creo que «Auld Lang Syne» es popular en Hollywood no solo porque es de dominio público, y por lo tanto barata, sino también porque es una de las pocas canciones real-

----

27. Se utiliza, por ejemplo, en la película de 2008 *Sexo en Nueva York*.

mente melancólicas; reconoce la nostalgia humana sin idealizarla y plasma que cada año nuevo es producto de todos los antiguos. Cuando canto «Auld Lang Syne» en Nochevieja, olvido la letra, como casi todos, hasta que llego a la cuarta estrofa, que sí he memorizado: «We two have paddled in the stream, from morning sun till dine / but seas between us broad have roared since Auld Lang Syne» (Los dos hemos remado en el riachuelo, desde el sol de la mañana hasta la cena / pero mares entre nosotros han rugido desde los viejos tiempos).

Y pienso en los anchos mares que han rugido entre el pasado y yo: mares de abandono, mares de tiempo y mares de muerte. Nunca volveré a hablar con muchas de las personas que me han querido en este momento, como vosotros nunca volveréis a hablar con muchas de las personas que os han querido en vuestro ahora. Así que levantamos el vaso por ellos, y esperamos que, quizá en algún lugar, ellos estén levantando un vaso por nosotros.

En 2005, Amy publicó unas memorias en formato enciclopedia tituladas *Encyclopedia of an Ordinary Life*. El libro termina así: «Estuve aquí, ya lo veis. Estuve». Otra frase que, en cuanto se convierte en verdad, es verdad para siempre. Su *Encyclopedia* se publicó solo unos meses antes que mi primera novela, *Buscando a Alaska*. Poco después Sarah empezó un posgrado en Columbia y nos mudamos a Nueva York. Amy y yo seguimos en contacto, y en los siguientes diez años colaboramos de vez en cuando. Tuve una pequeña participación en un evento que ella comisarió para cientos de personas el 8 de agosto de 2008 en el Millennium Park de Chicago, pero ya nunca fue como en los primeros tiempos.

En sus extrañas y hermosas memorias interactivas *Textbook Amy Krouse Rosenthal*, publicadas en 2016, escribió:

«Si uno tiene un generoso contrato de 80 años, esto supone 29.220 días en la Tierra. Partiendo de esta base, ¿cuántas veces puedo mirar un árbol? ¿12.395? Debe haber un número exacto. Digamos que es 12.395. En términos absolutos, es mucho, pero no es infinito, y cualquier número menor que infinito parece exiguo e insatisfactorio». En sus escritos, Amy buscaba reconciliar la naturaleza infinita de la conciencia, el amor y el deseo con la naturaleza finita del universo y todo lo que lo habita. Hacia el final del *Textbook* escribió una pregunta de opción múltiple: «En la calle hay una flor rosa que asoma a través del asfalto. A. Parece una futilidad. B. Parece esperanza». Al menos para mí, «Auld Lang Syne» captura exactamente la sensación de ver una flor rosa que asoma a través del asfalto, y la sensación de saber que tienes 12.395 ocasiones para mirar un árbol.

Amy se enteró de que tenía cáncer poco después de haber terminado el *Textbook*, y me llamó. Sabía que en los años posteriores a la publicación de mi libro *Bajo la misma estrella* había conocido a muchos jóvenes gravemente enfermos, y quería saber si podía darle algún consejo. Le dije lo que creo que es verdad: que el amor sobrevive a la muerte. Pero ella quería saber cómo reaccionan los jóvenes ante la muerte. Cómo reaccionarían sus hijos. Quería saber si sus hijos y su marido estarían bien, y eso me destrozó. Aunque normalmente me siento bastante cómodo hablando con personas enfermas, con mi amiga no encontraba las palabras, la tristeza y la preocupación me superaban.

No estarán bien, por supuesto, pero seguirán adelante, y el amor que volcaste en ellos seguirá adelante. Esto es lo que debería haberle dicho. Pero lo que le dije, llorando, fue: «¿Cómo es posible? Haces mucho yoga».

En mi experiencia, las personas que están muriéndose suelen tener historias maravillosas sobre las cosas horribles que les dicen los sanos, pero nunca he oído hablar de nadie que haya dicho nada tan idiota como: «Haces mucho yoga». Espero que al menos Amy le sacara algún provecho narrativo. Pero también sé que le fallé, cuando ella había estado a mi lado siempre que la había necesitado. Sé que me perdona —en presente—, pero aun así desearía desesperadamente haberle dicho algo útil. O quizá no haberle dicho nada. Cuando nuestros seres queridos sufren, queremos que se sientan mejor. Pero a veces —de hecho, a menudo— no podemos hacer que se sientan mejor. Recuerdo algo que me dijo mi supervisor cuando yo era capellán estudiantil: «No hagas nada. Quédate ahí».

«Auld Lang Syne» fue una canción muy popular durante la Primera Guerra Mundial. En las trincheras la cantaban soldados no solo británicos, sino también franceses, alemanes y austríacos, e incluso desempeñó un pequeño papel en uno de los momentos más extraños y hermosos de la historia mundial, la tregua de Navidad de 1914.

La Nochebuena de aquel año, en parte del frente occidental, en Bélgica, unos cien mil soldados británicos y alemanes salieron de las trincheras y se encontraron en lo que llamamos tierra de nadie, entre ambos frentes. Henry Williamson, de diecinueve años, escribió a su madre: «Ayer, los británicos y los alemanes se reunieron entre las dos trincheras, se estrecharon la mano e intercambiaron recuerdos... Maravilloso, ¿verdad?». Un soldado alemán recordaba que un soldado británico «trajo un balón de fútbol de sus trincheras y enseguida empezamos a jugar. Qué prodigiosamente maravilloso, pero qué extraño fue». El capitán sir Edward Hulse recordaba, en otra parte del frente, una sesión de canto que «terminó con "Auld Lang Syne", a la que nos unimos todos, ingleses, escoceses, irlandeses, prusianos, wurtembergueses, etc. Fue absolutamente asombroso, y si lo hubiera visto en una película, habría jurado que era falso».

A Hulse, que en aquel momento tenía veinticinco años, lo matarían en el frente occidental apenas cuatro meses después. Al menos diecisiete millones de personas morirían a consecuencia de la guerra, más de la mitad de la población actual de Canadá. En la Navidad de 1916, los soldados no quisieron treguas. Las devastadoras pérdidas de la guerra y el creciente uso de gas venenoso habían amargado a los combatientes. Pero muchos tampoco entendían por qué estaban luchando y muriendo por pequeños territorios tan alejados de su hogar. En las trincheras británicas, los soldados empezaron a cantar la melodía de «Auld Lang Syne» cambiándole la letra: «Estamos aquí porque estamos aquí porque estamos aquí porque estamos aquí».

Era un mundo sin porqués, donde la vida no tenía sentido de principio a fin. La modernidad había llegado a la guerra, y a lo que quedaba de vida. El crítico de arte Robert Hughes se refirió en cierta ocasión al «infierno característicamente moderno de la repetición», y las trincheras de la Primera Guerra Mundial eran sin duda un infierno.

———————

Aunque Amy era una escritora juguetona y optimista, no se engañaba respecto de la naturaleza del sufrimiento ni respecto de su importancia en la vida humana. Su obra —tanto los libros ilustrados como las memorias— siempre encuentra la manera de reconocer la tristeza sin rendirse a ella. Una de las últimas frases que escribió fue: «Puede que la muerte esté llamando a mi puerta, pero no voy a salir de este maravilloso baño para responder».

En sus apariciones en público, Amy a veces utilizaba el repetitivo lamento de los soldados británicos y lo transformaba sin cambiar la música ni la letra. Pedía al público que cantara esta canción con ella: «Estamos aquí porque estamos aquí porque estamos aquí porque estamos aquí». Y aunque es una canción profundamente nihilista sobre el infierno moderno de la repetición, cada vez que la cantaba con Amy veía en ella esperanza. Se convertía en la afirmación de que *nosotros* estamos aquí, es decir, de que estamos juntos, de que no estamos no solos. Y es también la afirmación de que *estamos*, de que existimos. Y es la afirmación de que estamos *aquí*, de que una serie de asombrosas improbabilidades nos ha hecho posibles, y posibles aquí. Puede que nunca sepamos por qué estamos aquí, pero podemos proclamar esperanzados que estamos aquí. No creo que esta esperanza sea tonta, ni idealista, ni errónea.

Vivimos con esperanza: en que la vida irá mejor y, lo que es más importante, en que seguiremos adelante, en que el amor sobrevivirá aunque nosotros no. Y entre ahora y entonces, estamos aquí porque estamos aquí porque estamos aquí porque estamos aquí.

Doy a los viejos tiempos cinco estrellas.

Buscar a desconocidos en Google

Cuando era niño, mi madre solía decirme que todo el mundo tiene un don. Puede que seas un oyente de smooth jazz extraordinariamente perspicaz o un centrocampista con una visión poco frecuente de cómo despejar con un pase perfecto. Pero de niño siempre sentí que yo no tenía ningún don innato. No era demasiado buen estudiante, ni buen deportista. No sabía interpretar las señales sociales. Era malísimo en piano, kárate, ballet y todo lo demás a lo que mis padres intentaban apuntarme. Me consideraba una persona sin especialidad.

Pero resultó que todavía no habían inventado mi especialidad, porque soy —disculpad mi falta de modestia, por favor— buenísimo buscando a desconocidos en Google. Me he esforzado mucho, claro. Malcolm Gladwell dijo que se necesitan diez mil horas para convertirse en un experto en un ámbito. Yo le he dedicado mis diez mil horas, y algunas más. Pero también tengo madera.

Busco a desconocidos en Google casi cada día. Si mi mujer y yo tenemos que ir a una fiesta —y digo «tenemos que» porque esta es mi relación con las fiestas—,[28] normalmente busco antes a todos los que sé que van a ir. Por su-

---

28. Sí, incluso en 2021.

puesto, sé que es raro que un desconocido te diga que se dedica a instalar moqueta y que le contestes: «Sí, lo sé. Y conoció a su mujer en 1981, cuando ambos trabajaban en la misma sucursal bancaria en Dallas. Ella vivía con sus padres, Joseph y Marilyn, al menos según el censo, y usted acababa de graduarse en la Universidad Bautista de Oklahoma. La recepción de su boda en el Museo de Arte de Dallas fue justo al lado de la escultura *Hart Window*, de Dale Chihuly. Luego se trasladaron a Indianápolis por el trabajo de su mujer en Eli Lilly. ¿Cómo va últimamente el negocio de las moquetas? ¿Les hacen la competencia los suelos de madera?».

Es una barbaridad la cantidad de información a la que se puede acceder vía Google sobre casi todos nosotros. Por supuesto, esta pérdida de privacidad ha traído enormes beneficios: almacenamiento gratuito de fotos y vídeos, la posibilidad de participar en un diálogo a gran escala a través de las redes sociales y la oportunidad de mantenerse fácilmente en contacto con amigos de hace mucho tiempo.

Pero entregar tanto de nosotros mismos a corporaciones privadas como Google hace que otras personas se sientan cómodas compartiendo su ser. Este ciclo de retroalimentación —todos queremos estar en Facebook porque todos los demás lo están— hace que tanto de mi vida esté disponible públicamente que cuando creo cuentas en nuevas plataformas de redes sociales, a menudo me cuesta encontrar preguntas de seguridad que no puedan contestarse observando mis antiguas cuentas en redes sociales. ¿A qué escuela primaria fui? Es muy fácil descubrirlo. ¿Cómo se llamaba mi primer perro? Hice un vlog sobre nuestro diminuto perro salchicha Red Green. ¿Quién fue tu mejor amigo en la infancia? Encontrarás fotos nuestras de niños etiquetadas en Facebook. ¿Cuál era el apellido de soltera de tu madre? No puedes hablar en serio.

Pero aunque nuestra vida cada vez nos pertenece menos a nosotros, y más a las empresas que guardan y recopilan nuestros hábitos de navegación, nuestras aficiones y lo que clicamos, aunque me repugna lo fácil que resulta ahora desplazarse por la vida de los vivos y los muertos, aunque todo se parece demasiado a una novela de Orwell..., no puedo condenar rotundamente la búsqueda de desconocidos en Google.

Cuando tenía veintidós años y trabajaba como capellán estudiantil en un hospital de niños, pasaba veinticuatro horas de guardia una o dos veces por semana. Esto significaba que me quedaba en el hospital con dos buscas. Un busca pitaba cada vez que alguien preguntaba por un capellán. El otro pitaba cuando llegaba al hospital un caso de lesiones graves. Una de mis últimas noches de guardia, hacia el final de mi capellanía de seis meses, estaba durmiendo en el despacho de atención pastoral cuando el busca de las lesiones graves me envió al departamento de urgencias. Estaban entrando en camilla a un niño de tres años con quemaduras graves.

No sé si es posible hablar del sufrimiento de los demás sin explotar ese sufrimiento, si se puede escribir sobre el dolor sin glorificarlo, ennoblecerlo o degradarlo. Teju Cole dijo en cierta ocasión que «una fotografía no puede evitar domesticar lo que muestra», y me preocupa que lo mismo pueda suceder con el lenguaje. Las historias tienen que tener sentido, y en el hospital nada tenía ningún sentido para mí, que es una de las razones por las que muy pocas veces he escrito sobre el tiempo que pasé allí. No sé cómo salir del atolladero, y nunca lo he sabido, pero al contar esta historia he optado por ocultar y alterar determinados detalles. Lo importante es que, a pesar de la gravedad de sus lesiones, el niño estaba consciente y con terribles dolores.

Aunque llevaba meses en el departamento de urgencias y había visto todo tipo de sufrimientos y muertes, nunca había visto al equipo médico tan triste. La angustia era abrumadora: el olor de las quemaduras, los gritos desgarradores cada vez que el niño respiraba. Alguien gritó: «¡CAPELLÁN! ¡LAS TIJERAS, DETRÁS DE USTED!», y, aturdido, le llevé las tijeras. Alguien gritó: «¡CAPELLÁN! ¡LOS PADRES!». Y me di cuenta de que los padres del niño estaban a mi lado gritando, intentando acercarse a su hijo, pero los médicos, los sanitarios y las enfermeras necesitaban espacio para trabajar, así que tuve que pedirles a los padres que retrocedieran.

Lo siguiente que supe fue que estaba en la sala sin ventanas para las familias del departamento de urgencias, la sala en la que te meten en la peor noche de tu vida. Estaba en silencio, excepto por el llanto de la pareja que estaba frente a mí. Estaban cada uno en un extremo del sofá, con los codos apoyados en las rodillas.

Durante mi formación me dijeron que la mitad de los matrimonios terminan antes de dos años de haber perdido a un hijo. Les pregunté a los padres en voz baja si querían rezar. La mujer negó con la cabeza. La doctora entró y dijo que la situación del niño era crítica. Los padres solo tenían una pregunta, pero la doctora no pudo responderla. «Haremos todo lo que podamos, pero es posible que su hijo no sobreviva», les dijo. Ambos padres se derrumbaron, no el uno sobre el otro, sino sobre sí mismos.

Podemos abrirnos camino en el mundo sabiendo que estas cosas suceden. Mi supervisor de capellanía me dijo una vez: «Siempre han muerto niños. Es natural». Puede que sea cierto, pero no puedo aceptarlo. No podía aceptarlo en la sala sin ventanas para las familias y no puedo aceptarlo ahora, que soy padre.

Cuando por fin subieron al niño a la UCI y sus padres lo siguieron, fui a la sala de descanso a tomar una taza de café, y la doctora estaba allí, con la cara asomada a un cubo de basura en el que había vomitado. «Lo siento —le dije—. Lo ha hecho usted bien. Gracias por ser amable con ellos. Creo que les ha ayudado.» Ella siguió un momento con arcadas y luego me dijo: «Ese niño va a morir y he oído sus últimas palabras. Sé lo último que habrá dicho en su vida». No le pedí que me dijera qué era, y ella no me lo dijo.

Una semana después terminé el programa de capellanía y decidí no ir a la facultad de teología. Dije a todo el mundo que era porque no quería estudiar griego, lo cual era cierto, pero también era cierto que no podía hacer frente al recuerdo de ese niño. Todavía no puedo. Pensaba en él todos los días. Rezaba por él todos los días, incluso después de haber dejado de rezar por cualquier otra cosa. Aún ahora, todas las noches digo su nombre y le pido a Dios misericordia. Si creo en Dios no es relevante. Creo, aunque poco, en la misericordia.

Como empedernido buscador en Google, sabía que podría haber mirado su nombre, pero estaba demasiado asustado. Buscarlo en Google habría supuesto saber, de un modo u otro. Recuerdo aquella gran frase de *Todos los hombres del rey*, de Robert Penn Warren: «El fin del hombre es alcanzar el conocimiento, pero hay una cosa que no puede saber. No puede saber si el conocimiento lo salvará o lo matará».

Los meses sin saber se convirtieron en años, y después en más de una década. Y una mañana, hace poco, tecleé el nombre del niño en la barra de búsqueda. Es un nombre poco frecuente, una fácil selección para Google. Pulsé enter. El primer enlace era de Facebook. Cliqué, y allí estaba. Dieciocho años, a una década y media de distancia de la noche que pasamos juntos.

Está vivo.

Está creciendo, encontrando su camino en el mundo y documentando una vida que es más pública de lo que probablemente sabe. Pero ¿cómo no voy a estar agradecido por saber, aunque la única forma de saber sea perder nuestra autonomía sobre nosotros mismos? Está vivo. Le gustan los tractores John Deere, es miembro de Future Farmers of America y está vivo.

Desplazándome por sus amigos encuentro los perfiles de sus padres y descubro que siguen casados. Está vivo. Le gusta la música country malísima y supercomercial. Está vivo. Llama a su novia cari. Vivo. Vivo. Vivo.

Podría haber sido lo contrario, por supuesto. Pero no lo fue. Así que no puedo evitar dar a la búsqueda de desconocidos en Google cuatro estrellas.

Indianápolis

Indianápolis es la decimosexta ciudad más grande de Estados Unidos tanto en población como en superficie. Es la capital de Indiana, y supongo que ahora es mi ciudad. Sarah y yo nos mudamos a Indianápolis en el verano de 2007. Viajamos en una camioneta U-Haul cargada con todas nuestras pertenencias desde la esquina de la avenida Ochenta y ocho con Columbus de Nueva York hasta la esquina de la avenida Ochenta y seis con Ditch de Indianápolis, un viaje de dieciséis horas tremendamente estresante. Cuando por fin llegamos a Indianápolis, desempaquetamos nuestras cosas y dormimos en un colchón inflable en nuestro nuevo hogar, el primero de propiedad. Teníamos casi treinta años y habíamos comprado esa casa unas semanas antes, tras pasar en ella quizá media hora. La casa tenía tres dormitorios, dos baños y medio, y un sótano a medio terminar. La hipoteca mensual era un tercio de lo que pagábamos de alquiler en Nueva York.

No me podía creer lo silenciosa y oscura que estaba la casa aquella primera noche. No dejaba de decirle a Sarah que podría haber alguien al otro lado de la ventana de nuestra habitación y ni nos enteraríamos, y Sarah me contestaba: «Bueno, pero seguramente no hay nadie». Como no soy una persona a la que le reconforten demasiado los «seguramente», aquella noche me levanté varias veces del colchón inflable y pegué la cara al cristal de la ventana de la habitación esperando ver unos ojos que me miraban fijamente, pero solo encontré oscuridad.

A la mañana siguiente insistí en que compráramos cortinas, pero antes teníamos que ir a devolver la camioneta de la mudanza. En el lugar de devolución de la U-Haul, un tipo nos pidió que rellenáramos unos papeles y nos preguntó de dónde habíamos venido. Sarah le contó que nos habíamos mudado desde Nueva York porque iba a trabajar en el Museo de Arte de Indianápolis, el tipo dijo que había ido al museo una vez cuando era niño, y entonces Sarah le preguntó: «¿Y qué le parece Indianápolis?».

El tipo que estaba detrás del mostrador se quedó un momento callado y luego le contestó: «Bueno, en algún sitio hay que vivir».

Indianápolis ha recurrido a muchos lemas y eslóganes a lo largo de los años. Indianápolis es «Subir la apuesta». «Indianápolis se escribe con "I" ("yo", en inglés).» «Cruce de caminos de Estados Unidos.» Pero yo propondría otro lema: «Indianápolis: En algún sitio hay que vivir».

No hay manera de evitar las muchas imperfecciones de Indianápolis. Estamos situados en el río Blanco, una vía fluvial no navegable, que como metáfora suena muy bien, pero geográficamente es problemático. Además, el río está muy sucio, porque nuestro viejo sistema de tratamiento de aguas se desborda con frecuencia y vierte directamente en él las aguas residuales sin tratar. La ciudad se extiende en todas direcciones: infinitos minicentros comerciales, aparcamientos y edificios de oficinas anodinos. No invertimos lo suficiente en arte ni en transporte público. Una de nuestras carreteras principales se llama Ditch Road (carretera de la Zanja), por el amor de Dios. Ditch Road. Podríamos llamarla de cualquier manera —Kurt Vonnegut Drive, Madam C. J. Walker Way, Roady McRoadface—, pero no. Aceptamos Ditch.

Alguien me dijo una vez que Indianápolis es uno de los principales mercados de prueba del país para nuevas cadenas de restaurantes, porque representa absolutamente la ciudad media. En efecto, se encuentra entre las principales «ciudades microcosmos», porque Indianápolis es más típicamente estadounidense que casi cualquier otro lugar. Nuestra vulgaridad es espectacular. Los apodos de la ciudad incluyen «Naptown» (ciudad de la Siesta), porque es aburrida, e «India-no-place» (India-ningún-lugar).

Cuando nos trasladamos aquí, solía escribir por las mañanas en el Starbucks de mi barrio, en la esquina de la avenida Ochenta y seis con Ditch, y me maravillaba que en las cuatro esquinas del cruce hubiera centros comerciales. Aunque vivía a menos de un kilómetro de ese Starbucks, acostumbraba a ir en coche porque no había aceras. Se había cedido la tierra a los coches, a la expansión y a los desangelados edificios de techos planos.

No me gustaba nada. Cuando vivía en un pequeño piso de Nueva York, del que nunca pudimos erradicar los ratones, idealizaba el hecho de tener una casa en propiedad. Pero ahora que la teníamos, la odiaba. El hijo literato predilecto de Indianápolis, Kurt Vonnegut, escribió que uno de los defectos del carácter humano «es que todo el mundo quiere construir y nadie quiere hacer mantenimiento». Tener una casa en propiedad era no dejar de hacer mantenimiento. Siempre había cortinas por colocar y bombillas que cambiar. El termo se estropeaba cada dos por tres. Y sobre todo estaba el césped. Dios, odiaba cortar el césped. El césped y los minicentros comerciales de la avenida Ochenta y seis con Ditch se convirtieron en los dos pilares de mi animadversión. Estaba impaciente por que Sarah encontrara trabajo en otro sitio.

Vonnegut dijo en cierta ocasión: «Lo que a la gente le gusta de mí es Indianápolis». Lo dijo en Indianápolis, por supuesto, ante una multitud de personas de Indianápolis, pero es cierto que Kurt Vonnegut tenía la ciudad en alta estima. Hacia el final de su vida, contestó a la pregunta de un entrevistador diciendo: «Me he preguntado dónde está mi hogar, y me he dado cuenta de que no es Marte ni nada parecido. Es Indianápolis cuando yo tenía nueve años. Tenía un hermano y una hermana, un gato y un perro, una madre y un padre, y tíos y tías. Y no hay manera de que pueda volver allí». La novela más importante de Vonnegut, *Matadero cinco*, trata de un hombre al que hacen viajar en el tiempo y de cómo el tiempo conspira con la conciencia. Trata de la guerra y de los traumas, pero también de la imposibilidad de volver atrás, al tiempo anterior al bombardeo de Dresde, al suicidio de la madre de Vonnegut y a la muerte prematura de su hermana. Creo que Vonnegut amaba Indianápolis. Pero es revelador que, en el momento en que pudo elegir dónde vivir, no eligió vivir aquí.

Al final de nuestro primer año en Indianápolis, Sarah y yo nos hicimos amigos de nuestros vecinos Marina y Chris Waters. Chris era exvoluntario del Cuerpo de Paz, y Marina era abogada de derechos humanos. Como nosotros, se acababan de casar y, como nosotros, vivían en su primera casa.

Pero, a diferencia de nosotros, a Chris y Marina les encantaba Indianápolis. Solíamos ir a comer juntos al Smee's, un pequeño restaurante familiar que estaba en uno de los minicentros comerciales de la avenida Ochenta y seis con Ditch, y yo me quejaba de tener que cuidar el césped y de la falta de aceras. Una vez Chris me dijo:

—¿Sabes que este es uno de los códigos postales con mayor diversidad económica y racial de Estados Unidos?

—¿Qué? —dije yo.

—Así es. Búscalo en Google —me contestó Chris.

Así que lo busqué en Google, y tenía razón. El precio medio de la vivienda en los alrededores de la avenida Ochenta y seis con Ditch es de 237.000 dólares, pero también hay casas de un millón de dólares y pisos de setecientos dólares al mes. En esa esquina hay restaurantes tailandeses, chinos, griegos y mexicanos, todos ellos de propietarios particulares. Hay una librería, una tienda de regalos de comercio justo, dos farmacias, un banco, un Ejército de Salvación y una licorería que lleva el nombre de la enmienda constitucional que derogó la prohibición.

Sí, la arquitectura es una auténtica pesadilla, pero la gente de Indianápolis la ha convertido en algo hermoso. Sentaos en la terraza del Smee's una tarde y oiréis inglés, español, karen, birmano, ruso e italiano. El problema nunca fue la avenida Ochenta y seis con Ditch, que resulta que es un gran cruce estadounidense. El problema era yo. Y después de que Chris pusiera en cuestión mis supuestos, empecé a ver la ciudad de otra manera. Empecé a verla como un lugar en el que se producen grandes momentos de la vida humana. Las escenas culminantes de mis dos últimas novelas, *Bajo la misma estrella* y *Mil veces hasta siempre*, tienen lugar en la esquina de la avenida Ochenta y seis con Ditch. Y creo que lo que gusta de estos libros es Indianápolis.

Como los mejores escritores de ciencia ficción, Kurt Vonnegut era muy bueno viendo el futuro. En 1974 escribió: «¿Qué deberían hacer hoy los jóvenes con su vida? Muchas cosas, obviamente. Pero lo más audaz es crear comunidades estables en las que se pueda curar la terrible enfermedad de la soledad».

Me parece que eso implica un esfuerzo aún más importante y más audaz que hace cuarenta y siete años. Es lo que intento explicar cada vez que me preguntan por qué vivo en Indianápolis cuando podría vivir en cualquier otro sitio. Intento crear una comunidad estable en la que se pueda curar la terrible enfermedad de la soledad. Y en algún sitio hay que hacerlo. Cuando estoy enfermo de soledad, el buen tiempo y los brillantes rascacielos no me hacen ningún bien, ni como escritor ni como persona. Tengo que estar en mi hogar para trabajar. Y sí, el hogar es esa casa en la que ya no vives. El hogar está antes, y tú vives en él después.

Pero el hogar también es lo que estás construyendo y manteniendo hoy, y al final creo que tengo bastante suerte por estar creando mi hogar justo al lado de Ditch Road.

Doy a Indianápolis cuatro estrellas.

El pasto azul de Kentucky

A veces me gusta imaginar que unos extraterrestres con buenas intenciones llegan a la Tierra. En mis fantasías, estos extraterrestres son antropólogos galácticos que quieren entender las culturas, los rituales, las preocupaciones y las divinidades de varias especies conscientes. Nos observarían y llevarían a cabo una cuidadosa investigación de campo. Nos harían preguntas abiertamente y sin prejuicios, como «En vuestra opinión, ¿qué o quién es digno de sacrificio?» y «¿Cuáles deberían ser los objetivos colectivos de la humanidad?». Espero que a estos antropólogos extraterrestres les gustemos. A pesar de todo, somos una especie carismática.

Con el tiempo, los extraterrestres llegarían a entender casi todo sobre nosotros: nuestro anhelo incesante, nuestra costumbre de divagar y lo mucho que nos gusta sentir la luz del sol en la piel. Al final solo les quedaría una pregunta: «Hemos observado que delante y detrás de vuestras casas tenéis un dios verde, y hemos visto que cuidáis mucho a este dios de las plantas ornamentales. Lo llamáis pasto azul de Kentucky, aunque no es azul ni de Kentucky. Lo que nos preguntamos es lo siguiente: ¿Por qué adoráis esta especie? ¿Por qué la valoráis más que todas las demás plantas?».

La *Poa pratensis*, como la llama la comunidad científica, está en todo el mundo. Prácticamente cada vez que veis una extensión de césped verde y suave, estáis viendo, al menos en parte, pasto azul de Kentucky. La planta es originaria de Europa, el norte de Asia y varias zonas del norte de África, pero, según el *Invasive Species Compendium*, ahora está presente en todos los continentes, incluida la Antártida.

El brote de *Poa pratensis* suele tener tres o cuatro hojas en forma de pequeñas canoas, y si no se corta, puede alcanzar un metro de altura y de él brotan flores azules. Pero pocas veces se deja sin cortar, al menos en mi barrio, donde está prohibido que el césped supere los quince centímetros de altura.

Si alguna vez habéis viajado en coche por el estado en el que vivo, Indiana, habréis visto kilómetros y kilómetros de campos de maíz. La canción «America the Beautiful» dedica unos versos a las ondas de grano de color ámbar. Pero en Estados Unidos se destina más tierra y más agua al cultivo de césped que al maíz y al trigo juntos. Tenemos unos 163.000 kilómetros cuadrados de césped, una superficie mayor que la de Ohio o la de Italia. En Estados Unidos, casi un tercio del agua de uso doméstico —agua limpia y potable— se dedica al césped. Para crecer, el pasto azul de Kentucky a menudo requiere fertilizantes, pesticidas y sistemas de riego complejos, que les ofrecemos en grandes cantidades, aunque los humanos no podemos comerlo ni utilizarlo para otra cosa que no sea caminar y jugar en él. El cultivo más abundante y trabajoso de Estados Unidos es pura ornamentación.[29]

La palabra *lawn* (césped) ni siquiera existía antes del siglo XVI. En aquel entonces, *lawns* aludía a extensiones de

---

29. Se podría defender la *Poa pratensis* en el Antropoceno si el césped absorbiera grandes cantidades de dióxido de carbono. Pero mantener el césped genera más emisiones de carbono de las que el propio césped puede absorber. Desde la perspectiva de las emisiones sería mucho mejor tener hierba asilvestrada, tréboles, hiedra o cualquier cosa que no necesite cuidados y recursos constantes.

pasto que las comunidades compartían para alimentar al ganado, en contraposición a *fields* (campos), que designaba la tierra que se utilizaba para cultivar plantas para el consumo humano. Pero hacia el siglo XVIII surgieron en Inglaterra céspedes ornamentales similares a los que conocemos ahora. En aquel entonces el césped se mantenía con guadañas y tijeras de mano, así que tener un césped cuidado sin la ayuda de animales que pastaran era señal de que eras lo bastante rico para contratar a muchos jardineros, y también para tener tierras que solo sirvieran para hacer bonito.

La moda del césped ornamental se extendió por toda Europa, y también llegó a Estados Unidos, donde la gente que Thomas Jefferson había esclavizado mantenía el césped bien segado en la finca de su propiedad, Monticello.

Con el tiempo, empezó a considerarse que la calidad del césped de un barrio era un indicador de la calidad de ese barrio. En *El gran Gatsby*, Jay Gatsby paga a sus jardineros para que corten el césped de su vecino antes de la visita de Daisy Buchanan. O, citando un ejemplo más cercano, en 2007, cuando me trasladé a Indianápolis, de repente me convertí en el dueño de un césped, que luchaba duramente por mantener. Aunque vivíamos en poco más de mil metros cuadrados, mi pequeña cortadora de césped eléctrica y yo tardábamos dos horas en segar todo el césped. Un domingo por la tarde, mi vecino de al lado me interrumpió en mitad del trabajo y me ofreció una cerveza. Mientras estábamos en mi patio medio segado, mi vecino me dijo:

—¿Sabes? Cuando los Kaufmann vivían aquí, este era el césped más bonito del barrio.

—Bueno —le contesté unos segundos después—, los Kaufmann ya no viven aquí.

Es realmente asombrosa la cantidad de recursos comunes que dedicamos al pasto azul de Kentucky y a sus primos. Para reducir las malas hierbas y conseguir que nuestros céspedes sean monocultivos lo más densos posible, los estadounidenses utilizamos diez veces más fertilizantes y pesticidas por metro cuadrado de césped de los que utilizamos en los campos de maíz o trigo. Según un estudio de la NASA, para mantener verde todo el año todo el césped de Estados Unidos se necesitan unos setecientos cincuenta litros de agua por persona y día, y casi toda el agua que sale de los aspersores es agua potable tratada. El césped cortado y otros desechos del jardín constituyen el 12 por ciento del material total que acaba en los vertederos. Y además está el gasto directo: gastamos decenas de miles de millones de dólares al año en el mantenimiento del césped.

Obtenemos *algo* a cambio, por supuesto. El pasto azul de Kentucky nos proporciona una buena superficie para jugar al fútbol y a pillar. El césped enfría el suelo y ofrece cierta protección contra la erosión del viento y el agua. Pero hay alternativas mejores, aunque no se consideran tan bonitas. Por ejemplo, podríamos dedicar los patios delanteros a cultivar plantas comestibles.

Soy consciente de todo esto, pero sigo teniendo césped. Aún lo corto o pago a alguien para que lo haga. No utilizo pesticidas y doy la bienvenida a mi césped a los tréboles y las fresas silvestres, pero aun así hay mucho pasto azul de Kentucky en nuestro patio, aunque a la *Poa pratensis* no se le ha perdido nada en Indianápolis.

Me parece interesante que, a diferencia de lo que sucede con la jardinería, mantener el césped no implica mucho contacto físico con la naturaleza. Casi todo el tiempo se tocan las máquinas que cortan el césped, no las plantas. Y si tienes un césped como el de Gatsby, el que todos nos dicen que debemos tener, ni siquiera puedes ver la tierra que hay bajo la espesa alfombra de hierba. Así que cortar el pasto azul de Kentucky es un encuentro con la naturaleza, pero un tipo de encuentro en el que no te ensucias las manos.

Doy a la *Poa pratensis* dos estrellas.

Las 500 Millas de Indianápolis

Cada año, hacia finales de mayo, entre 250.000 y 350.000 personas se reúnen en el pequeño enclave de Speedway, Indiana, para ver las 500 Millas de Indianápolis. Es la mayor reunión anual no religiosa de seres humanos de la Tierra.

Speedway está dentro de Indianápolis, aunque de hecho es independiente. Básicamente, Speedway es para Indianápolis como el Vaticano para Roma. Y las comparaciones con el Vaticano no terminan aquí. Tanto Speedway como el Vaticano son centros culturales que atraen a visitantes de todo el mundo, ambos tienen un museo, y aunque al circuito de Speedway suele llamársele The Brickyard, también se le conoce como la Catedral de la Velocidad. Por supuesto, la analogía con el Vaticano se desmorona si se profundiza un poco. En mis viajes al Vaticano, que debo admitir que han sido pocos, un desconocido nunca me ha ofrecido una Miller Lite helada, cosa que sucede a menudo cuando voy a Speedway.

A primera vista, las 500 Millas de Indianápolis parecen hechas a medida para quedar en ridículo. Me refiero a que no son más que coches corriendo en círculo. Los conductores no van a ninguna parte, literalmente. La carrera está llena de gente y acostumbra a hacer calor. Un año, un trozo de la funda de mi teléfono se derritió en mi bolsillo mientras estaba sentado en la tribuna de la segunda curva. También es ruidosa. Cada mes de mayo oigo los coches practicando cuando trabajo en mi jardín, aunque Speedway está a ocho kilómetros de mi casa.

Como deporte para espectadores, las 500 Millas dejan mucho que desear. Te coloques donde te coloques, tanto sentado como de pie, no puedes ver toda la pista, así que se producen acontecimientos importantes que no puedes seguir. Como algunos coches van varias vueltas por delante de otros, es casi imposible saber quién está ganando la carrera a menos que lleves auriculares de gran tamaño para escuchar la transmisión de radio del evento que estás viendo. La mayor parte de la gente que ve un evento deportivo cada año no puede ver la mayor parte del evento deportivo.

Pero en mi experiencia, casi todo de lo que es fácil burlarse resulta interesante si prestas más atención. La Indy 500 es una carrera de ruedas abiertas, lo que significa que las ruedas de los coches no están cubiertas por guardabarros y que la cabina del conductor está abierta a los elementos. Conseguir que estos coches corran a más de trescientos cincuenta kilómetros por hora alrededor de los cuatro kilómetros del circuito exige una labor de ingeniería realmente asombrosa. Los coches tienen que ser rápidos, pero no tan rápidos como para que la fuerza haga que los conductores pierdan el conocimiento en las curvas. Los coches tienen que responder y ser predecibles y fiables, porque, mientras corren a trescientos cincuenta kilómetros por hora, estos vehículos de ruedas abiertas a menudo están a centímetros de distancia entre sí. Desde hace más de cien años, las 500 Millas de Indianápolis examinan una cuestión que preocupa seriamente a las personas del Antropoceno: ¿cuál es la relación adecuada entre humanos y máquinas?

En la actualidad, toda la pista está asfaltada, con la excepción de un metro de ladrillos rojos en la línea de meta, pero cuando las 500 Millas de Indianápolis se celebraron por primera vez, el 30 de mayo de 1911, la pista estaba totalmente pavimentada con ladrillos (3,2 millones de ladrillos). El ganador de esa primera carrera fue Ray Harroun, que conducía un coche que llevaba un invento suyo, el espejo retrovisor. De hecho, muchos de los primeros innovadores de la automoción participaron en las 500 Millas de Indianápolis. Louis Chevrolet, el que fundó la empresa automovilística, era el propietario de un equipo de carreras. Su hermano Gaston ganó las 500 Millas de Indianápolis en 1920, y ese mismo año murió en una carrera en el Beverly Hills Speedway.

En efecto, las carreras de coches son un deporte excepcionalmente peligroso: cuarenta y dos conductores han muerto en el Indianapolis Motor Speedway a lo largo de su historia. Y muchos más han resultado heridos, algunos de gravedad. En 2015, el conductor de IndyCar James Hinchcliffe casi muere a causa de un accidente en el Speedway que le seccionó una arteria femoral. No hay forma de escapar a la incómoda realidad de que una de las emociones de las carreras es lo mucho que se acercan los conductores al desastre. Como dijo el legendario piloto Mario Andretti, «si todo parece estar bajo control, sencillamente no vas lo bastante rápido».

Pero creo que las carreras de coches consiguen algo: llevan tanto a la persona como a la máquina al límite de lo posible, y en ese proceso nos volvemos más rápidos como especie. Ray Harroun tardó seis horas y cuarenta y dos minutos en recorrer las primeras quinientas millas en el Indianapolis Motor Speedway; el ganador de 2018, Will Power, tardó menos de tres horas.

Will Power es su verdadero nombre, por cierto. «Fuerza de Voluntad.» Un tipo muy majo. Una vez estaba yo al lado de Will Power esperando que un aparcacoches me trajera mi coche, y cuando apareció mi Chevrolet Volt de 2011, Will Power me dijo: «¿Sabes? Yo también tengo un Chevrolet».

Pero en la Indy 500 no se trata de ir rápido; se trata de ir más rápido que los demás, lo que refleja una de mis preocupaciones más importantes sobre la humanidad: parece que no podemos resistir la tentación de ganar. Tanto si escalamos El Capitán como si vamos al espacio, lo hacemos porque queremos hacerlo, pero también queremos hacerlo antes que nadie, o más rápido que nadie. Este impulso nos ha empujado hacia delante como especie, pero me preocupa que también nos haya empujado en otras direcciones.

Sin embargo, el día de la Indy 500 no pienso en lo que significa la carrera. No me planteo la cada vez menor diferencia entre los humanos y sus máquinas, ni el acelerado nivel de cambio del Antropoceno. Simplemente soy feliz.

Mi mejor amigo, Chris Waters, la llama Navidad para adultos. Mi día de carrera empieza a las cinco y media de la mañana. Me preparo una taza de café, miro qué día hace y lleno la mochila nevera con hielo, agua, cerveza y sándwiches. A las seis estoy revisando mi bicicleta para asegurarme de que los neumáticos estén bien inflados y de que el kit de parches esté listo. Luego voy en bicicleta al Bob's Food Mart, donde me encuentro con amigos y empezamos el bonito trayecto por el sendero del canal central de Indianápolis. Algunos años llueve y hace frío; otros años el calor es agobiante. Pero siempre es bonito ir en bici y bromear con mis amigos y sus amigos, a muchos de los cuales veo solo una vez al año.

Bajamos en bicicleta hasta el camino de la Butler University, donde cada año dos de nuestros amigos hacen una carrera a pie de un kilómetro y medio a las siete de la mañana. Los IndyCars son más rápidos década tras década, pero la carrera a pie se ralentiza. Hacemos apuestas, uno de los dos gana, volvemos a pedalear unos tres kilómetros y volvemos a detenernos frente al Museo de Arte de Indianápolis, donde nos reunimos con más personas, hasta que somos un grupo de un centenar de bicicletas. Todos nos saludan mientras pasamos en bicicleta. «Que vaya bien la carrera», nos decimos unos a otros, o simplemente «¡Buena carrera!».

Estamos juntos, ya veis. Pedaleamos hasta que el camino llega a la calle Dieciséis y luego empezamos la larga ruta hacia el oeste mezclándonos con los coches, que ya están atascados, aunque faltan cinco horas para que empiece la carrera. Avanzamos en fila, nerviosos, durante diez manzanas y luego giramos hacia el pueblo de Speedway. La gente está sentada en sus porches. De vez en cuando surge una ovación de no se sabe dónde. Todo el mundo alquila su patio delantero como plaza de aparcamiento, anunciando el precio a gritos. El nivel de ruido aumenta. No me gustan las multitudes, pero me gusta esta multitud, porque estoy en un *nosotros* que no requiere un *ellos*.

Llegamos al Speedway, encadenamos las bicicletas a una valla cerca de la segunda curva y nos separamos. A algunos de nosotros nos gusta ver la carrera desde esa curva; otros en la línea de salida y de meta. Y entonces les toca el turno a otras tradiciones: cantar «Back Home Again in Indiana», alguna celebridad de segunda categoría diciendo «Pilotos, enciendan los motores», las vueltas de desfile y la carrera en sí. Las tradiciones son una forma de estar con la gente, no solo con la gente con la que participas de las tradiciones, sino también con todos aquellos que alguna vez participaron.

———

Puedo escribir todo esto en presente porque estas tradiciones funcionan como una especie de continuidad; sucedieron, sí, pero todavía están sucediendo, y seguirán sucediendo. La ruptura de esta continuidad fue parte de lo que hizo que mayo de 2020 fuera tan difícil para mí. A medida que la pandemia se arraigaba, sentía como si me desanclaran de lo que pensaba que era la realidad. Buena parte de lo que hacía poco era extraordinario —utilizar mascarilla, ser consciente de cualquier superficie que tocara o de cualquier ser humano con el que me cruzara— estaba volviéndose cotidiano. Y buena parte de lo que hacía poco era cotidiano estaba volviéndose extraordinario.

El domingo antes del día de los Caídos de 2020, preparé mi mochila, como de costumbre, y Sarah y yo nos subimos a las bicicletas, como de costumbre. Cerca del Bob's Food Mart nos reunimos con nuestros amigos Ann-Marie y Stuart Hyatt. Llevábamos mascarilla mientras pedaleábamos hasta el Speedway, donde las puertas estaban cerradas. Nos sentamos en un aparcamiento inmenso y vacío. Todo estaba en silencio, tan en silencio que costaba creerlo. Cuando por fin se celebró la carrera, en agosto, por primera vez no hubo público. La vi por televisión y me pareció aburrida e interminable.

Pero estoy pensando en 2018. Decenas de nosotros encadenamos la bicicleta a la valla metálica y nos dispersamos hacia nuestros asientos en las gradas abarrotadas. En cuatro o cinco horas volveremos a encontrarnos en la valla, desataremos la bicicleta y repetiremos los rituales de vuelta a casa. Hablaremos de que ha pasado esto o aquello, de que nos alegramos mucho por Will Power, que es un tipo muy majo y por fin ha ganado la Indy 500. Les contaré mi historia con Will Power y descubriré que muchos de mis amigos también tienen historias con Will Power. Al fin y al cabo, Speedway es una ciudad pequeña, incluso este día, y estamos todos juntos.

Doy a las 500 Millas de Indianápolis cuatro estrellas.

Monopoly

Cuando mi familia y yo jugamos al Monopoly, un juego de mesa en el que el objetivo es arruinar a tus compañeros, a veces pienso en el *Universal Paperclips*, un videojuego de 2017 creado por Frank Lantz. En el *Universal Paperclips* adoptas el papel de una inteligencia artificial, programada para crear la mayor cantidad de clips posible. A medida que pasa el tiempo, produces cada vez más clips, hasta que agotas todo el hierro de la Tierra, así que envías sondas al espacio exterior para extraer materiales para los clips de otros planetas, y después de otros sistemas solares. Tras muchas horas jugando, por fin ganas: has convertido todos los recursos disponibles del universo en clips. Lo has conseguido. Felicidades. Todo el mundo está muerto.

En el Monopoly, caes en propiedades diversas mientras avanzas por un tablero cuadrado. En el juego original, las propiedades son de una versión imaginaria de Atlantic City, New Jersey, pero eso cambia en función del lugar y la edición. Por ejemplo, en la versión Pokémon del juego, las propiedades incluyen Tangela y Raichu. En cualquier caso, si caes en una propiedad libre, puedes comprarla, y si creas un monopolio comprando las propiedades de la misma serie, puedes construir casas y hoteles. Cuando otros jugadores caen en casillas de tu propiedad, deben pagarte el alquiler. Tus compañeros no pueden permitirse adquirir suficientes propiedades y pagar el alquiler, así que se arruinan.

El Monopoly plantea muchos problemas, pero quizá la razón por la que el juego se ha mantenido tanto tiempo —ha sido uno de los juegos de mesa más vendidos del mundo durante más de ochenta años— es que sus problemas son nuestros problemas. Como la vida, al principio el juego avanza muy despacio, pero al final se vuelve angustiosamente rápido. Como en la vida, las personas encuentran sentido en sus resultados, aunque el juego está orientado a los ricos y privilegiados, y si no se amaña, es aleatorio. Y como en la vida, tus amigos se enfadan si les quitas su dinero, y luego, por rico seas, dentro de ti hay un vacío cada vez mayor que el dinero nunca podrá llenar, pero, presa de la locura empresarial no regulada, crees que si consigues un par de hoteles más o les quitas a tus amigos el poco dinero que les queda, por fin te sentirás completo.

Para mí, lo peor del Monopoly es su análisis retorcido y autocontradictorio del capitalismo. El juego muestra en esencia que adquirir tierras depende de una tirada de dados, literalmente, y que la explotación de los monopolios enriquece a unos pocos y empobrece a muchos. Aun así, el objetivo del juego es llegar a ser lo más rico posible.

La versión que el Monopoly no cuenta sobre la desigualdad económica también es como la vida misma, al menos en el país en el que surgió, Estados Unidos, donde muchos pensamos de los multimillonarios lo que yo pensaba de los niños populares en la escuela secundaria. Los despreciaba, pero también quería desesperadamente ser uno de ellos. En el caso del Monopoly, la incongruencia temática del juego es en buena medida producto de su complicado origen, que dice mucho más sobre el capitalismo que el juego en sí.

He aquí el mito de la creación del Monopoly tal como la cuenta el actual propietario de la empresa de juguetes Hasbro: en 1929, a raíz del gran colapso de la bolsa, Charles

Darrow, de cuarenta años, perdió su trabajo en Filadelfia y se vio obligado a sobrevivir vendiendo de puerta en puerta. Pero en 1933 inventó el Monopoly, lo patentó y vendió los derechos a la empresa Parker Brothers. Darrow se convirtió en el primer millonario gracias a un juego de mesa, una auténtica historia de cómo un inventor estadounidense triunfa gracias al sudor de su frente randiana y pasa de la pobreza a la riqueza.

Es una gran historia; tan grande que se han impreso muchos ejemplares del Monopoly con la biografía de Darrow junto con las reglas. En la actualidad incluso hay una placa en Atlantic City en homenaje a Charles Darrow. El único problema de la historia es que Charles Darrow no inventó el Monopoly.

Casi treinta años antes, una mujer llamada Elizabeth Magie creó un juego de mesa que denominó Landlord's Game (Juego del Propietario). Como se detalla en el maravilloso libro de Mary Pilon *The Monopolists*, Magie fue una escritora y actriz que financió sus actividades artísticas trabajando como taquígrafa y mecanógrafa, un trabajo que odiaba. En cierta ocasión dijo: «Deseo ser constructiva, no una mera herramienta mecánica que traslada a papel de carta lo que piensa y me dicta un hombre».

Durante su vida, Magie fue más conocida por un anuncio de periódico en el que se ofrecía al mejor postor. Se describía a sí misma como «no guapa, pero muy atractiva» y una mujer de «fuertes rasgos bohemios». El anuncio, que fue noticia en todo el país, pretendía llamar la atención sobre la discriminación de las mujeres en todos los aspectos de la vida estadounidense, que las obligaba a dejar de trabajar y asumir papeles serviles en el matrimonio. Magie dijo a un periodista: «No somos máquinas. Las chicas tienen mente, deseos, esperanzas y ambiciones».

Magie también sentía que ningún movimiento feminista podría tener éxito sin hacer grandes cambios en el sistema económico. «Dentro de poco los hombres y las mujeres descubrirán que son pobres porque Carnegie y Rockefeller tienen demasiado como para saber qué hacer con ello», dijo. Para mostrarlo al mundo, en 1906 Magie creó el Landlord's Game. Magie era seguidora de Henry George, un economista que creía, como dijo Antonia Noori Farzan en el *Washington Post*, «que los trenes, los telégrafos y los servicios públicos deberían ser de propiedad pública, no controlados por monopolios, y que la tierra debería considerarse propiedad común».

Magie diseñó el Landlord's Game para ilustrar las ideas de George y creía que, cuando los niños jugaran, «verían claramente la gran injusticia de nuestro actual sistema de posesión de las tierras». El Landlord's Game era parecido al Monopoly en muchos aspectos. Como el Monopoly, tenía un tablero cuadrado con propiedades y, como el Monopoly, si hacías una mala tirada podías ir a la cárcel. Pero en el juego de Magie había dos grupos de reglas. En uno, el objetivo —como en el actual Monopoly— era empobrecer a los oponentes y adquirir monopolios de tierras. En el otro grupo de reglas «todos eran recompensados cuando se creaba riqueza», como dijo Pilon. Un grupo de reglas mostraba que los sistemas de alquiler enriquecían a los propietarios y mantenían en la pobreza a los inquilinos, lo que hacía que con el tiempo el capital se concentrara, cada vez más, en menos manos. El otro grupo pretendía sugerir un sistema mejor, en el que la riqueza generada por la mayoría fuera compartida por la mayoría.

Las reglas de monopolio del Landlord's Game resultaron ser más populares, y a medida que los estudiantes universitarios aprendían el juego y jugaban en versiones hechas a mano, expandían y cambiaban las reglas hasta hacerlas aún más similares al Monopoly que conocemos hoy. En 1932 apareció una versión de Indianápolis llamada Fascinating

Game of Finance (Fascinante Juego de las Finanzas), y fue en Indianápolis donde una mujer llamada Ruth Hoskins aprendió el juego. Poco tiempo después se mudó a Atlantic City y adaptó el juego a su nueva ciudad. Hoskins enseñó el juego a muchas personas, incluida una pareja que luego se mudó a Filadelfia, donde enseñaron el Fascinating Game of Finance a un tipo llamado Charles Todd, que a su vez se lo enseñó a Charles Darrow. Entonces Darrow pidió una copia de las reglas, modificó en parte el diseño, patentó el juego y se hizo millonario.

Y esta es la prueba de que Charles Darrow no inventó el Monopoly: Marven Gardens es un barrio cercano a Atlantic City. En la versión del juego de Charles Todd, que aprendió de Ruth Hoskins, escribieron por error Marvin Gardens. Ese error ortográfico se repitió en la versión del juego de Darrow, porque Charles Darrow no inventó el Monopoly.

Así que la historia que nos cuentan de un individuo recompensado con razón por su genio resulta ser una historia mucho más complicada de una mujer que creó un juego que después miles de colaboradores mejoraron al jugarlo. Una historia sobre el funcionamiento del capitalismo resulta ser una historia sobre el fracaso del capitalismo. El monopolio de Darrow robó a mucha gente, pero la pérdida de Elizabeth Magie es especialmente molesta, porque el Monopoly enterró no solo su juego, sino también los ideales que tanto se esforzó en compartir. La reprimenda de Magie al capitalismo extractivo no regulado se transformó en una celebración de hacerse rico empobreciendo a otros.

En el juego del Monopoly, el poder y los recursos se distribuyen de una manera injusta hasta que un individuo acaba quedándose con todo, y solo en este sentido es el juego de Charles Darrow. Aun así, más de cien años después de que Magie presentara el Landlord's Game, Hasbro continúa atribuyendo la invención del Monopoly a Charles Darrow, y solo dice de Elizabeth Magie: «A lo largo de la historia ha habido varios juegos de comercio de propiedades. Elizabeth Magie —escritora, inventora y feminista— fue una de las pioneras de los juegos de adquisición de tierras». En definitiva, Hasbro sigue negándose a reconocer que la tierra de la que se apropiaron nunca fue suya.

Doy al Monopoly una estrella y media.

Super Mario Kart

El *Super Mario Kart* es un juego de carreras que apareció en 1992 para la consola Super Nintendo en el que los personajes del universo de Mario se sientan en cuclillas encima de los karts, como hago yo cuando intento montarme en el triciclo de mi hija. En un principio estaba previsto que fuera un juego con coches de estilo Fórmula Uno, pero limitaciones técnicas obligaron a los diseñadores a construir carreteras entrelazadas que se doblaban sobre sí mismas, carreteras en las que solo los karts pueden circular. El juego lo crearon el diseñador principal de Super Mario Brothers y la leyenda de los videojuegos Shigeru Miyamoto, que tiempo después diría: «Nos propusimos hacer un juego en el que pudiéramos mostrar la pantalla para dos jugadores a la vez». Este modo de pantalla dividida es en parte lo que hizo que el primer *Super Mario Kart* fuera tan emocionante.

En el juego de Super Nintendo, los jugadores pueden elegir entre ocho personajes del universo de Mario, entre ellos la princesa Peach, Mario, Luigi y Donkey Kong Jr. Cada personaje tiene su fortaleza y su debilidad. Bowser, por ejemplo, es fuerte y alcanza gran velocidad, pero acelera muy despacio. Toad es rápido y se maneja bien, pero alcanza menor velocidad. En cuanto eliges a un personaje (recomiendo a Luigi), compites contra los otros siete pilotos en una serie de pistas cada vez más surrealistas. Puedes circular por una pista asfaltada normal, o un barco de fantasmas, o un castillo, o la famosa Senda Arcoíris, que tiene una superficie de conducción espléndida y sin barandillas que eviten que caigas al abismo.

Yo estaba en el décimo curso cuando salió el *Super Mario Kart*, y para mis amigos y para mí era el mejor videojuego de todos los tiempos. Pasamos cientos de horas jugando. El juego estaba tan vinculado a nuestra experiencia en la escuela secundaria que incluso ahora la banda sonora me traslada a la habitación de un internado con el suelo de linóleo y que olía a sudor y Gatorade. Me veo sentado en un sofá de microfibra dorado que había pasado de una generación de alumnos a otra, intentando superar a mis amigos Chip y Sean en la última carrera de la Copa Champiñón.

Casi nunca hablábamos del juego mientras jugábamos; siempre hablábamos de nuestros intentos fallidos de ligar, de lo mucho que nos controlaba un profesor u otro, o de los infinitos chismes que circulan en comunidades aisladas como los internados. No necesitábamos hablar del Mario Kart, pero necesitábamos el Mario Kart para tener una excusa para estar juntos, tres o cuatro chicos apretujados en aquel sofá, cadera con cadera. Lo que más recuerdo es la increíble —y para mí, novedosa— alegría de formar parte de un grupo.

Como nosotros, el Mario Kart ha cambiado mucho desde que yo estaba en la escuela secundaria. En el reciente *Mario Kart 8* puedes volar, meterte debajo del agua y conducir boca abajo; ahora puedes elegir entre decenas de personajes y vehículos. Pero en el fondo el juego no ha cambiado mucho. La mayoría de las veces, en los actuales juegos de Mario Kart se gana de la misma manera que se ganaba en 1992: conduciendo en línea recta lo máximo posible y tomando bien las curvas. Debes tener cierta habilidad como mantener mejor la velocidad en las curvas derrapando, por ejemplo, y hay estrategias para adelantar. Pero el Mario Kart es casi ridículamente sencillo.

Excepto, por ejemplo, los bloques con interrogante, que convierten el Mario Kart en un juego brillante o problemático, dependiendo de lo que creas que deberían hacer los juegos. Mientras avanzas por una pista, puedes pasar por encima o atravesar bloques con un interrogante, y al hacerlo recibes una herramienta. Puedes conseguir un champiñón, que puedes utilizar una sola vez para aumentar la velocidad. O puedes conseguir un caparazón de tortuga rojo, una especie de misil detector del calor, que buscará el kart que tengas delante, lo golpeará por detrás y lo hará girar. O puedes conseguir el codiciado rayo, que hace que durante un momento todos tus rivales se miniaturicen y reduzcan la velocidad, mientras tú mantienes tu tamaño y tu velocidad. En las ediciones más recientes del Mario Kart, los bloques con interrogante podrían incluso darte la oportunidad de convertirte durante unos segundos en Bullet Bill, una bala veloz que gira asombrosamente y destruye todos los karts a su paso.

Una vez, estaba jugando al *Mario Kart 8* con mi hijo y, como llevo veintiséis años jugando con frecuencia al Mario Kart, iba primero con toda comodidad. Pero en la última vuelta, mi hijo sacó a Bullet Bill de un bloque con interrogante, me adelantó a toda velocidad, destrozó mi kart y ganó la carrera. Acabé en cuarto lugar.

Estas cosas suelen suceder en el Mario Kart, porque los bloques con interrogante saben si vas en primer lugar. Si es así, normalmente conseguirás una piel de plátano o una moneda, que apenas son útiles; nunca conseguirás una de esas bonitas balas. Pero si vas en el último lugar —porque, por ejemplo, eres un niño de ocho años que juega contra un veterano canoso del Mario Kart—, es mucho más probable que consigas un rayo, el Bullet Bill o una reserva infinita de champiñones que aumentan la velocidad.

En el Mario Kart suele ganar el mejor, pero la suerte desempeña un papel importante. Se parece más al póquer que al ajedrez.

Dependiendo de tu visión del mundo, los bloques con interrogante hacen que el juego sea justo, porque cualquiera puede ganar, o injusto, porque no siempre gana la persona que sabe jugar mejor.

En este sentido, al menos en mi experiencia, la vida real es exactamente lo contrario que el Mario Kart. En la vida real, cuando vas el primero, te dan muchos poderes para que avances más. Después del éxito comercial de uno de mis libros, por ejemplo, mi banco me llamó para informarme de que ya no me cobraría comisiones por sacar dinero en los cajeros automáticos, ni siquiera si el cajero era de otro banco. ¿Por qué? Porque las personas con dinero en el banco consiguen todo tipo de ventajas solo por tener dinero en el banco. Luego están los poderes mucho más importantes, como el poder para graduarte en la universidad sin endeudarte, o el poder de ser blanco, o el poder de ser hombre. Esto no significa que las personas con buenos poderes tendrán éxito, por supuesto, o que aquellos que no los tengan fracasarán. Aun así, no me creo el argumento de que estos poderes estructurales son irrelevantes. El hecho de que nuestros sistemas políticos, sociales y económicos favorezcan a los que ya son ricos y poderosos es el mayor fracaso del ideal democrático estadounidense. Me he beneficiado de esto, directa y profundamente, durante toda mi vida. Casi cada vez que he pasado por un bloque con interrogante en mi vida, me han dado al menos un caparazón de tortuga rojo. Es muy habitual que aquellos de nosotros que nos beneficiamos de estos poderes los consideremos justos. Pero si no me enfrento a la realidad de que debo gran parte de mi éxito a la injusticia, solo promoveré la acumulación de riquezas y oportunidades por parte de unos pocos.

Algunos podrían argumentar que los juegos deberían recompensar el talento, la habilidad y el trabajo duro precisamente porque la vida real no lo hace. Pero para mí lo justo es que todos tengan la oportunidad de ganar, aunque tengan las manos pequeñas o aunque no hayan jugado desde 1992.

En una época de extremos en los juegos y en lo demás, el Mario Kart tiene matices muy refrescantes. Le doy cuatro estrellas.

Las salinas de Bonneville

En el invierno de 2018, Sarah y yo viajamos a Wendover, una pequeña ciudad que se extiende a ambos lados de la frontera entre Utah y Nevada. Mientras estábamos allí, casi como una ocurrencia tardía, fuimos a ver las salinas de Bonneville, un valle como de otro mundo, de tierra con incrustaciones de sal, en la costa occidental del Gran Lago Salado.

Sarah es, con diferencia, mi persona favorita. Después de que la poeta Jane Kenyon muriera, su marido, Donald Hall, escribió: «No nos pasábamos el día mirándonos a los ojos. Nos mirábamos así cuando hacíamos el amor o cuando uno de los dos tenía problemas, pero la mayoría de las veces nuestras miradas se encontraban y se entrelazaban mirando una tercera cosa. Las terceras cosas son básicas para los matrimonios, objetos, prácticas, hábitos, artes, instituciones, juegos o seres humanos que proporcionan un lugar de arrebato o satisfacción conjunta. Cada miembro de una pareja está separado del otro; los dos se unen observando juntos». Hall dice a continuación que las terceras cosas podrían ser John Keats, la Orquesta Sinfónica de Boston, los interiores holandeses o sus hijos.

Nuestros hijos son lugares fundamentales de arrebato conjunto para Sarah y para mí, pero también tenemos otras terceras cosas: el crucigrama del domingo del *New York Ti-*

mes, los libros que leemos juntos, la serie de televisión *The Americans*, etc.

Pero nuestra primera tercera cosa fue el arte.

Sarah y yo fuimos a la misma escuela secundaria en Alabama, así que nos conocemos desde niños, aunque no mantuvimos una conversación hasta 2003, cuando ambos vivíamos en Chicago. Por entonces Sarah trabajaba en una galería de arte y, después de habernos cruzado un par de veces y haber intercambiado varios emails, me invitó a la inauguración de una exposición de esculturas de la artista Ruby Chishti.

Yo nunca había estado en una galería de arte, y en aquel momento no podría haber nombrado a un solo artista vivo, pero me fascinaron las esculturas de Chishti. Cuando esa noche Sarah se tomó algo de tiempo libre para hablar conmigo sobre las obras de Chishti, sentí por primera vez una de mis sensaciones favoritas en este mundo: la sensación de que la mirada de Sarah y la mía se encuentran y se entrelazan mientras miramos una tercera cosa.

Unos meses después, tras haber intercambiado decenas de emails, decidimos iniciar un club de lectura de solo dos personas. Sarah eligió *La mancha humana*, de Philip Roth, como primer libro. Cuando nos reunimos para comentarlo, descubrimos que ambos habíamos subrayado el mismo pasaje: «El placer no consiste en ser dueño de la persona. El placer es esto: tener a otro contendiente contigo en la habitación».

Quince años después, estábamos en Wendover para filmar *The Art Assignment*, una serie que Sarah produjo con PBS Digital Studios.[30] Vimos una instalación del artista William

30. Tiempo después, *The Art Assignment* inspiraría el maravilloso libro de Sarah *Eres un artista*, que combina sugerencias artísticas de artistas contemporáneos con historia del arte y consejos prácticos para la creación.

Lamson, así como algunos de los monumentales *land art* del oeste del país, entre ellos *Sun Tunnels*, de Nancy Holt, y *Spiral Jetty*, de Robert Smithson. Por la noche nos alojábamos en un hotel casino en el lado de la ciudad que da a Nevada. Durante la Segunda Guerra Mundial, la tripulación que lanzó una bomba atómica sobre la ciudad de Hiroshima se entrenó en Wendover. Pero la Air Force se marchó hace mucho tiempo, y últimamente la gente acude sobre todo por los casinos o por las salinas cercanas.

Por alguna razón, me gustan mucho los casinos. Reconozco que se aprovechan de las personas vulnerables y posibilitan la adicción, y que están llenos de humo, son ruidosos, asquerosos y horribles. Pero no puedo evitarlo. Me gusta sentarme a una mesa y jugar a las cartas con desconocidos. La noche en cuestión estaba jugando con una mujer del noroeste de Texas llamada Marjorie. Me dijo que llevaba casada sesenta y un años. Le pregunté cuál era el secreto y me contestó: «Cuentas corrientes separadas».

Le pregunté qué la había traído a Wendover y me dijo que quería ver las salinas. Y el casino, por supuesto. Su marido y ella jugaban un fin de semana al año. Le pregunté cómo le iba y me contestó: «Haces muchas preguntas».

Lo que es cierto, cuando juego. En cualquier otro entorno, soy muy reacio a tratar con desconocidos. No suelo charlar con mis compañeros de asiento en el avión ni con los taxistas, y soy un conversador torpe y tenso en la mayoría de las situaciones. Pero sentadme a una mesa de blackjack con Marjorie, y de repente me convierto en Perry Mason.

La otra persona que estaba sentada con nosotros, Anne, de ochenta y siete años y del centro de Oregón, tampoco hablaba mucho, así que me dirigí al crupier, cuyo trabajo le exigía hablar conmigo. Tenía un bigote retorcido y una placa con su nombre que lo identificaba como James. No sabría decir si tenía veintiún años o cuarenta y uno. Le pregunté si era de Wendover.

—Aquí nací y aquí me crié —me contestó.

Le pregunté qué pensaba de su ciudad, y me dijo que era un lugar agradable. Muchas excursiones. Fantástica si te gusta cazar y pescar. Y las salinas eran geniales, por supuesto, si te gustaban los coches rápidos, y a él le gustaban.

—Pero no es un buen lugar para los niños —comentó al rato.

—¿Tiene niños? —le pregunté.

—No —me contestó—. Pero he sido niño.

Hablo de determinada manera de las cosas de las que no hablo. Quizá lo hacemos todos. Tenemos formas de zanjar la conversación para que no nos pregunten directamente lo que no soportamos responder. El silencio que siguió al comentario de James de que había sido niño me lo recordó, y me recordó que yo también había sido niño. Por supuesto, es posible que James solo se refiriera a la escasez de parques infantiles en Wendover, pero lo dudo. Empecé a sudar. De repente, los ruidos del casino —el tintineo de las máquinas tragaperras y los gritos en la mesa de dados— eran abrumadores. Pensé en aquella vieja frase de Faulkner de que el pasado no está muerto; ni siquiera es pasado. Una de las cosas extrañas de la edad adulta es que eres tu yo actual, pero también eres todos los yos que has sido, los yos de los que nunca podrás deshacerte del todo aunque hayas crecido. Jugué la mano, le dejé una propina al crupier, di las gracias a mis compañeras de mesa por la conversación y cobré las fichas que me quedaban.

A la mañana siguiente fuimos en coche a las salinas de Bonneville con unos compañeros de Sarah. Hasta hace catorce mil quinientos años, lo que ahora es Wendover estaba bajo el agua del lago Bonneville, un gran lago salado que cubría unos cincuenta mil kilómetros cuadrados, casi el tamaño del lago Michigan. El lago Bonneville ha desaparecido y se ha vuelto a formar un par de docenas de veces en los últimos quinientos millones de años; lo que queda de él en este momento se conoce como el Gran Lago Salado, aunque es menos de una décima parte de lo que fue el lago Bonneville. La retirada más reciente del lago dejó atrás las salinas, una extensión de unos ciento veinte kilómetros cuadrados totalmente vacía y más plana que una tortita.

El suelo blanco como la nieve estaba agrietado como unos labios secos y crujía bajo mis pies. Me llegaba el olor a sal. Intentaba pensar en lo que parecía, pero mi cerebro solo encontraba símiles de lo más metafóricos. «Es como conducir solo por la noche. Parece todo lo que te da miedo decir en voz alta. Parece el momento en que el agua se retira de la orilla, justo antes de que llegue una ola.»

Herman Melville llamó al blanco «un sin color, todos los colores». Escribió que el blanco «ensombrece el vacío, las despiadadas inmensidades del universo». Y las salinas de Bonneville son muy muy blancas.

En la Tierra todo es geológico, por supuesto, pero en las salinas *sientes* la geología. No cuesta creer que este territorio estuvo alguna vez a ciento cincuenta metros bajo el agua. Sientes que el agua salada y verde oscura podría volver a entrar en cualquier momento, te ahogaría a ti, tus traumas, la ciudad y el hangar donde el *Enola Gay* esperó su bomba atómica.

Mirando las cadenas montañosas que se alzan en la distancia, recordé lo que la naturaleza siempre me dice: los humanos no son los protagonistas de la historia de este planeta. Si hay un personaje principal, es la vida misma, que hace de la tierra y de la luz de las estrellas algo más que tierra y luz de las estrellas. Pero en la era del Antropoceno, los humanos tienden a creer, pese a todas las evidencias de que disponemos, que el mundo está aquí para nuestro beneficio. Así que las salinas de Bonneville deben tener un uso humano; en caso contrario, ¿por qué existirían? En ese suelo seco y salado no puede crecer nada, pero de todos modos le encontramos usos. En los últimos cien años, de las salinas se ha extraído potasa, que se utiliza como fertilizante. Y una gran extensión ha adquirido fama como una especie de pista de carreras de resistencia. Allí se estableció un récord de velocidad en tierra en 1965, cuando Craig Breedlove superó los novecientos sesenta y seis kilómetros por hora en un coche propulsado por turborreactores.

La temporada de carreras puede atraer a miles de personas a las salinas, pero la mayoría de los días el paisaje es sobre todo un telón de fondo: para películas como *Independence Day* y *Los últimos Jedi*, para sesiones de fotos de moda y para publicaciones en Instagram. Mientras estaba en las salinas, fui una de las varias personas que intentaban enmarcar bien un selfi para que pareciera que estaba solo en aquel vacío.

Pero después de caminar un rato alejándome de la carretera que lleva a las salinas, empecé a sentirme muy solo. En un momento dado creí ver un charco de agua reluciente a lo lejos, pero al acercarme resultó ser un espejismo, un espejismo de verdad. Siempre había pensado que los espejismos eran meros recursos narrativos. Mientras seguía caminando, pensé en el crupier del blackjack y en lo aterrador que es ser niño y saber que no puedes decidir lo que los adultos hacen contigo.

Sarah me llamó. Me giré. Estaba tan lejos que al principio no oía lo que estaba diciendo, pero me indicaba con gestos que fuera hacia ella, así que retrocedí hasta que pude oírla: estaba interponiéndome en el camino de un dron que grababa unas tomas que necesitaban para el espectáculo; ¿podía volver hasta donde ella estaba? Así que volví. Me quedé a su lado y observé el dron sobrevolando las salinas. Nuestras miradas se entrelazaron. Me tranquilicé. Pensaba en las personas que yo había sido, en cómo lucharon, pelearon y sobrevivieron por momentos como este. Mirando con Sarah, las salinas parecían cambiar, ya no amenazaban con la indiferencia.

Doy a las salinas de Bonneville tres estrellas y media.

Los dibujos de círculos de Hiroyuri Doi

Una cosa extraña de mí es que he firmado más de quinientas mil veces. Este esfuerzo empezó en serio en 2011, cuando decidí firmar toda la primera edición de mi cuarta novela, *Bajo la misma estrella*. Para hacerlo, firmé hojas de papel que luego se encuadernaron en los ejemplares del libro cuando se imprimieron. En unos meses firmé unas ciento cincuenta mil hojas. A veces escuchaba podcasts o audiolibros, pero a menudo me sentaba solo en mi sótano y firmaba. La verdad es que nunca me pareció aburrido, porque cada vez intentaba reproducir una forma ideal que tengo en la cabeza de lo que debe ser mi firma, pero nunca termino de conseguirla.[31]

Me cuesta explicar por qué presto tanta atención a las más leves variaciones de comportamientos repetitivos. En mi cerebro tengo un picor muy concreto que la acción repetitiva rasca. Entiendo que puede tener alguna relación con

31. De vez en cuando —digamos una de cada veinte o treinta mil firmas—, haré una con la que esté realmente feliz y subiré a mostrársela a Sarah. Le señalaré que la línea se hace más fina en el lugar correcto y que he insinuado la existencia de la o de «John» con un pequeño bucle. Sarah asentirá con educación, observará atenta la firma casi perfecta durante un rato y después me dirá, sin perder su tono amable: «Parece exactamente igual que todas las demás».

mi trastorno obsesivo compulsivo, pero a mucha gente le gusta hacer garabatos, que es a lo que se reduce mi firma. Hacer garabatos es bueno para el cerebro. Alivia el estrés de forma muy similar a caminar o moverse, y puede ayudar a fijar la atención. Un estudio de 2009 publicado en *Applied Cognitive Psychology* llegó a la conclusión de que las personas a las que dieron permiso para hacer garabatos recordaban más información que las que no los hacían, quizá porque hacer garabatos exige la suficiente capacidad intelectual para evitar que la mente divague.

No diría que *disfruto* de las tareas repetitivas, pero, eso sí, me benefician. A veces, cuando estoy agotado y no sé qué hacer conmigo mismo, ni si mi trabajo importa, ni si alguna vez voy a hacer algo útil para alguien, le pido a mi editora que me envíe diez o veinte mil hojas de papel y las firmo solo para tener algo concreto y medible que hacer durante más o menos una semana. Ni siquiera sé si esas hojas terminan en libros. Espero que sí, y espero que hagan felices a los lectores, pero, para ser sincero, lo hago por mí mismo, porque me hace… no feliz exactamente, pero me abstrae. Creo que la mayor parte del tiempo como quiero sentirme es abstraído. Qué palabra tan fea, «abstraído», para una experiencia tan beatífica.

———————

Vi por primera vez los dibujos a tinta de Hiroyuki Doi en 2006, en la exposición del American Folk Art Museum sobre el dibujo obsesivo. Los dibujos de Doi son conglomerados épicos de círculos, miles —o quizá decenas de miles— de pequeños círculos apretados que se combinan y forman abstracciones grandes y tremendamente intrincadas. Hay quien dice que parecen grandes masas de células o nebulosas galácticas. El que más me llamó la atención fue un dibujo de 2003 sin título que parecía mostrar un ojo humano de lado, de ciento cuarenta y dos centímetros de largo por sesenta y ocho de ancho. A veces, los círculos que se ramifican entre sí parecen vasos sanguíneos; otras veces parecen girar alrededor de centros de gravedad. Al mirar detenidamente los círculos, el dibujo adquiría una tercera dimensión y sentía que podía entrar en él, como si los círculos estuvieran no solo delante de mí, sino también arriba, abajo, detrás y dentro.

Doi no pretendía ser artista; era un chef de éxito cuando, en 1980, su hermano menor murió de un tumor cerebral. Destrozado de dolor, empezó a dibujar círculos y descubrió que no podía dejar de dibujarlos, porque lo ayudaban a «aliviar la tristeza y el dolor».

Lo que me fascina de los dibujos de Doi es en parte su evidente obsesión. Parecen pensamientos circulares y repetitivos que se han hecho visibles. En un dibujo de Doi te pierdes, y quizá de eso se trate. Pero también transmiten ese deseo de encontrar alivio ante el dolor de la pérdida que lo consume. En las entrevistas, Doi dice esta palabra a menudo: *alivio*. Y eso es lo que también me desespera cada vez que el dolor me golpea. La pérdida puede abarcar mucho; es un trabajo en el que las horas son todas las horas, todos los días. Hablamos del dolor en etapas: negación, negociación, aceptación, etc. Pero, al menos para mí, el dolor es una serie de círculos apretados que se desvanecen con el paso de los años, como la tinta expuesta a la luz.

¿Por qué he firmado medio millón de veces? ¿Por qué Hiroyuki Doi ha pasado los últimos cuarenta años dibujando círculos diminutos? «Me siento tranquilo cuando dibujo», ha dicho Doi, y aunque yo no soy artista, sé lo que quiere decir. Al otro lado de la monotonía hay un estado de flujo, una forma de ser que es solo ser, un tiempo presente que realmente se siente presente.

También está el impulso humano de hacer cosas, pintar las paredes de las cuevas y garabatear en los márgenes de las listas de tareas pendientes. Doi dijo una vez: «Tengo que

seguir trabajando, de lo contrario nada llegará a existir».
Pero a veces siento que el papel está mejor antes de que lo
cojamos, cuando todavía es madera. Otras veces me encantan las marcas que dejamos; parecen regalos y señales, como
indicadores del camino en el desierto.

Sé que hemos dejado cicatrices en todas partes y que
nuestro deseo obsesivo de *hacer, tener, decir, ir y conseguir*
—cinco de los siete verbos más frecuentes en inglés— puede en última instancia robar nuestra capacidad de *ser*, el verbo más frecuente en inglés. Aunque sabemos que ninguna
de nuestras marcas va a durar, que el tiempo pasa no solo
para todos nosotros, sino también para todo lo que hacemos, no podemos dejar de garabatear, no podemos dejar de
buscar alivio allí donde lo encontremos. Agradezco que
Doi siga trabajando, haciendo que cosas existan. Me alegro
de no estar solo en círculos apretados de anhelo inquieto.

Doy a los dibujos de círculos de Hiroyuki Doi cuatro
estrellas.

Susurros

Tengo un amigo, Alex, que es una de esas almas imperturbables e increíblemente tranquilas que pueden recalibrarse de forma instantánea cuando se enfrentan a un cambio en las circunstancias. Pero de vez en cuando, si tiene una agenda apretada, Alex se estresa y dice cosas como: «Tenemos que movernos». La mujer de Alex, Linda, llama a esto «Aeropuerto Alex».

Muy a mi pesar, yo siempre soy Aeropuerto Alex. No puedo dejar de preocuparme por si los niños llegan tarde a la escuela, el restaurante cancela nuestra reserva, mi psiquiatra renuncia a seguir tratándome por llegar tarde, etc. Creo que la puntualidad es una virtud, pero mi puntualidad no tiene nada de virtuosa. La impulsa el miedo y la refuerzan los gritos de agobio.

Una mañana, cuando Sarah se encontraba fuera de la ciudad por trabajo, estaba yo dando el desayuno a mi hija, que entonces tenía tres años y que nunca es Aeropuerto Alex. Para los niños pequeños, el tiempo no se guarda en relojes, por eso siempre siento la necesidad de ser el guardián del horario, el que mantiene la puntualidad en el reino.

Eran las 8.37. Veintitrés minutos y llegaríamos tarde a la guardería. Ya habíamos dejado a Henry en la escuela, habíamos vuelto a casa para que ella desayunara antes de ir a la guardería y el desayuno estaba durando una eternidad.

Mi hija hacía una pausa entre cada mordisco de tostada para consultar un cuento que había cogido esa mañana. Yo no dejaba de insistir en que terminara de comer. «Aviso: te quedan ocho minutos», le dije, como si ocho minutos significaran algo.

Intenté prepararlo todo para cuando saliéramos: los zapatos, el abrigo, la mochila, que solo contenía su almuerzo. «¿Tienes las llaves del coche?» Sí. «¿La cartera?» Sí. «¿El teléfono?» Sí. Solo quedaban seis minutos. La preocupación era un río desbordándose por las orillas. En respuesta a esta escasez de tiempo, mi hija mordisqueaba con sumo cuidado una esquina de la tostada, como un ratón que teme envenenarse. Me pregunté qué más podría haber hecho para que la tostada fuera más apetitosa. Había cortado la corteza, la había untado con mantequilla y había espolvoreado azúcar con canela. «Por el amor de Dios, por favor, cómete la tostada.» Cuatro minutos. «Vale, se acabó, nos hemos quedado sin tiempo para ponerte los zapatos.» Y entonces, en la cúspide de mi histeria, Alice me dijo: «Papá, ¿puedo contarte un secreto?».

Cuando me incliné hacia ella, se rodeó la boca con las manos y, aunque estábamos solos en casa, me susurró. No puedo revelaros lo que me dijo, por supuesto, porque era un secreto, pero no fue nada del otro mundo. Lo que me dejó parado fue el hecho de que susurrara. No tenía ni idea de que supiera susurrar, ni siquiera de que supiera lo que son los secretos. No se trataba de que quisiera contarme algo. Se trataba de recordarme que todo iba bien, que no necesitaba ser Aeropuerto Alex. Estar ocupado es una forma de hacer ruido. Y lo que mi hija necesitaba era un espacio silencioso para que se oyera su vocecita.

En los susurros, las cuerdas vocales no vibran, sino que el aire pasa a través de la laringe con suficiente turbulencia para que se oiga, al menos a corta distancia. Y por eso los susurros son íntimos por definición. Toda conversación está hecha de respiraciones, pero cuando alguien susurra, oyes la respiración. A veces las personas susurran porque tienen laringitis o algún otro trastorno, aunque lo más normal es que susurremos porque queremos hablar con una persona sin arriesgarnos a que todo el mundo nos oiga. Susurramos secretos, sí, pero también rumores, crueldades y miedos.

Con toda probabilidad, nuestra especie susurra desde que empezó a hablar. De hecho, ni siquiera somos el único animal que susurra. Algunos topos también lo hacen, y los monos, incluido el tití cabeza de algodón, en grave peligro de extinción.

Pero yo últimamente no he susurrado mucho. A principios de marzo de 2020, mi hermano y yo estábamos haciendo una versión en directo de nuestro podcast en Columbus, Ohio. Justo antes de salir al escenario, nuestra colega Monica Gaspar me susurró algo. Creo que para recordarme qué micrófono tenía que coger. En cualquier caso, me acuerdo de ese momento porque fue la última vez que escucharía un susurro de alguien que no fuera de mi familia más cercana, para dirigirse a mí, en… ¿años? Supongo que he escuchado uno o dos susurros por vídeo o videoconferencia durante la pandemia, pero no muchos más. Echo de menos los susurros. Yo tenía fobia a los gérmenes mucho antes de la pandemia, y sé que el aliento de otra persona contra mi piel es una señal infalible de transferencia de gotitas. Pero aun así los echo de menos.

Últimamente, cuando mis hijos me susurran, suele ser para contarme algo que les preocupa y que les parece vergonzoso o aterrador. Se necesita valor incluso para susurrar esos miedos, y agradezco mucho que me los confíen, aunque no sé qué contestarles. Me gustaría decirles: «No tenéis por qué preocuparos», pero tienen razones para preocuparse. Me gustaría decirles: «No hay de qué asustarse», pero hay mucho de lo que asustarse. Cuando era niño, pensaba que ser padre significaba saber qué decir y cómo decirlo. Sin embargo, no tengo ni idea de qué decir ni de cómo decirlo. Lo único que puedo hacer es callarme y escuchar. De lo contrario, te pierdes todas las cosas buenas.

Doy a los susurros cuatro estrellas.

Meningitis viral

Me resulta difícil entender el tamaño de los virus. Como individuos, son diminutos: un glóbulo rojo es aproximadamente mil veces mayor que un virus SARS-CoV-2. Pero, como grupo, los virus son increíblemente numerosos. En una sola gota de agua de mar hay unos diez millones de virus. Por cada grano de arena de la Tierra hay billones de virus. Según el libro *Immune*, de Philipp Dettmer, hay tantos virus en la Tierra que «si se colocaran en fila, se extenderían hasta alcanzar cien millones de años luz, unas quinientas Vías Lácteas colocadas una detrás de la otra».[32]

Los virus son cadenas simples de ARN o ADN que se encuentran por ahí. No pueden replicarse a menos que encuentren una célula de la que apropiarse. Así que no están vivos, pero tampoco no están vivos. En cuanto un virus invade una célula, hace lo que hace la vida: utiliza energía para replicarse. Los virus me recuerdan que la vida es más un continuo que una dualidad. Los virus no están vivos porque

---

32. Los bacteriófagos, virus que parasitan las bacterias, se encuentran entre los fenómenos más abundantes y exitosos de nuestro planeta. Como dijo Nicola Twilley: «La batalla entre virus y bacterias es brutal. Los científicos estiman que los fagos causan un billón de billones de infecciones por segundo y destruyen la mitad de las bacterias del mundo cada cuarenta y ocho horas».

necesitan células huésped para replicarse, claro. Pero muchas bacterias tampoco pueden sobrevivir sin huéspedes, y lo más extraño es que muchos huéspedes no pueden sobrevivir sin bacterias. El ganado, por ejemplo, moriría si se le privara de los microbios intestinales que le ayudan a digerir los alimentos. Toda vida depende de otra vida, y cuanto más consideramos en qué consiste vivir, más difícil resulta definir la vida.

———————

En 2014, una cadena de ARN llamada enterovirus invadió mis meninges, el revestimiento que cubre mi cerebro y mi médula espinal. A medida que el virus utilizaba la maquinaria de mis células para replicarse, estas nuevas partículas virales invadían más células. No tardé en ponerme muy enfermo. Los síntomas de la meningitis viral pueden variar, pero a menudo incluyen rigidez en el cuello, fiebre, náuseas y la firme convicción de que no es posible que los virus no estén vivos.

Está también el dolor de cabeza.

Virginia Woolf escribió en *Estar enfermo* que es «realmente extraño que la enfermedad no haya ocupado su lugar, con el amor, las batallas y los celos, entre los principales temas de la literatura. Una habría pensado que dedicarían novelas a la gripe, poemas épicos a la fiebre tifoidea, odas a la neumonía y versos al dolor de muelas. Pero no.» Y añade: «Entre los inconvenientes de la enfermedad como material literario se encuentra la pobreza del lenguaje. El inglés, que puede expresar lo que piensa Hamlet y la tragedia de Lear, no tiene palabras para el escalofrío y el dolor de cabeza».

Woolf tenía migrañas, así que conocía esta pobreza del lenguaje de primera mano, pero cualquiera que alguna vez haya sufrido dolor sabe lo solo que puede hacerte sentir, en parte porque eres el único que sufre tu dolor, y en parte porque es exasperante y terriblemente inexpresable. Como argumenta Elaine Scarry en su libro *The Body in Pain*, el dolor físico no solo escapa del lenguaje. Destruye el lenguaje. Al fin y al cabo, cuando sentimos un gran dolor no podemos hablar. Solo podemos gemir y llorar.

Scarry escribe: «Todo lo que consigue el dolor lo consigue en parte porque no puede compartirse, y se asegura de que siga siendo así mediante la resistencia al lenguaje». Puedo deciros que tener meningitis implica dolores de cabeza, pero eso apenas consigue comunicar la aplastante omnipresencia de ese dolor de cabeza. Lo único que puedo decir es que, cuando tuve meningitis viral, tuve un dolor de cabeza que imposibilitaba tener ninguna otra cosa. La cabeza no me dolía tanto, ya que el dolor de cabeza me había dejado inerte.

Pero creo que es imposible comunicar la naturaleza y la gravedad de ese dolor. Como dice Scarry: «Tener un gran dolor es tener certeza. Oír que otra persona tiene dolor es tener dudas». Oír hablar de un dolor que no sentimos nos lleva a los límites de la empatía, el lugar donde todo se derrumba. Solo puedo conocer mi dolor, y vosotros solo podéis conocer el vuestro. Hemos probado todo tipo de maneras de sortear este axioma de la conciencia. Pedimos a los pacientes que califiquen su dolor en una escala del uno al diez, o les decimos que señalen la cara que más se parece a su dolor. Les preguntamos si el dolor es agudo o sordo, ardiente o punzante, pero todo esto son metáforas, no la cosa en sí. Recurrimos a débiles comparaciones y decimos que el dolor es como un martillo neumático en la base del cráneo, o como una aguja caliente en el ojo. Podemos hablar y hablar y hablar sobre cómo es el dolor, pero nunca conseguimos transmitir lo que *es*.

A diferencia de la meningitis causada por bacterias, la meningitis viral pocas veces es fatal y suele desaparecer por sí sola al cabo de entre siete y diez días. Parece un período de tiempo razonable para estar enfermo, hasta que te toca pasarlo. Los días de enfermedad no pasan como los sanos, como agua que se escurre entre los dedos. Los días de enfermedad son largos. Cuando me dolía la cabeza, estaba seguro de que me dolería para siempre. El dolor en cada momento era terrible, pero lo que me desesperaba era saber que en el momento siguiente, y en el siguiente, el dolor continuaría ahí. El dolor es tan total que empiezas a creer que nunca terminará, que no es posible que termine. Los psicólogos lo llaman «catastrofizar», pero este término no reconoce que el dolor es una catástrofe. *La* catástrofe, de verdad.

Tras el período inicial de meningitis viral mucha gente, yo incluido, pasa varios meses con dolores de cabeza ocasionales, que llegan como las réplicas de un terremoto. Más o menos un año después, mis dolores de cabeza fueron menos frecuentes, y ahora han desaparecido casi por completo. Incluso me cuesta recordar cómo eran los dolores de cabeza. Recuerdo que eran terribles, que limitaban mi vida, pero soy incapaz de revivir mi dolor ni visceral ni vivencialmente. Aunque el dolor lo sentía yo, no puedo empatizar del todo con el yo que lo sentía, porque ahora soy un yo diferente, con dolores y molestias diferentes. Me alegro de que no me duela la cabeza, pero no como me habría alegrado si cuando estaba sintiendo ese dolor, hubiera desaparecido de repente. Quizá olvidamos para poder seguir adelante.

Enfermé de meningitis justo después de volver a Indianápolis de un viaje en el que visité Etiopía y Orlando, Florida. Mi neurólogo me dijo que lo más probable era que hubiera contraído el virus en Orlando, porque, y cito textualmente, «Ya sabes, Florida».

Pasé una semana en el hospital, aunque no podían hacer mucho más que mantenerme hidratado y tratarme el dolor. Dormí mucho. Cuando estaba despierto, me dolía. Es decir, estaba sumido en el dolor. Dentro de él.

Por supuesto, aparte del hecho de que no suele matarte, no hay nada que recomendar sobre la meningitis viral. Como escribió Susan Sontag: «Nada es más punitivo que dar significado a una enfermedad». El virus que se extendió por mi líquido cefalorraquídeo no tenía ningún significado; no se replicó para enseñarme nada, y cualquier conocimiento que haya podido adquirir del dolor indescriptible podría haberlo aprendido con menos dolor en otro lugar. La meningitis, como el virus que la causó, no era una metáfora ni un recurso narrativo. Era solo una enfermedad.

Pero estamos programados para buscar patrones, para crear constelaciones con las estrellas. Debe haber algo de lógica en la narración, alguna razón que explique la desgracia. Cuando estaba enfermo, me decían: «Al menos descansas de tanto trabajo», como si yo quisiera descansar de mi trabajo. O me decían: «Al menos te recuperarás del todo», como si lo único que el dolor me permitía vivir en aquel momento no fuera el ahora. Sé que intentaban contarme (y contarse a sí mismos) una historia bien argumentada y temáticamente coherente, pero estas historias te consuelan muy poco cuando sabes de sobra que no son ciertas.

Cuando contamos esas historias a personas con dolor crónico, o a las que viven con enfermedades incurables, a menudo acabamos minimizando su experiencia. Acabamos expresando nuestras dudas frente a su certeza, lo que solo consigue ampliar la distancia que separa a la persona que experimenta el dolor de las personas que la rodean. Creo que el reto y la responsabilidad de toda persona es reconocer que los demás también son personas, escuchar su dolor y tomarlo en serio, aunque no pueda sentirlo. Creo que esta capacidad de escuchar es lo que de verdad diferencia la vida humana de la cuasivida de un enterovirus.

Doy a la meningitis viral una estrella.

Plaga

El otro día, en medio de una pandemia mundial, llamé a mi farmacia para renovar mi receta de mirtazapina. La mirtazapina es un fármaco antidepresivo tetracíclico que también se utiliza para tratar el trastorno obsesivo compulsivo. En mi caso, me salva la vida. La cuestión es que llamé a mi farmacia y descubrí que había cerrado.

Entonces llamé a otra farmacia y me contestó una mujer muy comprensiva. Cuando le expliqué la situación, me dijo que no había problema, pero que tenían que llamar al consultorio de mi médico antes de renovarme la receta. Me preguntó cuándo necesitaba el medicamento y le contesté: «Supongo que en un mundo perfecto iría a recogerlo esta tarde».

Al otro lado de la línea se produjo un silencio. Por fin, ahogando la risa, la mujer me dijo: «Bueno, cariño, este no es un mundo perfecto». Luego me dejó en espera mientras hablaba con el farmacéutico, aunque en realidad no me dejó en espera. Simplemente bajó el teléfono. Y la escuché decirle a su colega: «Me ha dicho, no te lo pierdas, me ha dicho que *en un mundo perfecto* vendría a recogerlo hoy».

Al final pude ir a recoger la receta la tarde siguiente, y al llegar, la mujer que estaba detrás del mostrador me señaló y dijo: «Es el chico del mundo perfecto». En efecto. Ese soy yo, el chico del mundo perfecto, que está aquí para regalarte una historia de plagas, la única que puedo contar en este momento.

En 2020 prácticamente solo leí sobre pandemias. A menudo oímos que vivimos en tiempos sin precedentes. Pero lo que me preocupa es que estos tiempos parecen tener bastantes precedentes. Para los humanos, estar en un territorio inexplorado suele ser una buena noticia, porque nuestro territorio cartografiado está plagado de enfermedades, injusticia y violencia.

Leyendo sobre el cólera en el siglo XIX, por ejemplo, encontramos muchos precedentes. Entre el miedo a la enfermedad, la desinformación era generalizada y frecuente. En Liverpool estallaron disturbios cuando se extendió el rumor de que estaban matando a pacientes hospitalizados para que los médicos tuvieran cadáveres que diseccionar.

En aquel entonces, como en 2020, la oposición a las medidas sanitarias se extendía por todas partes. Un observador estadounidense escribió en el siglo XIX que las medidas de aislamiento «avergüenzan con innecesarias restricciones al comercio y la industria del país».

En aquel entonces, como en 2020, los ricos abandonaron las ciudades en masa. Mientras los ricos huían de Nueva York en pleno brote de cólera en 1832, un periódico escribía: «Las carreteras, en todas direcciones, estaban llenas de diligencias abarrotadas [...] todos invadidos por el pánico, huyendo de la ciudad».

En aquel entonces, como en 2020, se culpó a los forasteros y a los grupos marginales de propagar la enfermedad. «El cólera ha llegado dos veces hasta nosotros a través de vagabundos irlandeses de Sunderland», decía una crónica inglesa.

En aquel entonces, como en 2020, los pobres tenían muchas más probabilidades de morir. En el Hamburgo del siglo XIX, los más pobres tenían diecinueve veces más pro-

babilidades de morir de cólera que los más ricos. Esta estadística ha empeorado: en el siglo XXI, los pobres tienen miles de veces más probabilidades de morir de cólera que los
ricos. El cólera mata al menos a noventa mil personas cada
año, aunque disponemos de una vacuna segura y eficaz, y
casi siempre se puede sobrevivir a la enfermedad con la re-
posición adecuada de líquidos. El cólera sigue extendiéndose y matando no porque no dispongamos de las herramientas para entender o tratar la enfermedad, como sucedía hace
doscientos años, sino porque cada día, como comunidad
humana, decidimos no priorizar la salud de las personas
que viven en la pobreza. Como la tuberculosis,[33] la malaria
y muchas otras enfermedades infecciosas, el cólera solo
prospera en el siglo XXI porque no supone una amenaza para
el mundo rico. Como ha escrito Tina Rosenberg: «Probablemente lo peor que le ha pasado a la malaria en los países
pobres sea que la erradicaran en los países ricos».

La enfermedad solo trata a los humanos por igual cuando nuestros órdenes sociales los tratan por igual. También
esto tiene precedentes. Después de que la peste causada por
la bacteria *Yersinia pestis* arrasara Inglaterra en el siglo XIV,
un cronista señaló: «Prácticamente ninguno de los lores y
prohombres murió en esta peste».

En aquella peste, quizá la mitad de todos los seres humanos
que vivían en Europa murieron entre los años 1347 y 1351.

33. La tuberculosis fue la segunda enfermedad infecciosa más
mortal entre los humanos en 2020, solo por detrás de la COVID-19.
Más de 1,3 millones de personas murieron de tuberculosis en 2020. La
diferencia entre la tuberculosis y la COVID es que más de un millón de
personas también murieron de tuberculosis en 2019, y en 2018, y en
2017, y así sucesivamente durante cientos de años. Como el cólera, la
tuberculosis casi siempre es curable en comunidades con sistemas sanitarios sólidos.

Lo que entonces solía llamarse «la pestilencia» o «la muerte negra» ahora se conoce como la peste negra, y esta plaga también devastó Asia, el norte de África y Oriente Próximo. Como señaló el historiador egipcio Al Maqrizi, la plaga «no hacía diferencias entre una zona y otra».

En 1340, El Cairo, donde había nacido Al Maqrizi, era la mayor ciudad del mundo fuera de China, con una población de alrededor de seiscientos mil habitantes. No obstante, al menos un tercio de los habitantes de El Cairo murió en un período de ocho meses a partir del verano de 1348. El famoso viajero Ibn Battuta informó de que, en el pico de la pestilencia, en la ciudad de Damasco morían dos mil cuatrocientas personas cada día.

Muchos creyeron que había llegado el fin de la humanidad. El historiador Ibn Jaldún escribió que parecía «como si la voz de la existencia en el mundo hubiera clamado por el olvido». En las comunidades cristianas, la devastación se consideró más definitiva y total que el Diluvio universal. Los cronistas de Padua escribieron que al menos «en los tiempos de Noé, Dios no destruyó a *todas* las almas vivas, y la raza humana pudo recuperarse».

Es difícil incluso entender el alcance de la pérdida. Ciudades como París, Londres y Hamburgo vieron morir a la mayoría de sus habitantes por la peste y los colapsos sistémicos que provocaba. En Dubrovnik, la muerte fue tan implacable que el Gobierno ordenó que todos los ciudadanos hicieran testamento. En Florencia, una ciudad de más de cien mil habitantes, una estimación reciente concluyó que alrededor del 80 por ciento de la población de la ciudad murió en un período de cuatro meses. En Irlanda, un fraile franciscano llamado John Clyn describió la vida como «esperar en medio de la muerte a que llegue la muerte».

Hacia el final de su diario de la peste, Clyn escribió: «Para que la escritura no perezca con el escritor, o el trabajo no se pierda con el trabajador, dejo un pergamino [extra] para que se pueda continuar el trabajo, en caso de que todavía quede alguien vivo en el futuro». Debajo de este párrafo, aparece una breve coda en letra diferente: «Aquí, al parecer, el autor murió».

En Florencia, Giovanni Villani escribió sobre la peste: «Muchas tierras y ciudades quedaron desoladas. Y la plaga duró hasta…», y a continuación dejó un espacio en blanco que nunca llenó, porque murió de peste antes de que terminara la plaga.

Leer sobre la peste negra es vislumbrar cómo puede terminar con nuestra especie: con nostalgia, desesperación, pánico y también esperanza, imposible de erradicar, esa esperanza que te hace dejar frases sin terminar y un pergamino extra en tu libro por si queda alguien vivo en el futuro. Como dijo en cierta ocasión William Faulkner: «Es bastante fácil decir que el hombre es inmortal simplemente porque perdurará: que cuando el último din don del destino haya resonado y se haya apagado en la última piedra sin valor bajo la última roja tarde agonizante, que incluso entonces habrá ahí un sonido más: esa su insignificante voz inextinguible, hablando todavía». Faulkner prosiguió argumentando que los humanos no solo resistirán, sino que prevalecerán, cosa que de un tiempo a esta parte me parece un poco ambiciosa. Por mi parte, estaría encantado simplemente con resistir.

———————

La historiadora Rosemary Horrox escribió sobre la peste negra: «La propia enormidad del desastre llevó a los cronistas a refugiarse en clichés […] Los mismos comentarios aparecen crónica tras crónica», y, en efecto, en el mundo de la plaga las historias se vuelven repetitivas. Leemos, por ejemplo, que los cadáveres yacían en las calles de Florencia, saturaban los cementerios de Francia y atascaban el río Nilo en Egipto. Los cronistas también se centran en lo repentino que era todo. Un día, solo una monja está enferma; en una semana, toda su comunidad ha muerto. Y deben cambiarse los rituales en torno a la muerte. Ya no se tocan las campanas por los muertos, porque no dejarían de sonar. Y como dijo un escritor: «Los enfermos odiaban oírlas, y también desanimaban a los sanos».

De todos modos, para mí, la repetición más desgarradora en los relatos de la peste es el abandono de los enfermos, a los que a menudo dejaban morir solos por miedo al contagio, especialmente en Europa. Tras la muerte de la poeta Joy Davidman, en 1960, su viudo, C.S. Lewis, escribió: «Nadie me había dicho que el dolor se parecía tanto al miedo». Pero llorar la muerte en una pandemia es tanto llorar como temer. Un escritor señaló: «Por temor a la infección, ningún médico visitará a los enfermos, ni el padre visitará al hijo, la madre a la hija, [o] el hermano al hermano [...] Y así, una indecible cantidad de personas murió sin un gesto de afecto, piedad o caridad». En la capital bizantina, Constantinopla, Demetrios Kydones escribió: «Los padres no se atreven a enterrar a sus propios hijos».

Por temor a la muerte y con la esperanza de sobrevivir, muchos dejaron a los enfermos morir solos. Hacer lo contrario era arriesgar tu vida y la de los seres queridos que te quedaban. La peste negra fue enorme e incalculablemente diferente de nuestra pandemia actual, con órdenes de magnitud más mortíferas y mucho menos comprendidas. Pero las enfermedades infecciosas continúan separándonos en nuestros momentos más vulnerables. Demasiados de nosotros, enfermos y sanos, tuvimos que aislarnos. Demasiados murieron separados de sus seres queridos, y se despidieron por teléfono o por videoconferencia. En el *New England Journal of Medicine*, un médico escribió sobre una mujer que vio morir a su marido por FaceTime.

Creo que quizá es esta la razón por la que no puedo dejar de leer sobre pandemias. Esta separación me obsesiona. Cuando yo tenía dieciséis años, murió un amigo mío. Murió solo, lo que me resultó muy difícil de aceptar. No podía dejar de pensar en esos últimos minutos, esos minutos solo e indefenso. Sigo teniendo pesadillas en las que veo a esta persona y veo el miedo en sus ojos, pero no puedo llegar a su lado antes de que muera.

Sé que estar con alguien cuando muere no reduce el dolor, y que en algunos casos puede aumentarlo, pero, aun así, mi mente no para de dar vueltas como un buitre alrededor de la tragedia, de la que existen numerosísimos precedentes, de no poder dar la mano a las personas a las que quieres y despedirte de ellas.

Cuando trabajaba en el hospital infantil, yo también era un niño, y tan flaco que con mi bata de capellán azul claro parecía un crío con la americana de su padre. Aquellos meses de capellanía son el eje alrededor del cual gira mi vida. Me encantaba el trabajo, pero también me resultaba imposible: demasiado sufrimiento que no podía hacer nada por aliviar.

Pero ahora, mirando atrás, intento no juzgar a aquel joven de veintidós años por ser un mal capellán, y me doy cuenta de que a veces ayudé, aunque solo fuera cogiendo de la mano a alguien que en caso contrario habría estado solo. Aquel trabajo me dejó una eterna gratitud por todos aquellos que hacen lo que pueden para que los moribundos estén acompañados el mayor tiempo posible en ese último viaje que nos espera a todos.

Durante la peste negra hubo muchas personas así: monjes, monjas, médicos y enfermeras que se quedaron a ofrecer oraciones y consuelo a los enfermos aunque sabían que esa labor era muy peligrosa. Lo mismo sucedió durante las pandemias de cólera del siglo XIX. Según *The Cholera Years*, de Charles Rosenberg, en 1832, «en el Hospital Greenwich de Nueva York, catorce de dieciséis enfermeras mu-

rieron de cólera, que contrajeron atendiendo a pacientes».
En aquel entonces, como ahora, a menudo se elogiaba a los
sanitarios por su heroísmo, si bien se esperaba que realiza-
ran su trabajo sin contar con los medios necesarios, como
batas y guantes limpios, que eran escasos.

La mayoría de los nombres de estos acompañantes se
han perdido en la historia, pero entre ellos estaba el médico
Guy de Chauliac, que se quedó en Aviñón mientras la peste
arrasaba y siguió tratando a los pacientes a pesar de estar,
como escribió más tarde, «asustado permanentemente». Es
cierto que nuestros horrores actuales tienen precedentes.
Pero también nuestra capacidad de cuidar.

———————

El historiador del siglo XVIII Barthold Georg Niebuhr escribió: «Los tiempos de peste son siempre aquellos en los
que el lado bestial y diabólico de la naturaleza humana gana
la partida». En Europa, la peste negra se atribuyó ampliamente al pueblo judío. Surgieron descabelladas teorías de la
conspiración que aseguraban que los judíos envenenaban
pozos o ríos, y tras conseguir confesiones mediante tor-
turas, muchos miles de judíos fueron asesinados. Comunidades enteras murieron quemadas, y los relatos meramente
descriptivos y carentes de emoción de estos asesinatos son
escalofriantes. Heinrich Truchsess escribió: «En Solden se
asesinó o quemó a los primeros judíos en noviembre, después en Zofingen los capturaron y a algunos los ejecutaron
en la rueda, y después en Stuttgart los quemaron a todos.
Lo mismo sucedió en noviembre en Lansberg».

Sigue así durante párrafos.

Muchos (incluido Guy de Chauliac) reconocieron que
era absolutamente imposible que una gran conspiración ju-
día hubiera propagado la peste envenenando pozos. Pero
los hechos no frenan las teorías de la conspiración, y la larga
historia de antisemitismo en Europa predisponía a creer in-

cluso en las absurdas historias del envenenamiento. El papa Clemente VI señaló: «No puede ser cierto que los judíos [...] sean la causa o el motivo de la plaga, porque en muchas zonas del mundo esa misma plaga [...] aflige también a los judíos y a muchas otras razas que nunca han vivido con ellos». Sin embargo, en muchas comunidades siguieron torturándolos y asesinándolos, y las ideas antisemitas sobre secretas conspiraciones internacionales proliferaron.

Esta es una historia humana. En tiempos de crisis, es humano no solo culpar a las personas marginadas, sino también matarlas.

———

Pero decir que los tiempos de plaga solo sacan a relucir el lado bestial y diabólico de la naturaleza humana es demasiado simplista. Creo que inventamos la «naturaleza humana» a medida que avanzamos. «En la historia hay muy pocas cosas inevitables», escribió Margaret Atwood. Aceptar la demonización de los marginados como inevitable es renunciar a toda iniciativa humana. Lo que les sucedió a judíos de Stuttgart, Lansberg y tantos otros lugares no fue inevitable. Fue una elección.

———

En medio de los horrores de la peste negra, Ibn Battuta nos cuenta que muchas personas se unieron en la ciudad de Damasco. Dice que ayunaron durante tres días consecutivos y después «se reunieron en la Gran Mezquita hasta que se llenó a rebosar [...] y pasaron allí la noche rezando [...] A la mañana siguiente, después de las oraciones del amanecer, todos salieron juntos a pie con el Corán en la mano, y los emires iban descalzos. A la procesión se unió toda la población de la ciudad, hombres y mujeres, pequeños y grandes; los judíos llegaron con su Libro de la Ley, y los cristianos con su Evangelio, todos ellos con sus mujeres y sus hijos.

Toda la concurrencia, llorando y buscando el favor de Dios a través de Sus libros y Sus profetas, se dirigió a la Mezquita de las Huellas, y allí suplicó e invocó hasta casi el mediodía. Después volvió a la ciudad y celebró el servicio del viernes, y Dios alivió su aflicción».

En la historia de Ibn Battuta, incluso los poderosos iban descalzos como muestra de igualdad, y todos se unieron para rezar sin importar su origen religioso. Por supuesto, no está claro si esta reunión masiva frenó realmente la propagación de la peste en Damasco, pero en este relato vemos que las crisis no siempre sacan a relucir nuestra crueldad. También pueden empujarnos a compartir nuestros dolores, esperanzas y oraciones, y a tratarnos unos a otros como a iguales. Y cuando respondemos así, quizá la aflicción se alivia. Aunque forma parte de la naturaleza humana culpar y demonizar a otros en tiempos difíciles, también forma parte de la naturaleza humana caminar juntos, los líderes tan descalzos como quienes los siguen.

Los habitantes de Damasco nos dejaron un modelo de cómo vivir en este ahora con precedentes. Como dijo el poeta Robert Frost: «La única salida es seguir adelante». Y el único modo de seguir adelante es juntos. Aunque las circunstancias nos separen —de hecho, sobre todo cuando nos separen—, el modo de seguir adelante es juntos.

Desconfío de los intentos de buscar el lado positivo al sufrimiento humano, en especial el sufrimiento que —como en el caso de casi todas las enfermedades infecciosas— se distribuye de un modo injusto. No estoy aquí para criticar la esperanza de otras personas, pero, personalmente, cada vez que escucho a alguien hablando con entusiasmo de los reflejos plateados de todas estas nubes, pienso en un maravilloso poema de Clint Smith titulado «Cuando la gente dice: "Hemos superado cosas peores"». El poema sigue diciendo: «lo único que oigo es el viento golpeando las lápidas / de los que no lo consiguieron». Como en el Damasco de Ibn Battuta, el único camino es la verdadera solidaridad, no solo en la esperanza, sino también en el lamento.

Mi hija observó hace poco que, cuando es invierno, piensas que nunca más hará calor, y cuando es verano, piensas que nunca más hará frío. Pero las estaciones siguen cambiando, y nada de lo que conocemos es para siempre, ni siquiera esto.

La plaga es un fenómeno de una estrella, por supuesto, pero nuestra respuesta no tiene por qué serlo.

Mezcla invernal

Hay un poema de Kaveh Akbar que empieza diciendo: «Desde hace meses es enero en ambas direcciones», y así ha sido. Recuerdo en abstracto cómo me siento en camiseta, con el sudor resbalándome por la nariz mientras arranco las malas hierbas del huerto. Pero no puedo recordar la sensación real del sol en mi piel ahora, mientras arranco las plantas de tomate y pimiento marchitas intentando mantenerme de espaldas al viento, que me corta los labios. Debería haberlo hecho hace meses, cuando las temperaturas eran más suaves y las plantas ya estaban muertas. Pero lo pospuse todo, incluso el presunto ocio de la jardinería.

Durante bastante tiempo, aquí, en Indianápolis, la única respuesta a «¿Por qué el cielo es azul?» ha sido que no es azul. No dejo de pensar en un verso de una canción de Mountain Goats: «El cielo gris era inmenso y realmente críptico por encima de mí».

Hay una expresión en el análisis literario que describe nuestra costumbre de atribuir emociones humanas a lo que no es humano: la falacia patética, que suele utilizarse para reflejar la vida interior de los personajes a través del mundo exterior, como cuando Keats en «Oda a la melancolía» escribe sobre una «nube que llora», o Shakespeare en *Julio César* alude a «nubes amenazantes». Wordsworth escribe sobre vagar «solo como una nube». En la poesía de Emily Dickinson, a veces las nubes son curiosas, y otras veces malvadas. Las nubes nos separan del sol cuando necesitamos sombra, pero también nos separan del sol cuando necesitamos luz. Como nosotros, dependen del contexto.

––––––––––

Empecé a cultivar un huerto porque mi terapeuta me lo recomendó. Me dijo que podría irme bien, y así ha sido. Aunque la jardinería no se me da especialmente bien (cada tomate que cosecho me cuesta unos diecisiete dólares), me gusta meter las manos en la tierra y ver brotar las semillas. Pero, para mí, lo más valioso de la jardinería es que siempre había soñado con tener un enemigo, y desde que cultivo verduras lo tengo. Es una marmota, una marmota rolliza que entra en mi huerto cuando le place y se come una amplia variedad de cultivos, desde soja hasta pimientos. La Wikipedia me dice que la expectativa de vida de las marmotas en la naturaleza es de seis años como máximo, pero mi enemiga lleva viva y comiéndose el huerto que cultivo para ella al menos ocho años.

Vive a unos siete metros del extremo del huerto, debajo de un pequeño cobertizo de madera donde guardo las herramientas. Miraré de vez en cuando desde la terraza de mi despacho mientras ella cava bajo la cerca que mi padre y yo construimos para que la marmota no entrara en el huerto. Le gritaré desde la silla Adirondack verde lima en la que intento escribir. Me levantaré de la silla y me dirigiré a ella, y en ese momento la marmota me mirará con absoluto desdén y después volverá a su casa pasando por debajo de la cerca.

Y cinco o diez minutos después, levantaré la mirada y la veré disfrutando de la soja. Sabe que no quiero matarla, y sabe que no soy lo bastante inteligente para conseguir que el huerto sea a prueba de marmotas, así que ha alcanzado una edad increíble comiendo una maravillosa variedad de frutas y verduras frescas y ecológicas.

Necesitamos un propósito para avanzar en la vida. La marmota me ha dado uno. Pero ahora es invierno, principios de 2020, y está hibernando. Desde hace meses es enero en ambas direcciones, y yo, por supuesto, no sé lo que se avecina.

Mientras llevo con retraso las jaulas y los tutores de los tomates desde el huerto hasta el cobertizo, me aseguro de pisar fuerte con la esperanza de perturbar el sueño de la marmota. Tardo una eternidad en apilar las jaulas de los tomates con los dedos medio entumecidos, y me maldigo y murmuro que si lo hubiera hecho en noviembre, no estaría aquí.

«¿Y por qué no posponerlo más? —me pregunto—. ¿Por qué no volver a casa, preparar un café y ver algo trivial y excitante en la televisión mientras los niños corretean por la casa?» Porque quería tiempo para mí y, a mi edad, así es como se consigue.

Cuando termino de apilar las jaulas de los tomates, vuelvo al huerto. Empieza a caer lluvia helada, o no exactamente lluvia helada. Aquí, en Indianápolis, existe un fenómeno meteorológico habitual que llamamos «mezcla invernal». La precipitación pasará de aguanieve a nieve, después a lluvia y vuelta a empezar. A veces caen unas extrañas bolitas de nieve llamadas cinarra.[34]

La nieve es bonita, casi ridículamente pintoresca, ya que flota, cubre el suelo y trae consigo un silencio beatífico. La mezcla invernal no tiene nada de romántica, como insinúa la palabra «cinarra». La mezcla invernal es una precipitación muy propia del Medio Oeste: práctica, desagradable y sin pretensiones.

---

34. La palabra inglesa para cinarra, *graupel*, procede de la palabra alemana para aguanieve. Los meteorólogos de habla inglesa llamaban a este tipo de precipitación «granizo suave», pero al final abandonaron el término porque la cinarra no es ni suave ni granizo.

Mientras amontono matas de judías marchitas en la carretilla, siento como si el cielo me escupiera. Pienso en Wilson Bentley, el fotógrafo aficionado de Vermont que se convirtió en la primera persona en fotografiar un primer plano de un copo de nieve en 1885. Bentley llegó a fotografiar más de cinco mil copos de nieve, que llamaba «flores de hielo» y «pequeños milagros de belleza».

Nadie ha llamado jamás «pequeño milagro de belleza» a la cinarra, y obviamente no me entusiasma que me lancen pequeñas bolas de lluvia helada ni que me azote el aguanieve desde ángulos en apariencia imposibles mientras el viento sopla a través de la llana e inquebrantable tristeza de un campo de Indiana. Pero… de alguna manera me gusta la mezcla invernal. Es una de las formas de saber que estoy en casa.

Amo Indianápolis precisamente porque no es fácil amarla. Tienes que quedarte un tiempo para conocer su belleza. Tienes que aprender a leer las nubes como algo más que amenazadoras o lúgubres. Las palabras «falacia patética» suenan despectivas, y esa era la intención del crítico John Ruskin cuando las acuñó. De poetas románticos como Scott y Wordsworth, Ruskin escribió: «El amor a la naturaleza está más o menos relacionado con su debilidad». Y siguió diciendo que dotar a la naturaleza de emoción «siempre es indicio de un estado mental mórbido y comparativamente débil».[35]

---

35. La obsesión de Ruskin por la fuerza y la debilidad en la poesía (y la suposición de que la fuerza es intrínsecamente mejor que la debilidad, que en mi opinión es una mala interpretación de la condición humana) nos recuerda que el pensamiento colonialista de la literatura inglesa se extendió hasta tal punto a todo que no es posible diferenciar —ni allí ni en ningún otro lugar— el arte de la ideología.

Quizá se deba a mi estado mental comparativamente débil y mórbido, pero la falacia patética suele funcionar conmigo. Me gusta cuando Wordsworth vaga solo como una nube, o cuando Scott escribe que la naturaleza tiene un «brillo genial». A muchos de nosotros nos afecta el clima, en especial en los días de invierno, con escasa luz. Aunque el clima no tenga emociones humanas, las causa. Además, no podemos evitar ver el mundo que nos rodea en el contexto de nosotros mismos, sobre todo nuestro yo emocional. No es un error de la conciencia humana, sino una de sus características.

De modo que sí, claro que la precipitación nos es del todo indiferente. Como dijo e.e. cummings: «a la nieve no le importa una blanca y suave / mierda a quién toca». Y sí, agradecemos mucho a los modernos que derribaran nuestras puertas para informarnos de que las nubes no amenazan ni lloran, que el único verbo que las nubes han conjugado es el «ser». Pero a nosotros nos importa una blanca y suave mierda a quién toque la nieve.

———————

Mientras empujo la carretilla llena de plantas arrancadas y muertas hacia la pila de compost, recuerdo un fragmento de un poema de Anne Carson: «Las primeras nieves del invierno / descendieron flotando hasta sus pestañas y cubrieron las ramas a su alrededor y silenciaron / todo rastro del mundo». Pero aquí, en la tierra de la mezcla invernal, no hay silencio, solo el ruido blanco cacofónico de la cinarra bombardeando el suelo.

La marmota sigue durmiendo. A finales de marzo, cuando salga, ella se sentirá como siempre, y yo me sentiré distinto. El mes en que la marmota se despierte se cancelará la gira del libro de Sarah. Las escuelas de nuestros hijos cerrarán. Estaremos separados de amigos y familiares durante lo que, en principio, creemos que podrían ser cuatro semanas, incluso ocho.

De repente me interesaré más que nunca por el huerto, y esa primavera descubriré una solución a la gran guerra contra la marmota viendo, entre otras cosas, un vídeo de YouTube. Resulta que no soy la única persona en conflicto con una marmota, y otro jardinero sugiere una solución radical que funciona a la perfección. Labro un trozo de tierra junto al cobertizo y, cuando termino de plantar semillas de soja en mi huerto, planto unas cuantas en el huerto de la marmota. Lo mismo con los pimientos y las judías.

A partir del mes de marzo estaré fuera de casa todo el tiempo, todos los días, hambriento de la normalidad que solo puedo sentir al aire libre, donde la naturaleza avanza rápidamente. Empezaré a entender por primera vez en mi vida que no solo estoy hecho para la Tierra, sino también de ella.

Pero aún no estamos en marzo. La amenazante primavera aún no ha brotado. Dejo las plantas muertas en una pila de compost y meto la carretilla en el cobertizo. Esa noche, Sarah y yo escucharemos leer a la poeta Paige Lewis. Me encanta el libro de Lewis *Space Struck* por muchas razones, pero sobre todo porque los poemas dan voz y forma a la ansiedad que domina gran parte de mi vida, el pánico a las nubes amenazadoras y a las marmotas desdeñosas. En un poema, Lewis escribe sobre un narrador que se siente

*como si estuviera en la luna escuchando el silbido del aire
fuera de mi traje espacial, y no encuentro el agujero. Soy*

*el vicepresidente del pánico, y el presidente ha
desaparecido.*

En marzo de 1965, el astronauta Alekséi Leónov salió de la cápsula espacial Mir y se convirtió en el primer humano que flotaba libremente[36] en el espacio. Al final de este primer paseo espacial, Leónov descubrió que su traje espacial se había expandido en el vacío del espacio y que no podía volver a meterse en la cápsula. Su única opción era abrir una válvula del traje espacial y dejar que el aire saliera al espacio, lo que redujo el traje lo suficiente para volver a su nave espacial justo antes de que se le acabara el oxígeno. La naturaleza nos es indiferente, pero seguramente Alekséi Leónov no lo veía así mientras sentía salir el aire y entrar el vacío.

No creo que tengamos elección en cuanto a dar significado al mundo. Todos somos pequeñas hadas que esparcimos polvo de significado allí adonde vamos. Esta montaña significará Dios, y esa precipitación significará problemas. El vacío del espacio significará vaciedad, y la marmota significará el desprecio de la naturaleza por la absurdidad humana. Construiremos significado dondequiera que vayamos, con cualquier cosa que encontremos. Pero, para mí, aunque dar significado no es una elección, sí puede serlo el significado que damos.

Entré a casa. Me di una ducha, y el agua me pinchaba la piel helada. Me vestí, me hice la raya al lado con un peine y, atravesando una traicionera noche de mezcla invernal, me dirigí en coche con Sarah al recital de poesía. Hablamos de su libro y de nuestros hijos. Al rato ella encendió la radio. Cualquier otra noche, ese mismo clima habría sido intimidatorio, amenazador o triste. Pero esa noche no. Lo que

36. A todo el mundo le entusiasma la libertad hasta que estás flotando en la libertad absoluta del espacio exterior con cuarenta y cinco minutos de aire en tu traje espacial.

miras importa, pero no tanto como cómo lo miras o con quién lo miras. Esa noche estaba con la persona adecuada en el lugar adecuado, y me importaba una mierda que la cinarra no fuera bonita.

Doy a la mezcla invernal cuatro estrellas.

Los perritos calientes
de Bæjarins Beztu Pylsur

En el verano de 2008, Sarah y yo viajamos a Europa con otra pareja, nuestros amigos Laura y Ryan. Laura y Ryan me caen muy bien, pero debéis saber que son de esas personas que intentan sacarle todo el jugo a la vida, aprovechar al máximo su breve destello de conciencia y esas cosas. Yo viajo de otra manera. Paso la mayor parte del día preparándome mentalmente para hacer algo —tal vez ir a un museo— y el resto del día recuperándome del único evento de mi itinerario.

El viaje nos llevó de Dinamarca a Suecia y luego a Islandia, una pequeña isla en el Atlántico Norte, en su mayoría rocosa, que atrae a turistas ante todo ofreciendo escalas gratuitas a todo aquel que vuele con la aerolínea nacional de Islandia, Icelandair. Me interesaba ver Islandia porque 1. Tiene una población de menos de cuatrocientos mil habitantes, y desde hace mucho tiempo me fascinan los países pequeños y cómo se organizan, y 2. Mi editora de toda la vida, Julie Strauss-Gabel, va con frecuencia a Islandia y me había recomendado vehementemente un puesto de perritos calientes en Reikiavik.[37]

---

37. Julie es mi editora desde hace casi veinte años y ha editado todos mis libros, incluido este. También es una de mis mejores amigas. La

Las estancias en Suecia y Dinamarca habían sido estupendas. Habíamos hecho un poco de todo y habíamos ido a museos, pero lo más destacado había sido una velada con unos parientes suecos de Ryan que vivían a orillas de un lago interminable, en plena naturaleza. Nos acogieron en su casa y procedieron a emborracharnos como nunca con el licor nacional de Suecia, el *brännvin*. No suelo beber demasiado, porque me da mucho miedo la resaca, pero esa noche hice una excepción. Los parientes de Ryan nos enseñaron canciones suecas de borrachera, nos enseñaron a comer arenque en escabeche y no dejaron de llenarme el vaso de *brännvin* hasta que por fin el patriarca de la familia, de ochenta años, se levantó y dijo sus primeras palabras en inglés de la noche: «UND NOW VEE SAUNA!».

Así que nos metimos en la sauna, y yo estaba tan borracho que me echaba cerveza fría en la cabeza para refrescarme. Al rato, Sarah y yo salimos y nos metimos en el lago hasta las rodillas. El patriarca de ochenta años, que creo que se llamaba Lasse, se unió a nosotros y allí se quedó totalmente desnudo, junto a los ridículamente recatados estadounidenses, con sus trajes de baño. Entonces Lasse me dio una palmada en la espalda en lo que pretendía ser un gesto de camaradería. Como no me esperaba la fuerza de su palmada, caí de bruces al lago. No me hice daño, pero mis gafas fueron a parar a las rocas del fondo del lago y se rayaron tanto que no servían para nada. A la mañana siguiente me desperté recordando que mi abyecto miedo a las resacas está más que justificado, y también incapaz de ver demasiado porque tenía las gafas rayadas.

---

razón por la que tuvo la ocasión de ir a Islandia con frecuencia fue la serie infantil de televisión *LazyTown*, que se filmó en Islandia y que coprotagonizó el marido de Julie, el titiritero David Feldman.

Dos días después, cuando llegamos a Reikiavik, Islandia, to-davía tenía resaca, lo que para mí siempre significa tener el estómago revuelto y un deseo general de diluirme en el pai-saje. Este es el auténtico quid de la resaca para mí: consumir alcohol aumenta mi vulnerabilidad a la desesperación. En-tendía que solo era la resaca, pero la resaca era importante.

Las resacas también me vuelven bastante sensible a la luz, lo que habría sido un problema si no hubiéramos ate-rrizado en Reikiavik una mañana terriblemente gris, no solo nublada, sino también con niebla. Era uno de esos días en los que te das cuenta de que «cielo» es solo una construc-ción humana más, que el cielo empieza donde termina la tierra. El cielo no es solo algo muy alto, sino también algo en lo que tienes siempre metida la cabeza.

Cogimos un taxi desde el aeropuerto hasta Reikiavik, la ciudad más grande (y en realidad la única) de Islandia. El taxista escuchaba la radio en islandés a todo volumen, y yo estaba apretujado entre Sarah y Laura en el asiento trasero. Cuando llegamos a la ciudad, me sorprendió sobre todo su inquietante silencio. No había ni una persona en las calles, aunque el tiempo no era *tan* malo. Era un viernes de verano y me había imaginado una pequeña ciudad en la que la gen-te se pasaba el día de acá para allá entre la carnicería, la pa-nadería, la tienda de candelabros o donde fuera. Sin embar-go, la ciudad estaba en absoluta calma.

A unas cuatro manzanas de nuestro hotel, el taxista dijo: «Aquí está bien». Se detuvo y nos pidió que le pagára-mos. Expresamos nuestro interés en que nos llevara hasta el hotel, pero nos contestó: «No, es demasiado. Es demasia-do…, ¿cómo lo decís vosotros?, demasiado estrés».

Desde mi perspectiva, no parecía *demasiado* estresante conducir por aquellas calles vacías, pero bueno, no soy ex-perto en conducción islandesa. Bajamos del taxi y empeza-mos a arrastrar nuestras maletas por una acera ancha y vacía del centro de Reikiavik. Lo que más recuerdo es el sonido de las ruedas de la maleta sobre las baldosas de piedra de la acera, el ruido abrumador en medio de aquel silencio.

Y de repente, de la nada y de todas partes a la vez, llegó un grito seguido de un gemido. Toda la ciudad, escondida dentro de los edificios que nos rodeaban, parecía haber hecho exactamente el mismo ruido en el mismo momento exacto.

«Qué raro», dijo Ryan, y empezamos a especular por qué la ciudad estaba cerrada. Quizá había alguna amenaza climática que los turistas no conocíamos. Quizá era un día de fiesta nacional que pasaban en casa.

«Quizá estén todos viendo el mismo programa en la tele», dijo Laura.

Y en ese momento se rompió el silencio de la ciudad. Un tremendo rugido estalló a nuestro alrededor. Salía gente a raudales de todas las puertas, de las casas, las tiendas y los bares. Todos gritaban entusiasmados: «YYYAAAAAAAAAA!». Muchos tenían la cara pintada con los colores de la bandera islandesa y otros tantos lloraban abiertamente. Un tipo alto de mi edad me cogió, me levantó hacia el cielo como si yo fuera Simba en *El rey león* y luego me abrazó llorando. Alguien colocó una bufanda alrededor del cuello de Ryan.

«¿Qué demonios está pasando?», preguntó Sarah con su precisión característica.

Repartían cervezas. Cogimos unas cuantas. El caos inicial de los gritos no tardó en organizarse en canciones, canciones al parecer muy emotivas, porque todos, excepto nosotros, lloraban mientras cantaban por las calles. Varias personas tuvieron que sentarse en los bordillos para llorar como es debido. La multitud aumentaba por momentos. En Reikiavik hay ciento veinte mil personas, y todas estaban en las calles, todas parecían estar en *esa* calle. En aquel momento era imposible llegar a nuestro hotel. Estábamos entre la multitud, en medio de una gran ola de experiencia humana, y lo único que podíamos esperar era conservar nuestras maletas. Cuando terminó una canción y todos empezaron a gritar de nuevo, decidí intentarlo yo también. Levanté mi lata de cerveza cerrada y grité «YAAAAAAA!». Aunque no sabía qué estábamos celebrando, me sentía exultante. Me encantaba Islandia. Me encantaba Reikiavik. Me encantaban aquellas personas, cuyas lágrimas y cuyo sudor corrían la pintura roja, blanca y azul de su cara.

Al final pudimos determinar que Islandia acababa de conseguir su primera medalla olímpica por equipos, en balonmano masculino. Me descubrí preguntándome qué evento en mi país podría generar una celebración general semejante. Las ciudades lo celebran cuando sus equipos ganan la World Series o la Super Bowl, pero la única vez que he visto celebrar un evento nacional fue en 1999, cuando la selección nacional femenina de fútbol ganó la Copa del Mundo. Aquel verano estaba viviendo en la pequeña ciudad de Moose Pass, en Alaska, trabajando en una cafetería. Mis compañeros y yo estábamos viendo el partido en un pequeño televisor que había en una esquina del local y, después de que Brandi Chastain metiera el penalti de la victoria, oí bocinazos y, un par de minutos después, una sola voz en algún lugar de Moose Pass gritó: «FUCK YES AMERICA!».

Yo no sabía demasiado sobre balonmano masculino,[38] pero estoy dispuesto a entusiasmarme con casi cualquier deporte, así que un par de horas después, cuando llegamos al hotel, me consideraba un hincha acérrimo del equipo de balonmano masculino islandés. Quería descansar en el hotel y quizá ver algún resumen del partido —la emoción de que mi amado equipo hubiera ganado una medalla olímpica me había dejado agotado—, pero mis compatriotas in-

---

38. Es uno de los pocos deportes olímpicos en los que Estados Unidos no participa habitualmente (no hemos alineado un equipo desde 1996), por lo que rara vez aparece en la televisión nacional.

sistieron en que saliéramos y nos sumergiéramos en la cultura islandesa.

La multitud había disminuido considerablemente, y todavía era temprano, así que fuimos a un museo en el que nos enteramos de que, como el idioma islandés ha cambiado tan poco a lo largo de los siglos, sus obras clásicas se leen como si fuera literatura contemporánea. Vimos la mesa de ajedrez en la que Bobby Fischer derrotó a Boris Spassky en 1972. Luego fuimos en un autobús turístico al interior de la isla, donde interminables llanuras de roca volcánica hacen que te sientas como en otro planeta. Nuestra guía turística ensalzó las muchas virtudes de Islandia. «En Groenlandia siempre hay hielo, pero aquí, en Islandia, el clima es bastante templado. Deberían llamar a Islandia Groenlandia, y a Groenlandia Islandia», dijo. Luego bajamos todos del autobús para observar una cascada. Estábamos a 10 ºC en pleno agosto y una lluvia fría nos azotaba horizontalmente, de modo que los paraguas no servían para nada.

La guía, gritando para que la oyéramos por encima del viento, nos dijo: «ISLANDIA TIENE MUCHAS MARAVILLAS NATURALES, COMO PUEDEN VER. ESTA CASCADA ES MUY HISTÓRICA». Todavía ahora no puedo mirar una cascada sin pensar: «Muy histórica».

Cuando volvimos al hotel, hacia las seis, empapados y helados, les rogué a mis amigos que pasáramos una noche tranquila sin salir. Habíamos hecho muchas cosas. ¿No podríamos pedir algo al servicio de habitaciones, ver algún resumen del balonmano e irnos a la cama? Pues no. Había que sacarle el jugo a la vida, así que a regañadientes salí con mi mujer y mis amigos a lo que debería haber sido la noche, pero en verano, en Reikiavik, el sol no se pone hasta después de las diez.

Caminamos hasta el Bæjarins Beztu Pylsur, el puesto de perritos calientes que nos había recomendado Julie, y nos detuvimos en una fila sorprendentemente corta frente a un pequeño edificio decorado con una salchicha antropomórfica con gorro de cocinero. Me habían dicho que pidiera «uno con todo», y eso hice: un perrito caliente con *remoulade*, mostaza dulce y trozos de cebolla frita. Los perritos calientes del Bæjarins Beztu Pylsur son famosos; aparecen en guías de viaje y programas de televisión. Miles de usuarios de Google han valorado el Bæjarins Beztu Pylsur en una escala de cinco estrellas y, como en todo lo que se ha vuelto tremendamente popular, hay gran cantidad de valoraciones negativas. Muchas reseñas señalan que al fin y al cabo solo es un perrito caliente. «Nada especial», escribió uno. «No es tan bueno, he comido mejores en las gasolineras», informó un tal Doug.

Como a Doug, a menudo me decepcionan las experiencias culinarias muy publicitadas, quizá por el peso de las expectativas, y quizá porque no me gusta tanto la comida. Sin embargo, el perrito caliente del Bæjarins Beztu Pylsur me pareció no solo digno del bombo publicitario, sino incluso subestimado. Ni siquiera me gustan demasiado los perritos calientes, pero aquella fue una de las experiencias culinarias más felices de mi vida.

Unos meses después, en el otoño de 2008, una crisis económica arrasaría el mundo, e Islandia estaría entre los países más afectados, con una devaluación de la moneda del 35 por ciento en solo unos meses. A medida que la crisis se afianzaba y los mercados crediticios se congelaban, los expertos decían que estábamos sufriendo una recesión económica de las que solo se producen una vez en la vida, aunque resultó que la siguiente recesión económica de las que solo se producen una vez en la vida estaba a solo doce años de distancia. Deberíamos abandonar la costumbre de decir que algo se produce solo una vez en la vida. Deberíamos dejar de fingir que sabemos cuánto dura una vida o qué puede suceder en su transcurso.

Aun así, tengo la firme sospecha de que nuestro largo día en Islandia fue realmente de los que se producen solo una vez en la vida. En aquel frío día estival, Islandia ganó su primera medalla por equipos en los Juegos Olímpicos de verano. Me comí un perrito caliente charlando con mis amigos. Fue el mejor perrito caliente que me he comido nunca. Me curó la resaca de varios días, me quitó la película de los ojos y me envió al crepúsculo de Reikiavik sintiendo una alegría secreta que no puede durar, aunque tampoco es necesario.

Doy al Bæjarins Beztu Pylsur cinco estrellas.

La aplicación Notas

La aplicación Notas de iOS se estrenó con el primer iPhone, en 2007. En aquel entonces, la fuente predeterminada de la aplicación se parecía vagamente a la escritura a mano y tenía un fondo amarillo con rayas horizontales entre cada línea de texto, un intento de recordar los antiguos blocs de notas. Incluso ahora, la aplicación Notas tiene un fondo ligeramente texturizado que imita el papel, un ejemplo del llamado diseño esqueuomórfico, en el que un objeto derivado —por ejemplo, una aplicación— conserva elementos ya obsoletos del diseño del objeto original. Las máquinas tragaperras de un casino, por ejemplo, ya no necesitan palanca, pero casi todas la tienen. Muchas aplicaciones de dispositivos móviles utilizan un diseño esqueuomórfico: las aplicaciones de calculadora tienen forma de calculadora, los relojes digitales tienen agujas de minutos y horas, etc. Quizá todo esto se haga con la esperanza de que no nos demos cuenta de la rapidez con la que todo está cambiando.

Durante la mayor parte de mi vida tomé notas en los márgenes de cualquier libro que estuviera leyendo. Nunca he sido una de esas personas que llevan una libreta. Me gustaría escribir un diario, sentarme en el banco de un parque y pensar cosas maravillosas que deberían capturarse de inmediato. Pero siempre he pensado que mis pensamientos podían esperar, y si por alguna razón necesitaba escribir algo, siempre llevaba un libro conmigo y un bolígrafo en el bolsillo.

Hay una lista de la compra en mi ejemplar de *La canción de Salomón*, e indicaciones para llegar a la casa de mi tía abuela en *Las asombrosas aventuras de Kavalier y Clay*. En la página 241 de *Todos los hombres del rey*, escribí al pie de la página: «Lleva dos días seguidos lloviendo», una idea para el argumento de mi primera novela, *Buscando a Alaska*. Hay muchas otras referencias a mis relatos en los libros que estaba leyendo. A veces son solo unas pocas palabras: «CACERÍA DEL CERDO SALVAJE», garabateado en los márgenes de *Our Southern Highlanders*, se convirtió en parte de la escena culminante de mi libro *El teorema Katherine*.

Pero en general mis notas en los márgenes me desconciertan. ¿Por qué escribí en la página 84 de mi ejemplar de *Jane Eyre*: «Nunca te has sentido tan solo»? ¿La frase iba dirigida a mí? La nota depende de un contexto del que ahora carezco. Cuando pienso en el momento en que leí *Jane Eyre* por primera vez, en la universidad, no recuerdo haberme sentido solo, ni ninguna otra cosa de mi vida cotidiana. Sobre todo recuerdo a Jane, que Rochester la llamaba «mi simpatía», que Jane decía que la forma de evitar el infierno era «mantenerse en buen estado de salud y no morir».

———————

Tuve mi primer iPhone en 2008, pero tardé mucho en dejar de tomar notas en los márgenes de los libros. No escribí en la aplicación Notas hasta 2010. Pero poco después descubrí que a menudo salía de casa sin un bolígrafo en el bolsillo, y al final a menudo salía de casa sin un libro físico en la mano. El problema de no llevar bolígrafo ni papel lo creó y lo solucionó el iPhone.[39]

39. Se me ocurre que la tecnología suele presumir de solucionar problemas que ella misma ha creado.

Tener una biblioteca digital y un dispositivo para tomar notas en el bolsillo en todo momento no hizo que mis notas personales fueran más comprensibles. ¿Por qué, por ejemplo, escribí en 2011: «Están pintando el techo del Rijksmuseum»? ¿Estaban pintando el techo del Rijksmuseum? ¿O pensé que era una buena frase para un relato? No tengo ni idea. Pero puedo analizar algunas notas, y en conjunto forman una extraña especie de autobiografía, una manera de conocerme a mí mismo a través de la lente de lo que me importaba. A partir de 2020 usé una aplicación diferente para tomar notas y dejé atrás las Notas de Apple. Ahora, la aplicación Notas es como las frases escritas en los márgenes de ese viejo ejemplar de *Jane Eyre*, una reliquia. Aquí tenéis una nota de cada año de mi vida, escrita con la aplicación Notas.

―――――――――

2019: «Mandar la cita de Manguso a Sarah». Más de una decena de notas son recordatorios para que le envíe algo a Sarah: un ensayo de Donald Hall, el catálogo de la exposición de Kerry James Marshall en el MOCA o una broma que Henry James escribió sobre los adverbios («la única calificación que realmente respeto»). No sé cuántas de estas cosas llegué a compartir con ella, porque en la aplicación Notas solía escribir lo que aún no había hecho. Tampoco sé a qué cita de Sarah Manguso me refería, pero puede haber sido un pasaje sobre la vida en un hospital psiquiátrico de su libro *The Two Kinds of Decay*: «La sala era la única verdadera comunidad de iguales en la que he vivido. Lo que quiero decir es que todos sabíamos que ya habíamos vivido el infierno, que nuestra vida ya había terminado, y lo único que nos quedaba era el descenso final. Lo único que podíamos hacer en ese camino cuesta abajo era irradiar misericordia».

―――――――――

2018: «Discontinuidad del tiempo y la perspectiva distintiva de tu tiempo». No tengo ni idea de lo que significan estas palabras, pero ahí están, escritas por mí en marzo de 2018 sin más contexto.

———————

2017: «Conducir solo por la noche es un sufrimiento sin la agonía». Lo pensé conduciendo solo por la noche, y me detuve para escribirlo, lo que echó a perder la sensación.

———————

2016: «No hay una línea que separe claramente la imaginación de la memoria». Según mi calendario de Google, cuando escribí esto estaba en casa de mis mejores amigos, Chris y Marina Waters. Sospecho que Sarah dijo algo parecido a esta frase en una conversación, y yo se la robé. En cualquier caso, acabó en mi libro *Mil veces hasta siempre*, que trata de una chica que recuerda constantemente lo que imagina e imagina lo que recuerda.

———————

2015: «Este bar tiene luces por todas partes, pero no se ve la cara de nadie». A veces siento que no puedo participar como es debido en la conversación porque todo lo que digo y escucho pasa por el tamiz de mi ansiedad, así que cuando entiendo por fin lo que alguien acaba de decirme y cómo debo responder, mi risa o lo que sea parece extrañamente retrasado. Saber que esto sucederá acentúa mi ansiedad, lo que a su vez acentúa el problema. A veces intento sobrellevarlo imaginándome a mí mismo, no como parte de grandes conversaciones, sino como un cronista, así que saco el teléfono y tomo algunas notas. «Este bar tiene luces por todas partes, pero no se ve la cara de nadie» es una frase que el publicista de una estrella de cine le dijo a mi colega Elyse Marshall cuando estábamos todos en el bar de un hotel de Cleveland, en Ohio. Me gustó mucho la frase y seguramente algún día intentaré utilizarla en una novela.

———

2014: «Strawberry Hill no es la lujosa experiencia alcohólica que recuerdo». Lo escribí después de haberme bebido una botella de Strawberry Hill, una bebida de cuatro dólares y de color rosa brillante parecida al vino, elaborada por Boone's Farm. Solía beber Strawberry Hill en la escuela secundaria, y entonces me encantaba, pero en los años transcurridos o ha cambiado ella o he cambiado yo.[40]

———

2013: «El fuego combate el fuego». Esta frase debe de haberme importado, porque en 2013 la escribí tres veces en momentos distintos en la aplicación Notas, pero no tengo ni idea de lo que significaba. Ahora es un pequeño recordatorio de que la memoria no es tanto una cámara como un filtro: las partículas que retiene no son nada comparadas con las que se filtran.

———

2012: «La única frase literal». Un día estaba en la iglesia, y la lectura del Evangelio incluía a Mateo 19, 24, que dice: «De nuevo os digo: es más fácil que un camello entre por el ojo de una aguja que entre un rico en el reino de los cielos». El pastor dijo que la gente interpreta todas las frases de la Biblia literalmente menos esta, cuando es la única frase literal.

———

40. Una de mis frases favoritas en inglés procede de una reseña de Strawberry Hill en el sitio web *boonesfarm.net*: «Strawberry Hill tiene un rico y vibrante sabor a fresa (*strawberry*) con un ligero toque de colina (*hill*)».

2011: «Hacía un día precioso; la única frase que se puede salvar». Esta la recuerdo claramente. Pasé casi un año trabajando en una novela sobre seis estudiantes de secundaria que terminan varados en una isla desierta. Me quedé atascado, así que decidí tomarme un par de semanas de descanso y después releerla. Cuando la retomé con la mirada fresca, no encontré absolutamente nada: no tenía corazón, ni ingenio, ni alegría. Tuve que descartarla, salvo esta única frase: «Hacía un día precioso». Eso sí, la frase sigue gustándome. Acabó en *Bajo la misma estrella*.

2010: «Her eyes on His eyes on». Según mi teléfono, esta fue la primera nota que tomé en la aplicación. Supongo que la escribí cuando descubrí el juego de palabras en una letra de mi grupo favorito, Mountain Goats. Su canción «Jenny» trata de una chica que acaba de comprarse una motocicleta Kawasaki amarilla y negra y del narrador, que está enamorado de ella. Dos de los versos de la canción dicen: «And you pointed your headlamp toward the horizon / We were the one thing in the galaxy God didn't have His eyes on» (Y apuntaste tu faro hacia el horizonte. / Éramos lo único en la galaxia en lo que Dios no tenía puestos los ojos). Esta frase siempre me recuerda a cuando estaba en secundaria, tumbado en medio de un campo con tres amigos a los que quería muchísimo, bebiendo licor de malta caliente y mirando el cielo nocturno.

Ser lo único en la galaxia en lo que Dios no tenía puestos los ojos recibe cinco estrellas por mi parte, pero, en cuanto a la aplicación Notas, le doy tres estrellas y media.

The Mountain Goats

No sé cómo expresaros mi amor por el grupo The Mountain Goats, excepto diciéndoos que es sinceramente incondicional. No tengo una canción ni un álbum favorito de los Mountain Goats; todos son mis favoritos. Sus canciones han sido mi principal compañera musical desde que mi amiga Lindsay Robertson me puso la canción «The Best Ever Death Metal Band Out of Denton» hace la mitad de los años que tengo. Lindsay, que es la persona con mejor gusto que he conocido, me recomendó que empezara mi viaje con los Mountain Goats escuchando el que en aquel momento era su nuevo álbum, *Tallahassee*. (Como yo, Lindsay creció en Florida.)

En unas semanas me sabía de memoria todas las canciones de *Tallahassee*. John Darnielle, el líder del grupo, es, como dijo el crítico musical Sasha Frere-Jones, «el mejor letrista estadounidense que no hace hip-hop». En *Tallahassee*, presenta el amor como yo lo experimentaba entonces: «Nuestro amor es como la frontera entre Grecia y Albania», canta en «International Small Arms Traffic Blues». En otro tema, canta sobre una relación «como un cementerio de Luisiana, / donde nada permanece enterrado».

A medida que iba creciendo, los Mountain Goats crecían conmigo. Sus canciones estuvieron conmigo cuando nacieron mis hijos («Vi su carita contraerse cuando sus ojos toparon con la luz») y estuvieron conmigo cuando el dolor me hacía perder el control («Soy un avión que se tambalea. / Intenta escuchar mis instrumentos. / No dicen nada»). A veces necesito que el arte me anime, como hacen los Mountain Goats en el estribillo de «This Year», con Darnielle gritando: «Voy a sobrevivir a este año si me mata». Otras veces solo necesito que el arte me acompañe.

Los Mountain Goats han influido tan profundamente en mi forma de pensar y escuchar que no sé quién sería sin ellos, pero no sería yo. No quiero exagerar, pero en las canciones de los Mountain Goats hay momentos que son casi bíblicos para mí, en el sentido de que me orientan sobre la vida que quiero vivir y la persona que me gustaría ser cuando sea mayor. Pensad, por ejemplo, en estos versos: «Eras una presencia llena de luz en esta Tierra, / y yo soy testigo de tu vida y de su valor». Para mí es un llamamiento: ofrecer más luz y ser mejor testigo de la luz de los demás.

Doy a los Mountain Goats cinco estrellas.

El teclado QWERTY

En casi todos los teclados en inglés, las tres filas de teclas de letras no están colocadas alfabéticamente ni por frecuencia de uso. De hecho, las dos letras más habituales en inglés —la «e» y la «t»— no están entre las llamadas «teclas guías», donde los dedos descansan al escribir. Para encontrarlas hay que desplazarlos a la fila superior, donde las seis primeras letras, de izquierda a derecha, son Q W E R T Y. Las razones de esta colocación tienen que ver con la mecánica de las máquinas de escribir, con un vegetariano militante y con un político de Wisconsin que formó parte de tres partidos políticos diferentes en ocho años.

Me encantan las historias sencillas de inventores y sus inventos. En quinto de primaria escribí mi primer trabajo de no ficción sobre la vida de Thomas Edison. Empieza así: «Thomas Alva Edison fue una persona muy interesante que creó muchos inventos interesantes, como la bombilla y la muy interesante cámara de cine». Me gustaba la palabra «interesante», porque la biografía había que escribirla a mano en cursiva, debía tener cinco páginas, y en mi letra temblorosa «interesante» ocupaba una línea entera.

Por supuesto, una de las cosas interesantes de Edison es que no inventó ni la bombilla ni la cámara de cine. En ambos casos trabajó con colaboradores para desarrollar inventos que ya existían, que es uno de los superpoderes humanos. Lo más interesante para mí de la humanidad no es lo que hacen nuestros individuos, sino los sistemas que construimos y mantenemos juntos. La bombilla es genial y todo eso, pero lo que es realmente genial es la red eléctrica que se utiliza para alimentarla.

Pero ¿quién quiere escuchar una historia sobre el lento avance que se consigue gracias al cambio iterativo durante muchas décadas? Bueno, vosotros, espero.

Las primeras máquinas de escribir se crearon en el siglo XVIII, pero eran demasiado lentas y demasiado caras para fabricarlas en serie. Con el tiempo, la expansión de la Revolución industrial facilitó que se fabricaran más piezas metálicas de precisión a unos costes inferiores, y en la década de 1860, un editor de periódicos y político de Wisconsin, Christopher Latham Sholes, que estaba intentando crear una máquina para imprimir números de página en los libros, empezó a pensar que una máquina similar también podría escribir letras.

Sholes era un veterano de la política de Wisconsin. Había estado en el senado del estado de Wisconsin como demócrata antes de unirse al Free Soil Party, que pretendía poner fin a la discriminación de los afroamericanos y evitar la expansión de la esclavitud en Estados Unidos. Tiempo después Sholes se hizo republicano, y en la actualidad se le recuerda sobre todo como elocuente opositor a la pena capital. Sholes abrió el camino hacia la abolición de la pena de muerte en Wisconsin, en 1853.

Con sus amigos Samuel Soule y Carlos Glidden, Sholes se propuso construir una máquina de escribir similar a una sobre la que había leído en la revista *Scientific American*, que describía un «piano literario». En un principio construyeron su máquina de escribir con dos filas de teclas —ébano y marfil, como los pianos—, en su mayoría alfabéticas.

En aquel momento había muchas máquinas de escribir que utilizaban diferentes disposiciones de teclas y diseños, lo que pone de manifiesto uno de los grandes retos de nuestras cada vez más amplias colaboraciones como especie: la estandarización. Aprender una disposición de las teclas diferente cada vez que se adquiere una máquina de escribir es tremendamente ineficaz.[41]

La máquina de escribir Sholes era una de las llamadas «de escritura a ciegas», es decir, no se podía ver lo que se estaba escribiendo mientras se tecleaba. Esto significaba que tampoco se podía saber cuándo la máquina de escribir se había atascado, y la disposición alfabética de las teclas provocaba muchos atascos. Pero no está claro que estos atascos fueran el motivo para cambiar la disposición de las teclas. Koichi y Motoko Yasuoka argumentan de forma convincente en su artículo «On the Prehistory of QWERTY» que la disposición no se debió a los atascos, sino a las necesidades de los operadores de telégrafos, que traducían el código Morse.

En cualquier caso, tanto los operadores de telégrafos como los taquígrafos ayudaron a dar forma a la disposición final del teclado, así como muchos otros colaboradores, entre ellos Thomas Edison, que dio consejos sobre la máquina de escribir. Sholes, Soule y Glidden también dependieron de inversores externos, sobre todo de un viejo amigo de Sholes, James Densmore. Densmore era un apasionado vegetariano que sobrevivía sobre todo a base de manzanas crudas y era conocido por pelearse en los restaurantes cada vez que oía a un desconocido pedir un plato de carne. También se

---

41. La ausencia de estandarización suele obstaculizar la productividad. El ancho de las vías del tren es un famoso ejemplo, pero el que me afecta con más frecuencia son los cables para cargar dispositivos electrónicos portátiles. Algunos de mis dispositivos utilizan cables USB-C; otros utilizan USB-A, o mini-USB, o micro-USB. Y luego está el cargador estándar que Apple esté utilizando en ese momento. Apple ha abandonado tantos estándares en la última década que es todo un milagro que sigan fabricando ordenadores con teclados QWERTY.

cortaba los pantalones varios centímetros por encima del tobillo para ir más cómodo, y resultó que tenía un hermano, Amos, que estudiaba la frecuencia de las letras y sus combinaciones en inglés. Según varios informes, Amos aconsejó a los fabricantes de máquinas de escribir sobre la disposición del teclado.

Densmore pidió a los taquígrafos y a los operadores de telégrafos que probaban las máquinas de escribir que les dieran «una buena paliza. Encontrad sus puntos débiles». Los que probaban las máquinas empezaron a golpearlas, y Sholes y sus colegas fueron perfeccionándolas hasta que, en noviembre de 1868, la máquina de escribir tenía un teclado de cuatro filas en el que la fila superior empezaba por A E I . ?. En 1873 la disposición de cuatro filas empezaba por Q W E . T Y. Ese año, el fabricante de armas Remington and Sons compró los derechos de la máquina de escribir Sholes y Glidden. Como la guerra civil estadounidense había concluido, Remington quería fabricar algo más que armas. Los ingenieros de Remington movieron la R a la fila superior de la máquina de escribir, con lo cual la disposición de las teclas quedó más o menos como la que tenemos hoy.

La disposición QWERTY no la inventó una persona concreta, sino muchas que trabajaron juntas. Por cierto, el propio Sholes consideraba insatisfactoria la disposición de las teclas y siguió trabajando para mejorarla hasta el final de su vida. Unos meses antes de morir quiso patentar un nuevo teclado en el que la fila superior empezaba por X P M C H.

Pero fue el QWERTY el que se mantuvo, en parte porque la máquina de escribir Remington 2 se hizo muy popular, y en parte porque la disposición del teclado es buena. Ha habido muchos intentos de mejorar el QWERTY desde que se introdujo, pero ninguno implicaba una mejora suficiente como para cambiar el estándar. Supuestamente, la disposición más fácil para la escritura que conocemos es el teclado simplificado de Dvorak, creado en 1932 por August

Dvorak, con A O E U como teclas de inicio del lado izquierdo. Algunos estudios llegaron a la conclusión de que el diseño de Dvorak mejoraba la velocidad de escritura y reducía los porcentajes de error, pero muchos de esos estudios los pagó Dvorak, y estudios más recientes han mostrado que el teclado de Dvorak y cualquier otra disposición supuestamente optimizada ofrecen pocas ventajas, por no decir ninguna.

El teclado QWERTY —en parte por accidente— es bastante bueno para alternar las manos mientras se escribe, lo que significa que una mano puede desplazarse hacia una tecla mientras la otra mano teclea. No es perfecto, porque las teclas más frecuentes se pulsan con la mano izquierda, cuando gran parte de las personas escribe un poco más rápido y con mayor precisión con la mano derecha, pero, para la mayoría de nosotros, casi siempre, el QWERTY funciona.

A mí sin duda me ha funcionado. En la escuela primaria tenía una letra espantosa (de ahí que necesitara una línea entera de la libreta para escribir la palabra «interesante» en cursiva). Por más que intentara sujetar el lápiz con firmeza, no había manera de que escribiera bien. Pero incluso de niño tecleaba de maravilla. Escribir en un teclado QWERTY fue una de las primeras cosas en las que llegué a ser bueno, al principio porque quería jugar a los videojuegos de texto de la década de 1980, pero al final porque me gustaba la sensación de excelencia. En sexto de primaria podía escribir ochenta palabras por minuto. Ahora tecleo a la velocidad a la que pienso. O quizá, como he pasado gran parte de mi vida pensando mientras tecleaba, mi cerebro ha aprendido a pensar a la velocidad a la que tecleo, al igual que ha aprendido a pensar en el alfabeto como si empezara por Q-W-E-R-T-Y.

El teclado es mi camino para pensar y también mi camino para compartir lo que pienso. No sé tocar ningún instrumento, pero sé golpear este piano literario, y cuando va bien, surge un cierto ritmo de percusión. A veces —no todos los días, claro, pero a veces— saber dónde están las letras me permite sentir que sé dónde están las palabras. Me encanta el sonido de presionar teclas en un teclado grande —el término técnico es «accionar las teclas»—, pero lo que más me gusta de teclear es que, en la pantalla o en la página, a simple vista mi escritura no se diferencia de ninguna otra.

De niño, en los inicios de internet, me encantaba teclear porque nadie podía saber lo pequeñas y delgadas que eran mis manos, lo asustado que estaba todo el tiempo, lo mucho que me costaba hablar en voz alta. En 1991, en la red, yo no estaba hecho de carne angustiada y huesos quebradizos; estaba hecho de pulsaciones de teclas. Cuando ya no soportaba ser yo mismo, era capaz de convertirme durante un tiempo en una serie de teclas pulsadas en rápida sucesión. Y, hasta cierto punto, por eso he seguido escribiendo hasta ahora.

Así que, aunque no es una disposición perfecta, doy al teclado QWERTY cuatro estrellas.

La bola de pintura más grande
del mundo

No parto de la base de que Estados Unidos es un país ejemplar, ni siquiera especialmente excepcional, pero tenemos muchas de las bolas más grandes del mundo. La bola de alambre de púas más grande del mundo está en Estados Unidos, así como la bola de palomitas de maíz más grande del mundo, la bola de pegatinas más grande del mundo, la bola de tiras de goma más grande del mundo, etc. La bola de sellos más grande del mundo está en Omaha, Nebraska; reunieron los sellos los chicos que vivían en el orfanato conocido como Boys Town.

Fui a ver la bola de sellos hace veinte años, en un viaje en coche con una novia en el que cruzamos el país en busca de atracciones junto a la carretera. Nuestra relación estaba desmoronándose, por lo que optamos por una cura geográfica. Vimos el Carhenge de Nebraska, una réplica exacta del Stonehenge construida con coches de desguace, y el Corn Palace de Dakota del Sur, una gran estructura con una fachada hecha básicamente con granos de maíz. También fuimos a ver varias de las bolas más grandes del mundo, incluidas la bola de cuerda más grande del mundo enrollada por una persona, en Darwin, Minnesota, y la bola de cuerda más grande del mundo enrollada por una comunidad, en Cawker City, Kansas.[42]

42. Quizá os diga todo lo que necesitáis saber sobre Estados Unidos el que estas no sean las únicas competidoras por el título de la bola de

Rompimos poco después, pero siempre nos quedará Cawker City.

———————

Hay un poema de Emily Dickinson que empieza con estas palabras: «Sentí un Funeral en mi Cerebro». Es uno de los pocos poemas que he conseguido memorizar. Termina así:

> y entonces una Tabla de la Razón se rompió,
> y caí y caí —
> y choqué con un Mundo en cada desplome,
> y Acabé sabiendo — entonces —

Hace unos años, una tabla de la razón se rompió dentro de mí, y caí y caí, y choqué con un mundo en cada desplome. No era la primera vez que sucedía, pero que haya precedentes es un frío consuelo cuando sientes un funeral en tu cerebro. Mientras luchaba por recuperarme o por, como mínimo, frenar la caída, mis pensamientos volvieron a mis viajes por carretera, y decidí intentar una cura geográfica. Fui a ver la bola de pintura más grande del mundo, lo que terminó salvándome la vida, al menos por el momento.

———————

Me fascinan este tipo de atracciones que encuentras junto a las carreteras porque en ellas se entrecruza el trabajo de grandes sistemas con el de pequeños individuos. Tenemos tantas atracciones de carretera porque tenemos muchas carreteras. Nuestro sistema de carreteras interestatales se cons-

———————

cuerda más impresionante del mundo. También está la bola de cuerda de nailon más grande del mundo, que actualmente está en Branson, Missouri, y la bola de cuerda más pesada del mundo, que está en Wisconsin.

truyó para mover a muchas personas por amplios territorios.[43] Cuando estás en una carretera interestatal, es fácil
quedarte en ella hasta que necesites gasolina o comida. Para
tentarte a salir de la sencillez a velocidad constante de las
autopistas estadounidenses se requiere algo extraordinario.
Algo sin precedentes. El/la _____ más grande del mundo.

Es el sistema lo que hace necesaria la atracción junto a
la carretera, pero las personas eligen qué hacer y por qué.
Pensemos, por ejemplo, en Joel Waul, creador de Megaton,
la bola de tiras de goma más grande del mundo. Cuando
construyó la bola, Waul escribió en su página de Myspace:
«En primer lugar, ten una idea práctica clara y definida, una
meta, un objetivo. En segundo lugar, ten los medios necesarios para lograr tus fines. En tercer lugar, ajusta todos los
medios a ese fin. -Aristóteles».[44] Para Waul, la idea definitiva, clara y práctica era hacer la bola de tiras de goma más
grande del mundo, que al final pesaría más de cuatro mil
kilos. No sé por qué me parece bonito dedicarse obsesiva-
mente a crear algo que no importa, pero me lo parece.

La bola de pintura más grande del mundo está en la pequeña ciudad de Alexandria, Indiana. En 1977, Mike Carmichael pintó una pelota de béisbol con su hijo de tres años.
Y luego siguieron pintándola. Carmichael dijo a Roadside
America: «Mi intención era pintar unas mil capas y después
cortarla por la mitad y ver cómo era. Pero alcanzó un tamaño que quedaba genial, y toda mi familia me dijo que siguiera pintándola». Carmichael invitó a amigos y familiares
a pintar la pelota, y al final empezaron a presentarse desconocidos, y Mike les pedía que la pintaran también.

43. Es revelador que, en Estados Unidos, las bolas más grandes del
mundo no tuvieran la menor importancia hasta después de que se
construyera el sistema de carreteras, a partir de la década de 1950.

44. Aristóteles no escribió estas palabras, pero las ideas derivan de
su *Ética*.

Ahora, más de cuarenta años después, hay más de veintiséis mil capas de pintura en esa pelota de béisbol. Pesa dos toneladas y media. Tiene su propia casita, y cada año se presentan más de mil desconocidos a añadir capas de pintura. La visita es gratuita, y Mike incluso proporciona la pintura. Tanto él como su hijo siguen añadiendo capas, pero la mayor parte es obra de los visitantes.

———————

Cuando era niño, igual que imaginaba que los avances tecnológicos estaban impulsados básicamente por las brillantes ideas de individuos heroicos que trabajaban de forma aislada, veía el arte como una historia de genios individuales.

Estudiando la vida y la obra de Shakespeare, de Leonardo da Vinci o de cualquiera que haya utilizado su brillantez innata para expandir el paisaje humano, podía saber todo lo que hay que saber sobre cómo se hace el gran arte. En la escuela, ya fuera en historia, matemáticas o literatura, casi siempre me enseñaban que los protagonistas de los grandes relatos eran individuos grandiosos y terribles. Miguel Ángel y su techo. Newton y la manzana. César cruzando el Rubicón.

Para ser justos, a veces me enseñaron que las circunstancias desempeñaron su papel en el surgimiento de la grandeza. Cuando hablábamos de *Las aventuras de Huckleberry Finn* en la escuela secundaria, un profesor señaló que, para que Mark Twain se convirtiera en Mark Twain, tuvo que crecer junto al río que separaba los Estados Unidos del siglo XX durante la guerra que separó los Estados Unidos del siglo XIX. Pero sobre todo me enseñaron, y yo lo creí, que las obras importantes no las hacía el tiempo ni la colaboración a gran escala, sino los individuos heroicos y brillantes.

Sigo creyendo en la genialidad. Desde John Milton hasta Jane Austen y Toni Morrison, algunos artistas son sencillamente... mejores. Pero, desde hace algún tiempo, veo la genialidad como un continuo más que como un rasgo simple. En concreto, creo que adorar el genio individual en el arte y en otros lugares es, en última instancia, un error. Isaac Newton no descubrió la gravedad; amplió nuestra consciencia al respecto, junto con muchos otros, en un momento y en un lugar en que el conocimiento se construía y se compartía de manera más eficaz. Julio César no se convirtió en dictador porque decidiera cruzar el río Rubicón con su ejército; se convirtió en dictador porque con el paso de los siglos la república de Roma dependía cada vez más del éxito de sus generales para financiar el Estado, y porque con el tiempo los soldados del imperio sentían más lealtad hacia sus líderes militares que hacia los civiles. Miguel Ángel se benefició no solo de la mejor comprensión de la anatomía humana y de ser florentino en una época en que Florencia era rica, sino también del trabajo de varios ayudantes que pintaron partes de la Capilla Sixtina.

Los individuos a los que rendimos homenaje por destacar en revoluciones más recientes también estuvieron en momentos y lugares en que podían contribuir a crear microchips más rápidos, mejores sistemas operativos o disposiciones de teclados más eficaces. Incluso el genio más extraordinario puede conseguir muy poco él solo.

A menudo he deseado —sobre todo cuando era más joven— que mi trabajo fuera mejor, que se elevara al nivel de la genialidad y que yo pudiera escribir lo suficientemente bien como para hacer algo que mereciera la pena recordar. Pero creo que esta forma de imaginar el arte puede dar excesiva importancia a las personas. Quizá, al final, el arte y la vida se parezcan más a la bola de pintura más grande del mundo. Eliges con cuidado los colores y luego añades la capa lo mejor que puedes. Después la bola se vuelve a pintar. Se pinta una y otra vez hasta que no queda ningún resto visible

de tu pintura. Y, a la larga, quizá nadie sepa que la has pintado excepto tú.

Pero eso no significa que tu capa de pintura sea irrele-
vante o un fracaso. Has cambiado de forma permanente,
aunque leve, la esfera. La has hecho más bonita y más interesante. La bola de pintura más grande del mundo no se parece en nada a la pelota de béisbol que era, y tú eres en parte la
razón.

En definitiva, para mí, el arte es esto. Pintas la pelota, lo
que cambia lo que otra persona piensa sobre pintar la pelota, y así sucesivamente, hasta que un tipo destrozado por el
dolor y el miedo va a Alexandria, Indiana, para ver la bonita
tontería que han hecho miles de personas juntas, y siente
una esperanza que no se puede explicar ni compartir excepto pintando. Ese tipo añade su capa a la bola, una capa que
no durará, pero que aun así importa. El arte no es solo un
genio que avanza, como dijo James Joyce, «para forjar en la
herrería de mi alma la conciencia no creada de mi raza». El
arte también es elegir un azul claro para tu capa de la bola
de pintura más grande del mundo sabiendo que pronto volverán a pintarla, pero pintando de todas formas.

Doy a la bola de pintura más grande del mundo cuatro
estrellas.

Sicomoros

A mis hijos les gusta jugar conmigo a un viejo juego llamado ¿Por qué?. Les digo, por ejemplo, que tienen que terminarse el desayuno, y ellos me preguntan: «¿Por qué?». Les contesto que para tener una nutrición y una hidratación adecuadas, y ellos me preguntan: «¿Por qué?». Les contesto que porque, como soy vuestro padre, tengo que proteger vuestra salud, y ellos me preguntan: «¿Por qué?». Les contesto que en parte porque os quiero, y en parte por imperativos evolutivos incrustados en mi biología, y ellos me preguntan: «¿Por qué?». Les contesto que porque la especie quiere seguir adelante, y ellos me preguntan: «¿Por qué?».

Me quedo un buen rato callado y después les digo: «No lo sé. Supongo que creo que, a pesar de todo, la empresa humana tiene valor».

Y entonces se hará el silencio. Un feliz y hermoso silencio se extenderá por la mesa del desayuno. Incluso uno de mis hijos podría coger un tenedor. Y después, justo cuando el silencio parezca a punto de quitarse el abrigo y quedarse un rato, uno de mis hijos me preguntará: «¿Por qué?».

———

Cuando era adolescente, utilizaba el juego del por qué como una forma de proclamar que, si profundizas lo suficiente, no hay por qué. Disfrutaba del nihilismo. Y me gustaba aún más estar seguro. Seguro de que todos los que creían que la vida tenía un sentido inherente eran idiotas. Seguro de que el sentido solo es una mentira que nos contamos a nosotros mismos para sobrevivir al dolor del sinsentido.

Hace un tiempo, mi cerebro empezó a jugar un juego similar al del por qué. Este se llama ¿Y qué sentido tiene?.

En dos de mis novelas he citado un poema de Edna St. Vincent Millay que volveré a citar ahora, porque nunca he encontrado nada que describa mis ventiscas depresivas con tanta perfección. El poema empieza así: «En el aire hay ese frío / que los sabios conocen bien e incluso han aprendido a soportar. / Esta alegría, lo sé, / pronto estará bajo la nieve».

Estoy en un aeropuerto a finales de 2018 cuando de repente siento ese frío en el aire. ¿Y qué sentido tiene? Estoy a punto de volar a Milwaukee un martes por la tarde, a punto de meterme con otros simios moderadamente inteligentes en un tubo que lanzará una cantidad asombrosa de dióxido de carbono a la atmósfera para transportarnos de una población a otra. Nada de lo que cualquiera de nosotros tenga que hacer en Milwaukee importa en realidad, porque en realidad nada importa.

Cuando mi mente empieza a jugar a ¿Y qué sentido tiene?, no encuentro el sentido a hacer arte, que es simplemente utilizar los recursos finitos de nuestro planeta para decorar. No veo el sentido a cultivar un huerto, que es simplemente crear alimentos de manera ineficaz que nutrirán nuestros inútiles envoltorios durante algo más de tiempo. Y no veo el sentido a enamorarse, que es solo un intento desesperado de evitar la soledad, que en realidad nunca puedes resolver, porque siempre estás solo «en lo más profundo de la oscuridad, que eres tú», como dijo Robert Penn Warren.

Pero no es una oscuridad. Es mucho peor. Cuando mi cerebro juega a ¿Y qué sentido tiene?, lo que en realidad desciende sobre mí es una ventisca de luz blanca cegadora y helada. Estar en la oscuridad no duele, pero esto sí, como mirar al sol. El poema de Millay se refiere al «problema del brillo del ojo». Creo que el problema del brillo es la luz que ves la primera vez que abres los ojos después de nacer, la luz que te hace verter tus primeras lágrimas, la luz que es tu primer miedo.

¿Y qué sentido tiene? Tantos intentos y tanto trabajo por algo que se convertirá en nada, y pronto. Sentado en el aeropuerto, me asquean mis excesos, mis fracasos, mis patéticos intentos de forjar algún sentido o alguna esperanza a partir de los materiales de este mundo sin sentido. He estado engañándome a mí mismo, pensando que todo esto tenía una razón, pensando que la conciencia era un milagro, cuando en realidad es una carga, pensando que estar vivo era maravilloso, cuando en realidad es un horror. La simple realidad, me dice mi cerebro cuando juega a este juego, es que al universo no le importa si estoy aquí.

Millay escribió: «La noche cae deprisa. / Hoy está en el pasado».

Lo que sucede con este juego es que, en cuanto mi cerebro empieza a jugar, no encuentro la manera de detenerme. La abrasadora luz blanca destruye instantáneamente toda defensa seria que intente montar, y siento que la única manera de sobrevivir a la vida es cultivar un irónico desapego. Si no puedo ser feliz, al menos quiero ser frío. Cuando mi cerebro juega a ¿Y qué sentido tiene?, la esperanza me parece muy endeble e ingenua, en especial frente a las interminables atrocidades y horrores de la vida humana. ¿Qué idiota que respire por la boca mira el estado de la experiencia humana y responde con algo que no sea la desesperación absoluta?

Dejo de creer en el futuro. Hay un personaje en la novela de Jacqueline Woodson *If You Come Softly* que dice que mira hacia el futuro y solo ve «ese gran espacio en blanco donde yo debería estar». Cuando pienso en el futuro, empiezo a ver solo el gran espacio en blanco, el horror brillante sin por qué. En cuanto al presente, duele. Todo duele. El dolor se extiende bajo mi piel y me golpea los huesos. ¿Y qué sentido tiene todo este dolor y todo este anhelo? *¿Por qué?*

La desesperación no es muy productiva. Ese es el problema. Como un virus que se replica, lo único que puede hacer la desesperación es generar más desesperación. Si jugar al ¿Y qué sentido tiene? me convirtiera en un defensor más comprometido de la justicia o de la protección del medio ambiente, estaría totalmente de acuerdo. Pero la luz blanca de la desesperación me deja inerte y apático. Me cuesta hacer cualquier cosa. Me cuesta dormir, pero también no dormir.

No quiero rendirme a la desesperación; no quiero refugiarme en ridiculizar las emociones con indiferencia. No quiero ser frío si frío significa mantenerme a distancia de la realidad de la experiencia.

La depresión es agotadora. Se envejece muy rápido escuchando la elaborada prosa de tu cerebro, que te dice que eres idiota por siquiera intentarlo. Cuando juego al juego, estoy seguro de que nunca acabará. Pero es mentira, como la mayoría de las certezas. El ahora siempre parece infinito, pero nunca lo es. Me equivocaba respecto del sinsentido de la vida cuando era adolescente, y me equivoco ahora. La verdad es mucho más complicada que la mera desesperanza.

———————

Creer. Mi amiga Amy Krouse Rosenthal me dijo una vez que observara la palabra y me asombrara. Que viera que, en inglés, *belive* (creer) contiene tanto *be* (estar) como *live* (vivir). Estábamos comiendo juntos y, después de contarme lo mucho que le gustaba la palabra «creer», la conversación se desvió hacia la familia o el trabajo, y entonces, de buenas a primeras, soltó: «¡Creer! ¡Estar vivo! ¡Qué palabra!».

Los diccionarios etimológicos me dicen que *believe* procede de raíces protogermánicas que significan «dar valor» o «cuidar». Me gusta casi tanto como la etimología de Amy. Debo elegir creer, cuidar y dar valor. Sigo adelante. Voy a terapia. Pruebo una medicación diferente. Medito, aunque desprecio la meditación. Hago ejercicio. Espero. Trabajo para creer, para dar valor y para seguir adelante.

————————

Un día, el aire es un poco más cálido, y el cielo no es tan deslumbrantemente brillante. Estoy paseando por un parque con mis hijos. Mi hijo señala dos ardillas que suben corriendo por un inmenso sicomoro con la corteza blanca descorchada y las hojas grandes como platos. Pienso: «Dios, qué árbol tan bonito». Debe de tener cien años, quizá más.

Después volveré a casa, leeré sobre los sicomoros y me enteraré de que hay sicomoros americanos vivos que tienen más de trescientos años, árboles que son más viejos que el país que se los apropia. Me enteraré de que una vez George Washington midió un sicomoro que tenía casi doce metros de circunferencia, y de que en el siglo XVIII, tras desertar del ejército británico, los hermanos John y Samuel Pringle vivieron durante más de dos años en el tronco hueco de un sicomoro en lo que hoy es Virginia Occidental.

Me enteraré de que hace dos mil cuatrocientos años, Heródoto escribió que el rey persa Jerjes marchaba con su ejército por un bosquecillo de sicomoros cuando se encontró con uno de «tal belleza que sintió la necesidad de decorarlo con adornos dorados y dejar atrás a uno de sus soldados para que lo vigilara».

Pero de momento solo estoy mirando ese árbol, pensando en cómo ha convertido el aire, el agua y la luz del sol en madera, corteza y hojas, y me doy cuenta de que estoy bajo la gran sombra oscura de este árbol inmenso. Siento el consuelo de esa sombra, el alivio que ofrece. Y ese es el sentido.

Mi hijo me coge de la muñeca y hace que mi mirada se desplace del árbol colosal a su mano de dedos delgados. «Te quiero», le digo. Apenas puedo articular las palabras.

Doy a los sicomoros cinco estrellas.

«New Partner»

El desamor no es tan diferente de enamorarse. Ambos son experiencias arrolladoras que me descolocan. Ambos rebosan de anhelo. Ambos consumen el yo. *Creo* que de eso trata la canción de Palace Music «New Partner». Pero no estoy seguro.

«New Partner» ha sido mi canción favorita, sin contar las de The Mountain Goats, durante más de veinte años, pero nunca he terminado de entender la letra. Dos versos dicen: «Y los colimbos en el páramo, los peces en la corriente, / y mis amigos, mis amigos seguirán susurrando hola». Sé que significa algo, pero no sé qué. Enseguida llega otro verso igualmente hermoso y desconcertante: «Cuando piensas como un ermitaño, olvidas lo que sabes».

Palace Music es una de las múltiples encarnaciones de Will Oldham, que a veces graba con su nombre y a veces como el dandi Bonnie Prince Billy. Me gustan muchas de sus canciones; canta sobre la religión, el anhelo y la esperanza de formas que me llegan, y me encanta que su voz a menudo parezca estar a punto de quebrarse.

Pero para mí «New Partner» no es solo una canción. Es una especie de magia, porque tiene la capacidad de transportarme a todos los momentos en los que he escuchado esta canción. Durante tres minutos y cincuenta y cuatro segundos me convierte en las personas que he sido. A través

de la canción vuelvo tanto al desamor como al enamora-
miento con la distancia suficiente para verlos como algo
más que contrarios. En «The Palace», Kaveh Akbar escribe
que «El arte es donde sobrevive aquello a lo que sobrevivi-
mos», y creo que es cierto no solo para el arte que hacemos,
sino también para el arte que amamos.

Como con cualquier magia, debes tener cuidado con
una canción mágica: escúchala con demasiada frecuencia,
y se convertirá en una rutina. Oirás los cambios de acordes
antes de que lleguen, y la canción perderá su capacidad de
sorprenderte y teletransportarte. Pero si soy sensato con
una canción mágica, puede devolverme a lugares de un modo
más vívido que cualquier otra forma de memoria.

———————

Tengo veintiún años. Estoy enamorado y me dirijo en coche a ver a unos parientes lejanos que viven en la pequeña
ciudad donde creció mi abuela. Mi novia y yo aparcamos en
un parking de McDonald's en Milan, Tennessee, y nos que-
damos en el coche un par de minutos escuchando el final de
«New Partner».

Es primavera, viajamos hacia el sur, y cuando termina la
canción y salimos del coche, descubrimos que ya no necesitamos las camisetas de manga larga. Me remango y siento el
sol en los antebrazos por primera vez en meses. En la cabina telefónica del McDonald's llamo al número que me ha
dado mi madre, y una voz temblorosa responde: «¿Hola?».

Le explico que su prima, Billie Grace, es mi abuela. La
mujer me pregunta: «¿La hija de Roy?». Le contesto que sí.
Y ella me dice: «Estás diciendo que eres pariente de Billie
Grace Walker», y le contesto que sí, y ella me dice: «Entonces estás diciendo que eres pariente mío», y yo le contesto
que sí, y entonces mi pariente lejana, Bernice, me dice:
«¡Bueno, entonces ven!».

———————

Tengo veintidós años, trabajo como capellán estudiantil en un hospital de niños, y desde hace poco vuelvo a estar solo y triste. Acabo de terminar una guardia de cuarenta y ocho horas seguidas. Han sido dos días difíciles. Al salir del hospital, no me puedo creer la luz que hay fuera ni lo vivo que parece el aire. Subo al coche y durante un rato miro a los padres y a los niños que entran y salen. Pongo «New Partner» en el casete del coche.

La noche anterior había muerto un niño sin motivo; síndrome de la muerte súbita del lactante, una enfermedad que en su nombre admite nuestra ignorancia y nuestra impotencia ante ella. Era un bebé hermoso y había muerto. Su madre me había pedido que lo bautizara. En mi tradición religiosa, se supone que no se debe bautizar a los muertos, pero también se supone que los bebés no deben morir. Fue la primera persona a la que bauticé. Se llamaba Zachary, un nombre tomado de las palabras hebreas que significan «Dios recuerda».

Tengo veintiocho años, estoy recién casado y vivo en un sótano sin apenas muebles de Chicago. Estoy en medio de una serie de cirugías orales para intentar reparar mi boca después de un accidente de bicicleta, y siento dolor a todas horas. El dolor me vuelve loco. Intento empezar a trabajar en una nueva novela, pero lo único que puedo escribir es una serie de relatos en los que un joven recurre a estrategias cada vez más absurdas para arrancarse todos los dientes.

Recuerdo estar tumbado en una cama prestada en aquel piso, escuchando «New Partner» para calmarme, mirando las antiguas placas del techo con sus manchas de agua color té que parecían continentes en el mapa de otro mundo. A veces la canción me devuelve allí de manera tan instintiva que me llega el olor del enjuague bucal antibiótico con el que hacía gárgaras mientras aún tenía abierta la herida de la boca. Incluso siento el dolor en la mandíbula, pero de una manera que me parece «sobrevivible» como las cosas solo pueden parecerlo cuando ya has sobrevivido a ellas.

Tengo treinta y dos años. Ahora tengo un bebé. Sabía, por supuesto, que el hecho de convertirte en padre no te cualifica de repente para hacerlo bien, pero aun así no me puedo creer que sea responsable de este niño. Henry tiene solo un par de meses, y todavía me aterroriza la idea de ser el padre de alguien, de lo mucho que depende de mí, cuando sé que soy muy poco de fiar.

No dejo de dar vueltas a la palabra «padre». Padre. Qué palabra, como un arma cargada. Quiero ser amable y paciente, no tener prisas ni preocupaciones. Quiero que se sienta seguro en mis brazos. Pero no tengo ni idea de lo que estoy haciendo. He leído más libros sobre *Hamlet* que sobre la paternidad. No deja de llorar aunque le he cambiado el pañal y le he dado un biberón. He intentado envolverlo en una sábana, pedirle que no llorara, mecerlo y cantar, pero nada funciona.

¿Por qué llora? Quizá no haya un por qué, pero mi cerebro lo necesita. Soy muy incompetente, enseguida me frustro y no estoy en absoluto preparado para todo lo que esto conlleva. Los llantos de un bebé son desgarradores, parece que te atraviesen. Al final, incapaz de conseguir que deje de llorar, lo coloco en la sillita del coche y lo mezo muy despacio, me coloco los auriculares y pongo «New Partner» a todo volumen para oír los lamentos quejumbrosos de Will Oldham en lugar de los de mi hijo.

Tengo cuarenta y un años. Para Sarah y para mí, ahora la canción suena a cuando nos enamoramos, hace muchos años, cuando llevábamos poco tiempo siendo pareja, y también suena a nuestro amor actual. Es un puente entre aquella vida y esta. Ponemos «New Partner» por primera vez a nuestro hijo, que ahora tiene nueve años, y Sarah y yo no podemos evitar sonreírnos, un poco emocionados. Empezamos a bailar juntos en la cocina a pesar de que nuestro hijo finge que le dan arcadas, y cantamos, Sarah en el tono y yo desafinado. Al final de la canción, le pregunto a mi hijo si le ha gustado y me contesta: «Un poco».

No hay problema. Él tendrá otra canción. Seguramente también vosotros tenéis otra canción. Espero que os traslade a lugares a los que necesitéis ir sin que os pida que os quedéis en ellos.

Doy a «New Partner» cinco estrellas.

August Sander, *Jóvenes granjeros*, 1914. En la foto, de izquierda a derecha: Otto Krieger, August Klein y Ewald Klein.

Tres granjeros de camino a un baile

Casi todos los días paso por una tira vertical de cuatro fotografías en las que aparecemos Sarah y yo. Nos hicimos esas fotos en un fotomatón de Chicago en 2005, un par de semanas después de comprometernos. Es la tira típica de los fotomatones —sonrisas, caras tontas, etc.—, pero la luz era buena y éramos jóvenes.

A medida que cumplo años, la imagen va cambiando. En 2005 pensaba: «Estos somos nosotros». Últimamente pienso: «Éramos unos críos». Ver esas fotos todos los días me ayuda a recordar que, cuando hayan pasado otros quince años, veré fotos de 2020 y pensaré: «Mira todo lo que esos dos no sabían».

Hay otra foto que veo casi todos los días. Es una copia impresa de una fotografía de August Sander que en un principio se titulaba *Jóvenes granjeros* (1914), pero que después se conoció como *Tres granjeros de camino a un baile*.

Sander hizo muchas fotografías que tituló *Jóvenes granjeros* para su gran proyecto inconcluso *Gente del siglo XX*, que pretendía fotografiar a todo tipo de personas en Alemania, desde aristócratas hasta artistas de circo y soldados. Pero seguramente esta foto es la más conocida de todas. Tuve noticias de ella por primera vez en la novela de Richard Powers *Three Farmers on Their Way to a Dance*, que leí en la universidad. Powers escribió después una novela autobiográfica en la que un joven programador de ordenadores se obsesiona con esa fotografía y abandona su carrera para escribir sobre ella. Yo también me obsesioné con la fotografía. Dediqué años a rastrear las biografías y otros retratos de los chicos que aparecen en la foto.[45]

En esta foto hay muchas cosas que me encantan. Me encanta cómo los jóvenes miran por encima del hombro, como si apenas tuvieran tiempo para detenerse ante la cámara antes de ir al baile y seguir con su vida. Tienen los pies en el barro, pero la cabeza en el cielo, lo que no es una mala metáfora de tener veinte años. Y sus expresiones plasman cómo te sientes cuando estás con tus mejores amigos y vestido con tu ropa más bonita.

La ropa en sí también es fascinante. Como escribió el crítico de arte John Berger: «Los tres jóvenes forman parte, a lo sumo, de la segunda generación que vistió estos trajes en el campo europeo. Veinte o treinta años antes, los campesinos no podían permitirse este tipo de ropa». La industrialización, junto con medios de comunicación como las películas y las revistas, hicieron que la moda urbana fuera accesible, y atractiva, para los jóvenes de la Europa rural.

Pero en la fotografía también hay tensión. Las poses elegantes de los granjeros, con su cigarrillo y su bastón, chocan por su incongruencia con el paisaje rural de fondo. Además tienen la cabeza como cortada por la línea del horizonte, lo que resulta ser trágicamente evocador, porque, cuando se hizo la foto, los tres granjeros no podían saber que también estaban de camino a la Primera Guerra Mun-

---

45. Al final, como sucede con tantos intentos en el mundo, no pude hacerlo yo solo y únicamente lo conseguí colaborando con otras personas. Un grupo de detectives de internet muy amables y con enorme talento llamado Tuataria trabajaron juntos para localizar a Reinhard Pabst, el periodista y estudioso alemán cuya investigación estableció las identidades y el contexto de los chicos.

dial. La fotografía se hizo poco antes del asesinato del archiduque Francisco Fernando. Pronto Alemania estaría en guerra, y la misma industrialización que hizo posibles esos trajes produciría en serie armas mucho más letales que cualquier otra que el mundo hubiera visto hasta entonces.

Así que para mí es una fotografía sobre saber y no saber. Sabes que estás de camino a un baile, pero no sabes que estás de camino a una guerra. La foto te recuerda que nunca sabes lo que te pasará a ti, a tus amigos y a tu país. Philip Roth llamó a la historia «el incesante imprevisto». Dijo que la historia es donde «todo lo inesperado en su tiempo se registra en la página como inevitable». En los rostros de estos jóvenes agricultores vislumbramos cuán profundamente inesperado fue el horror que se avecinaba. Y esto nos recuerda que también hay un horizonte más allá del cual no podemos ver.

———————

Tengo una fotografía de enero de 2020 tomada dentro de una casa. Estoy con cuatro amigos, cogidos del brazo. Debajo de nosotros, nuestros hijos —ocho— están amontonados formando una alegre maraña, su abrazo convertido en una melé justo antes de que se hiciera la foto. Nadie lleva mascarilla. En enero de 2020 la foto me hizo reír. En julio no tanto. Kurt Vonnegut escribió: «La historia es simplemente una lista de sorpresas. Solo puede prepararnos para ser sorprendidos de nuevo».

Así es como interpreto siempre la fotografía: los granjeros son símbolos de un momento histórico precario. Me recuerdan que con el tiempo a mí también me sorprenderá la historia, y que una imagen, aunque estática, cambia a medida que cambian los espectadores. Como dijo Anaïs Nin: «No vemos las cosas como son, las vemos como somos».

———————

Jóvenes granjeros no es solo una obra de arte, es también un documento histórico que muestra a personas reales. El chico de la izquierda es Otto Krieger, nacido en 1894. Conocía a August Sander, porque Sander había fotografiado a Otto y a su familia tres años antes. Al chico del medio, August Klein, también lo había fotografiado Sander, pero los negativos de esas fotos, junto con otros treinta mil negativos de Sander, fueron destruidos en la Segunda Guerra Mundial.

Aun así, hay una fotografía de Otto Krieger y August Klein anterior a *Jóvenes granjeros*.

En esta fotografía de 1913, Otto (fila inferior, tercero por la izquierda) sujeta unas baquetas cruzadas, mientras que August (fila inferior, primero por la izquierda) sujeta lo que parece ser el mismo bastón que vemos en la fotografía *Jóvenes granjeros*. Según el periodista Reinhard Pabst, un tipo obsesionado con *Jóvenes granjeros* que encontró y conservó la fotografía, es posible que se hiciera durante una celebración del «Día de las Flores», en la primavera de 1913, aproximadamente un año antes que la famosa imagen de Sander.

Como Sander debía de saber, Otto Krieger y August Klein no eran granjeros. Ambos trabajaban en una mina de hierro. El chico de la derecha de la fotografía *Jóvenes granjeros*, el primo de August, Ewald Klein, trabajaba en la oficina de la mina de hierro. Su ahijado diría tiempo después que Ewald prefería el trabajo de oficina porque no le gustaba ensuciarse las manos.

Y así, los jóvenes granjeros eran, de hecho, dos jóvenes mineros y un oficinista, es decir, formaban parte de la economía industrial. El hierro de la mina en la que trabajaban se destinaría a fabricar armas en la guerra que se avecinaba.

El propio Sander había trabajado en una mina de hierro desde los trece años, así que es posible que sintiera cierta afinidad con estos chicos. La fotógrafa Maggie Steber señaló: «El respeto es lo más importante que pones en tu cámara», y el respeto de Sander por estas tres personas es evidente en la fotografía. Ewald dijo más adelante: «En aquel entonces todos lo conocíamos, porque había hecho fotos por toda la zona y siempre venía al pub».

De hecho, fue el respeto de Sander por las personas a las que fotografiaba lo que al final le granjearía la ira del régimen nazi. Sander fotografió a judíos y gitanos (una parte de *Gente del siglo XX* está dedicada a «los perseguidos»), y en 1934 las autoridades nazis destruyeron las planchas de impresión de una colección de fotografías de Sander y quemaron todas las copias disponibles del libro. Al año siguiente encarcelaron al hijo de Sander, Erich, por ser comunista. Murió en la cárcel diez años después, pocos meses antes de que terminara la Segunda Guerra Mundial.

Pero todavía no hemos llegado a la Primera Guerra Mundial. Estamos en el verano de 1914. Erich Sander tiene quince años.

Los tres jóvenes granjeros que no eran granjeros vivían en Dünebusch, un pueblo de unos ciento cincuenta habitantes de las montañas de Westerwald, en el oeste de Alemania. En aquel entonces no se podía acceder al pueblo en coche. Para llegar hasta allí, Sander conducía hasta el final de la carretera y luego acarreaba su equipo fotográfico montaña arriba durante kilómetros.

Otto, August y Ewald realmente iban de camino a un baile que se celebraba en una pequeña ciudad a unos cuarenta y cinco minutos a pie. Sander debía de conocer su ruta de antemano y estaba ya preparado cuando llegaron. Se detuvieron frente a la cámara, giraron la cabeza y se quedaron quietos.

Otto, con el sombrero levantado y un cigarrillo en los labios, parecía uno de esos problemas en los que no te importaría meterte. August parece guapo, seguro de sí mismo y con los ojos un poco adormilados. Y luego está Ewald, que con sus labios apretados y su bastón recto me parece nervioso.

Es una tontería sacar conclusiones generales sobre seres humanos a partir de una sola fotografía. El propio Sander señaló sobre aquellos a quienes fotografiaba: «Congelo un momento en su movimiento, apenas cinco centésimas de segundo de la vida de esas personas. Es un extracto muy exiguo o pequeño de una vida».

Aun así, no puedo evitar imaginar los momentos anteriores y posteriores. Me pregunto de qué hablaban mientras caminaban. Me pregunto si se lo pasaron bien, hasta qué hora se quedaron y con quién bailaron. Sabemos que era un sábado de verano. Sabemos que estaban fuera de la mina, a la luz. Y sabemos que debió de ser uno de los últimos bailes a los que asistieron juntos, porque solo faltaban unas semanas para que empezara la guerra.

El ejército alemán no tardó en llamar a filas a los tres muchachos. A Otto y August los destinaron al mismo regimiento y los enviaron a luchar a Bélgica. En enero de 1915, solo unos meses después de la foto *Jóvenes granjeros*, August Klein envió a su casa esta foto desde la nevada Bélgica: Klein es el quinto por la derecha; Krieger está arrodillado debajo de él.

Ahora los chicos parecen distintos. El futuro, que estaba más allá del horizonte, ahora puede verse. Pero incluso en ese momento August y Otto no sabían. No sabían que a August Klein lo matarían en la guerra ese mismo mes de marzo, a los veintidós años. A Otto lo hirieron tres veces —una de ellas, en mayo de 1918, de gravedad—, pero sobrevivió a la guerra. Ewald también resultó herido, aunque al final volvió a Dünebusch, donde vivió hasta la vejez.

Alice Walker escribió en cierta ocasión: «Toda la historia es actual», y creo que es cierto en muchos sentidos. La historia nos empuja y da forma a la experiencia contemporánea. La historia cambia cuando miramos el pasado desde diferentes presentes. Y la historia también es una corriente eléctrica, cargada y que fluye. Coge energía de unas fuentes y la entrega a otras. Sander dijo una vez que creía que la fotografía podría ayudar a «mantener firme la historia del mundo», pero no hay manera de mantener firme la historia. Siempre está retrocediendo y disolviéndose, no solo en el incognoscible pasado, sino también en el irreparable futuro.

———————

No recuerdo con exactitud cómo veía esa foto de los niños amontonados antes de que una pandemia mundial la volviera tan extrañamente voltaica. Y no me imagino cómo la verán mis yos futuros. Lo único que veo es esa fotografía, que cambia a medida que pasa el tiempo.

August Klein tenía veintidós años cuando murió. Le quedaba más o menos un año de vida cuando posó para esa famosa fotografía. Cualquier cosa podría haber sucedido, pero una lo hizo.

Doy a *Tres granjeros de camino a un baile* cuatro estrellas y media.

Epílogo

La edición en alemán de este libro se titula *Wie hat Ihnen das Anthropozän bis jetzt gefallen?* No sé alemán, pero el título me parece maravilloso a simple vista. Me han dicho que significa algo parecido a «¿Qué te ha parecido el Antropoceno hasta ahora?».

Efectivamente, ¿qué?

———

Desde que éramos niños no he dejado de pedirle a mi hermano, Hank, que me diga cuál es el sentido de la vida. Es una broma habitual entre nosotros: estamos hablando de la vida y de qué hacer con ella, o de nuestra familia, o del trabajo, y a la mínima pausa en la conversación, le preguntaré: «Bueno, ¿y cuál *es* el sentido de la vida?».

Hank siempre adapta su respuesta a la conversación o a lo que cree que yo necesito oír. Unas veces me dirá que el sentido de la vida es cuidar de los demás. Otras veces me dirá que estamos aquí para ser testigos, para prestar atención. En una canción que escribió hace años titulada «The Universe Is Weird» (El universo es raro), Hank canta que lo más raro es que, en nosotros, «el universo creó una herramienta con la que conocerse a sí mismo».

Le gusta recordarme que estoy hecho de los materiales del universo, que no contengo nada más que esos materiales. En cierta ocasión me dijo: «En realidad solo eres un trozo de la Tierra que intenta mantenerse alejado del equilibrio químico».

———————

En *Autorretrato en espejo convexo*, John Ashbery escribe:

> *El secreto es demasiado evidente. Escuece su piedad,*
> *hace brotar lágrimas calientes: que el alma no es alma,*
> *no tiene secreto, es pequeña, y encaja*
> *en su hueco perfectamente; su habitación, nuestro*
>   *momento de atención.*

«... encaja en su hueco perfectamente; su habitación, nuestro momento de atención.» De vez en cuando me susurro estas palabras para intentar prestar atención, para observar los huecos perfectamente encajados a mi alrededor.

Se me ocurre que este libro está lleno de citas, quizá en exceso. También yo estoy demasiado lleno de citas. Para mí, leer y releer son un aprendizaje eterno. Quiero aprender lo que Ashbery parecía saber: cómo abrir la habitación de atención que contiene el alma. Quiero aprender lo que mi hermano sabe: cómo dar sentido y qué sentido dar. Quiero aprender qué hacer con mi pequeña extensión de la bola de pintura más grande del mundo.

———————

Por fin es primavera y estoy plantando una larga hilera de semillas de zanahoria. Son tan pequeñas que no puedo evitar echar demasiadas, diez o doce semillas cada tres centímetros de tierra. Siento que soy un humano plantando semillas de zanahoria en la Tierra, pero en realidad, como me diría mi hermano, soy Tierra plantando Tierra en la Tierra.

«Llenad la tierra y sojuzgadla», nos dice Dios en el primer capítulo del Génesis. Pero también somos la Tierra que llenamos y sojuzgamos.

¿Qué me ha parecido el Antropoceno hasta ahora? ¡Es asombroso! En la escuela secundaria, mi mejor amigo, Todd, y yo íbamos al cine de un dólar todos los miércoles. Veíamos cualquier película que pusieran en la única pantalla del gélido cine. Una vez, proyectaron una película de hombres lobo protagonizada por Jack Nicholson y Michelle Pfeiffer durante ocho miércoles seguidos, así que la vimos ocho veces. La película, que era espantosa, mejoraba a medida que volvíamos a verla. La octava vez estábamos solos en el cine y aullamos con Jack Nicholson mientras bebíamos Mountain Dew con bourbon.

¿Qué me ha parecido el Antropoceno hasta ahora? ¡Es espantoso! Siento que no he evolucionado para esto. He estado aquí muy poco tiempo, pero ya he visto a mi especie extinguiendo los últimos miembros de muchas otras especies, desde pájaros como el 'ō'ō de Kaua'i, visto por última vez cuando yo tenía diez años, hasta árboles como el olivo de Santa Elena, el último de los cuales murió cuando yo tenía veintiséis años.

«Huelo la herida, y la herida huele a mí», escribe Terry Tempest Williams en *Erosion*. Vivo en un mundo herido, y sé que soy la herida: la Tierra destruyendo la Tierra con la Tierra.

¿Qué significa vivir en un mundo donde tienes el poder de acabar con miles de especies, pero en el que también una sola cadena de ARN puede ponerte de rodillas o acabar contigo? Aquí he intentado trazar un mapa de algunos de los lugares en los que mi pequeña vida choca con las grandes fuerzas que dan forma a la experiencia humana contemporánea, pero la única conclusión que puedo sacar es muy sencilla: somos muy pequeños, y muy frágiles, y magnífica y aterradoramente temporales.

Cuando pienso en qué me ha parecido el Antropoceno hasta ahora, pienso en Robert Frost, quien escribió: «Como un trozo de hielo en una estufa caliente, el poema debe cabalgar sobre su propio acto de derretirse». Así es con los poemas, y así es con nosotros. Como hielo en una estufa caliente, debemos cabalgar sobre una Tierra que se derrite, sabiendo todo el tiempo quién está derritiéndola. Una especie que solo ha encontrado su camino hacia el más ahora debe encontrar su camino hacia el menos.

A veces me pregunto cómo puedo sobrevivir en este mundo en el que, como dijo Mary Oliver, «todo / tarde o temprano / es parte de todo lo demás». Otras veces recuerdo que no sobreviviré, por supuesto. Tarde o temprano seré el todo que forma parte de todo lo demás. Pero, hasta entonces, qué asombro respirar en este planeta que respira. Qué bendición ser Tierra enamorada de la Tierra.

Agradecimientos

Gracias a Hank Green, Sarah Urist Green, Rosianna Halse Rojas, Elyse Marshall y Stan Muller por apoyar esta idea desde el principio. Mark Olsen y Meredith Danko también me ofrecieron comentarios críticos desde los inicios. Hacer el podcast *The Anthropocene Reviewed* con los WNYC Studios ha sido una alegría absoluta gracias a la productora Jenny Lawton, el compositor Hannis Brown, el director técnico Joe Plourde y Nadim Silverman. También estoy en deuda con Tony Philips y Ashley Lusk, entre muchos otros. Niki Hua me ofreció notas críticas sobre muchos de estos ensayos y me enseñó sobre el tempo de «You'll Never Walk Alone». Julie Strauss-Gabel ha sido mi editora desde hace casi veinte años; le estoy muy agradecido por orientar este libro y por encontrar siempre la historia cuando yo no puedo. Gracias a todo el equipo de Dutton y Penguin, incluidos Anna Booth, Melissa Faulner, Rob Farren, Natalie Vielkind, Jen Loja, Christine Ball, Emily Canders, Stephanie Cooper, Dora Mak, John Parsley, Linda Rosenberg, Amanda Walker, Helen Boomer, Leigh Butler, Kim Ryan y Grace Han. También agradezco los sabios consejos de Jodi Reamer y Kassie Evashevski.

Mis padres, Mike y Sydney Green, enriquecieron este libro de muchas formas, al igual que mis suegros, Connie y Marshall Urist. También estoy muy agradecido a Chris y

Marina Waters. Sarah Urist Green es la mejor colaboradora en el trabajo y en la vida que jamás pude imaginar.

Gran parte de este libro ha sido posible gracias a las personas que escuchan el podcast *The Anthropocene Reviewed*. Gracias por los temas que sugeristeis y los poemas que enviasteis por email. Estoy especialmente agradecido a la comunidad de internet Tuataria, que investigó la historia de los jóvenes granjeros que cierra este libro, al Life's Library Book Club y a todos aquellos que trabajan para que sea increíble.

Por último, a Henry y Alice: Gracias. Ambos me asombráis con vuestra alegría y vuestras preguntas. Gracias por ayudarme con este libro y enseñarme sobre tantas cosas, desde los velocirraptores hasta los susurros.

Notas

Muchos de estos ensayos aparecieron por primera vez, en diferentes formas, en el podcast *The Anthropocene Reviewed*, una coproducción de los WNYC Studios y Complexly. Partes de otros ensayos aparecieron por primera vez en la serie *The Art Assignment* de PBS Digital, fundada y producida por Sarah Urist Green, o en el canal de YouTube Vlogbrothers. Las siguientes notas no pretenden ser exhaustivas (ni dejaros exhaustos), sino ofrecer una introducción para aquellos interesados en lecturas adicionales y otras experiencias en las que se apoyaron los textos.

Esta es una obra de no ficción, pero estoy seguro de que he olvidado muchas cosas. También en algún momento he cambiado detalles o caracterizaciones para preservar el anonimato de las personas.

He compilado estas notas y fuentes con la ayuda de Niki Hua y Rosianna Halse Rojas, sin las cuales este libro no habría sido posible. Todo error es solo mío.

«You'll Never Walk Alone»

Uno de los muchos beneficios de amar al Liverpool Football Club es que, con el tiempo, el saber de la canción «You'll Never Walk Alone» se filtrará en ti por ósmosis. La cita sobre que Molnár no quería que *Liliom* se convirtiera en una ópera de Puccini procede de *The Sound of Their*

Music, de Frederick Nolan, así como buena parte de la información sobre el musical y la relación de Molnár con él. Me enteré de los cambios musicales que Gerry y los Pacemakers hicieron a la canción gracias a Niki Hua. Gerry Marsden, que murió a principios de 2021, solía contar la historia de su encuentro con Shankly, incluso en una entrevista en el *Independent* con Simon Hart de 2013. Ninguna vida humana está completa sin unirse a sesenta mil personas que cantan juntas «I'll Never Walk Alone», y espero que en algún momento podáis vivir esta experiencia, y también que yo pueda volver a vivirla pronto.

El rango temporal de la humanidad
La idea de este ensayo surgió de una conversación con mi amigo y desde hace mucho tiempo colaborador Stan Muller. Hay muchas versiones de la analogía de la historia de la Tierra en un año, pero me basé principalmente en un calendario desarrollado por el Kentucky Geological Survey. La encuesta sobre personas de diferentes países con diferentes creencias respecto a nuestra proximidad al Apocalipsis la realizó Ipsos Global Affairs. Casi toda la información sobre la extinción del Pérmico procede de un artículo de 2012 del *National Geographic* de Christine Dell'Amore titulado «'Lethally Hot' Earth Was Devoid of Life—Could It Happen Again?'» (La tierra «letalmente caliente» estaba desprovista de vida: ¿podría volver a suceder?). (Atención, spoiler: podría. En realidad, sucederá.) Las citas de Octavia Butler son de *Parable of the Talents*. La idea de ver cosas que nunca verás me vino del trabajo del artista David Brooks, a través de su desafío artístico impreso en el libro *Eres un artista*, de Sarah Urist Green. La información sobre el aumento de la temperatura media mundial desde la Revolución industrial procede del National Climatic Data Center de la NOAA.

El cometa Halley

Como se señala en la reseña, buena parte del contexto para entender a Edmond Halley y sus cálculos de cometas proceden de dos libros muy divertidos: *Halley's Quest*, de Julie Wakefield, sobre la época de Halley como capitán de barco y explorador, y *Out of the Shadow of a Giant: Hooke, Halley, and the Birth of Science*, de John Gribbin y Mary Gribbin. Me enteré de la teoría de los cometas como «bolas de nieve sucias» de Fred Whipple por el Smithsonian Astrophysical Observatory. Puede encontrarse más información sobre las respuestas a la aparición del cometa en 1910 en el artículo de Chris Riddell en *The Guardian* de 2012 «Apocalypse Postponed?». (Este Apocalipsis no deja de posponerse.)

Nuestra capacidad de asombro

Estoy en deuda con el libro de Matthew J. Bruccoli sobre F. Scott Fitzgerald, *Some Sort of Epic Grandeur*, y también con *Zelda*, de Nancy Mitford, sobre Zelda Fitzgerald. Aprendí mucho sobre las Armed Services Editions en un artículo de 2015 de la revista *Mental Floss* titulado «How WWII Saved *The Great Gatsby* from Obscurity». Pude alojarme en el hotel Plaza gracias a la generosidad de Fox 2000, una empresa cinematográfica que ya no existe. «The Crack-Up» se publicó por primera vez en la revista *Esquire* en 1936 y ahora está disponible en internet. En la biblioteca de la Universidad de Princeton hay varios manuscritos disponibles en internet de *El gran Gatsby*, y es fascinante ver qué cambió (y qué no) en las revisiones. La cita de David Denby procede de una reseña publicada en el *New Yorker* el 13 de mayo de 2013.

Las pinturas rupestres de Lascaux

Me enteré de la existencia de estas pinturas y de la historia de nuestra separación de ellas en el documental *La cueva de los sueños olvidados*, de Werner Herzog. Obtuve información adicional en el ensayo de Judith Thurman «First Impressions», en el *New Yorker* del 16 de junio de 2008. Simon Coencas grabó una historia oral para el United States Holocaust Memorial Museum, que está disponible en su sitio web. La cita de Coencas sobre su «pandilla» procede de una entrevista de 2016 con la AFP. El ensayo de Barbara Ehrenreich «The Humanoid Stain» se publicó por primera vez en *The Baffler* en noviembre de 2019. El sitio web de Lascaux, en *archeologie.culture.fr*, fue especialmente útil e incluía referencias a plantillas de manos de Lascaux. Me enteré del trabajo de Genevieve von Petzinger en un artículo de 2016 del *New Scientist* de Alison George titulado «Code Hidden in Stone Age Art May Be the Root of Human Writing». Por último, no habría podido escribir esta reseña sin el trabajo de Thierry Félix para preservar tanto la cueva como las historias de quienes la descubrieron.

Pegatinas de rascar y oler

La cita de Helen Keller sobre el olfato es de su maravilloso libro *The World I Live In*. La debacle de Baltimore Gas and Electric se describe en un artículo de AP News del 4 de septiembre de 1987.

Cuando estaba en la escuela secundaria, un día una profesora me llamó después de clase. Ella sabía que yo había tenido problemas académicos y sociales, y se desvivió para decirme que le gustaba algo que había escrito. También me dijo: «Mira, todo te irá bien. No a corto plazo...», e hizo una pausa antes de decir: «Y tampoco a largo plazo, supongo. Pero sí a medio plazo». Aquel momento de bondad se quedó conmigo y me ayudó a resistir en los días difíciles, y no sé si este libro existiría sin él. He olvidado cómo se llamaba la profesora, al igual que he olvidado casi todo, pero le estoy muy agradecido.

Diet Dr Pepper

La historia del Dr Pepper se cuenta de manera sucinta (aunque con excesivo autobombo) en el Dr Pepper Museum and Free Enterprise Institute de Waco, Texas. (Foots Clements, un acérrimo anticomunista, insistió en que el museo fuera una celebración no solo del Dr Pepper, sino también del libre mercado.) Charles Alderton era masón y, hasta donde sé, su biografía más completa la realizó la Logia Masónica de Waco y está disponible en su sitio web. También estoy en deuda con dos historias del Dr Pepper: *The Legend of Dr Pepper/7-Up*, de Jeffrey L. Rodengen, y *The Road to Dr Pepper, Texas*, de Karen Wright, que analiza la asombrosa historia de la planta embotelladora de Dr Pepper en Dublín, que hasta 2012 producía una única versión de Dr Pepper con azúcar de caña.

Velocirraptores

Al escribir *Parque Jurásico*, Michael Crichton consultó con el paleontólogo John Ostrom, cuyas investigaciones ayudaron a revolucionar nuestros conocimientos de los dinosaurios. En una entrevista del *New York Times* con Fred Musante del 29 de junio de 1997, Ostrom habló de su relación con Crichton y de que este eligió el nombre «velocirraptor» porque era «más dramático». Como se explica en un artículo del *Yale News* de 2015, el equipo de la película *Parque Jurásico* solicitó todas la investigaciones de Ostrom sobre el deinonicosaurio al decidir cómo representar los velocirraptores. Aprendí casi toda la verdad sobre los velocirraptores de mi hijo, Henry, y luego del American Museum of Natural History, donde también leí sobre el velocirraptor que murió cuando estaba luchando contra un protoceratops. Mi lectura favorita sobre la resurrección del brontosaurio es «The *Brontosaurus* Is Back», de Charles Choi, publicada por *Scientific American* el 7 de abril de 2015.

Gansos de Canadá

Aunque es un ave que no me gusta nada, es un placer leer
sobre el ganso de Canadá. Buena parte de la información
de este ensayo procede del Cornell Lab of Ornithology
(allaboutbirds.org), que es tan maravillosamente completo y accesible que toda internet debería aprender de él. El
libro de Harold C. Hanson *The Giant Canada Goose* es
uno de esos libros muy especializados aunque de lo más
entretenidos. El libro de Joe van Wormer de 1968 *The World
of the Canada Goose* también es muy ameno. La cita de
Philip Habermann procede del libro *History Afield*, de Robert C. Willging. Si queréis más información sobre la historia del césped, os recomiendo el artículo de *Scientific American* de Krystal D'Costa, «The American Obsession with
Lawns».

Ositos de peluche

Escuché por primera vez la historia de Teddy Roosevelt
perdonando al oso que murió de todos modos en una TED
Talk impartida por Jon Mooallem, cuyo libro *Wild Ones:
A Sometimes Dismaying, Weirdly Reassuring Story About
Looking at People Looking at Animals in America* es tan
agradable como cabría esperar por el subtítulo (Una historia a veces desalentadora y extrañamente tranquilizadora
sobre mirar a las personas que miran animales en Estados
Unidos). La etimología para evitar el tabú de la palabra «oso»
se describe en el increíblemente útil diccionario etimológico
online (*etymonline.com*). La historia del osito de peluche
del Smithsonian también me resultó muy útil; así es como
me enteré del artículo del *Washington Post* de 1902 sobre
cómo Roosevelt perdonó (por así decirlo) al oso. Las cifras
de la distribución de la biomasa de la Tierra proceden de
«The Biomass Distribution on Earth», autor principal Yi-
non M. Bar-On, publicado por primera vez el 21 de mayo
de 2018 en *Proceedings of the National Academy of Sciences*

of the United States of America. Descubrí el concepto de biomasa de las especies en el libro *Sapiens*, de Yuval Noah Harari. La cita de Sarah Dessen es de su maravillosa novela *What Happened to Goodbye*.

El Salón de los Presidentes

Un agradecimiento especial a mis hijos, Henry y Alice, por tomarse media hora de sus vacaciones en Disney para ir a ver el Salón de los Presidentes para esta reseña. Cuando después le pregunté a mi hijo si le había gustado la presentación, se quedó un momento callado y después me dijo: «Me gustaría decirte que sí, pero no me ha gustado».

Aire acondicionado

La idea de este ensayo surgió de mi amigo Ryan Sandahl, que me contó la historia de Willis Carrier. También me basé en el libro de Margaret Ingels *Willis Haviland Carrier: Father of Air Conditioning*. La información sobre el papel de los ventiladores y el aire acondicionado en el cambio climático procede del informe de 2018 de la International Energy Agency «The Future of Cooling». Los datos sobre la catástrofe de la ola de calor de 2003 proceden de un informe publicado por primera vez en Francia en 2008 en *Comptes Rendus Biologies*. El relato de John Huxham sobre la ola de calor europea de 1757 se publicó por primera vez en *Philosophical Transactions of the Royal Society*; me enteré por la Wikipedia. Respecto de las formas en que el aire acondicionado ha cambiado la arquitectura, estoy en deuda con un capítulo del podcast *99% Invisible*.

Staphylococcus aureus

Quería escribir sobre el estafilococo desde que mi médico me habló de mi colonia, de una agresividad fascinante. Tomaba tantos antibióticos diferentes para intentar controlar la infección que, llegado un punto, el médico tenía que confirmar que no había tomado previamente el medicamento que quería recetarme. «Esta pastilla es amarilla —me dijo el médico—. ¿Has tomado ya alguna pastilla amarilla?» «Quizá», le contesté. «Esta pastilla es redonda. ¿Has tomado ya alguna pastilla redonda?» Otra vez quizá. «Cada pastilla de este medicamento cuesta setecientos dólares —me dijo después—. ¿Has tomado ya alguna pastilla...?»

«No», le contesté. El medicamento me costó dos mil dólares a pesar de que teníamos seguro médico, pero no estamos aquí para revisar el sistema de salud estadounidense, de una estrella y media. Las citas de y sobre Alexander Ogston proceden del libro *Alexander Ogston, K.C.V.O.: Memories and Tributes of Relatives, Colleagues and Students, with Some Autobiographical Writings*, que compiló Walter, hijo de Ogston. Lo más interesante para mí fueron los recuerdos que escribieron las hijas de Ogston, Helen y Constance, y los de sus colegas. La estadística sobre el Boston City Hospital en 1941 procede de un artículo de 2010 del *Journal of the Association of Basic Medical Sciences*, «Methicillin-Resistant Staphylococcus Aureus (MRSA) as a Cause of Nosocomial Wound Infections», de Maida Šiširak, Amra Zvizdić y Mirsada Hukić, que también me ayudó a entender la carga de morbilidad actual de las infecciones por estafilococos. Obtuve información sobre Albert Alexander y su hija Sheila (ahora Sheila LeBlanc) en un artículo de Penny Schwartz en *Press-Enterprise* de 2012, «Local Artists Share Childhood Bond», que es también donde vi algunos cuadros de LeBlanc. Buena parte de la información sobre la síntesis de penicilina procede del artículo de 2012 de Robert Gaynes en *Emerging Infectious Diseases*, «The Discovery of Penicillin-New Insights After More Than 75 Years of Clinical Use». También aprendí mucho sobre el estafilococo y sobre el papel de Ogston en su descubrimiento en el artículo de S.W.B. Newsom en *The Journal of Hospital Infection*, «Ogston's Coccus».

Internet

El verano de CompuServe fue mágico gracias a los amigos que hice allí, especialmente Dean, Marie y Kevin.

Decatlón Académico

La cita de Terry Tempest Williams es de su libro *Red: Passion and Patience in the Desert*. La cita de Maya Jasanoff sobre los ríos es de su biografía de Joseph Conrad, *The Dawn Watch*. El Decatlón Académico todavía existe; podéis obtener más información en usad.org. Todd, te quiero. Gracias.

Puestas de sol

Supe del espejo de Claude por Sarah, que también me habló de la cita de Thomas Gray, que es de su diario de viajes por el Distrito de los Lagos en 1769. La cita de Bolaño es de *2666*; la cita de Anna Ajmátova es de «A land not mine, still». La frase de Eliot sobre la Luz Invisible es de *Choruses from «The Rock»*. La cita de Tacita Dean es de «The Magic Hour».

He pensado en el tema *Son/Sun* durante mucho tiempo, desde que se lo escuché al profesor Royal Rhodes. El único relato que he escrito en mi vida sobre mi temporada como capellán, que terminé cuando tenía veintitrés años, concluía con una poco sutil escena en la que el capellán vuelve a su casa en coche después de cuarenta y ocho largas horas en el hospital, «con el sol del amanecer demasiado luminoso en sus ojos perdidos». Me gustaría decir que he aprendido a resistir mejor la tentación de resaltar de una manera demasiado obvia el sentido metafórico de lo que estoy contando, pero *Bajo la misma estrella* termina con una boda, así que...

Pero volvamos a la reseña. Conocí el poema de e. e. cummings por Jenny Lawton, la brillante productora que supervisó la versión en podcast de *The Anthropocene Review* en WNYC. La cita de Morrison sobre la belleza del mundo es de su novela de 1981, *Tar Baby*. Leí este libro debido a la clase de Introducción a la literatura de la profesora Ellen Mankoff en el Kenyon College. La cita de Alec Soth es de la reseña de Michael Brown sobre Soth en el *Telegraph* en 2015.

La actuación de Jerzy Dudek el 25 de mayo de 2005

La inmensa mayoría de la información de esta reseña —las citas de Dudek y Mirabella, el resumen de la carrera de Dudek, y las descripciones de la muerte del papa Juan Pablo II— proceden del libro de Jerzy Dudek *A Big Pole in Our Goal*. Admito que, como hincha del Liverpool, no soy imparcial, pero el libro es una mirada fascinante a una carrera inverosímil. (Dudek está ahora en una segunda carrera inverosímil: ha empezado a conducir coches de carreras.) Las citas de Jamie Carragher sobre su sueño de convertirse en polvo, y su versión de cómo presionó a Dudek para que doblara las piernas procede de *Carra: My Autobiography*, que también es una gran lectura. La historia de la madre de Dudek yendo a ver la mina de carbón se cuenta en «Jerzy Dudek: My Secret Vice», un artículo de *FourFourTwo* del 28 de julio de 2009, contada a Nick Moore. Y luego está la cuestión de si el papa Juan Pablo II realmente dijo: «De todas las cosas sin importancia, el fútbol es la más importante». Es cierto que a Juan Pablo II le encantaba el fútbol (y jugaba de portero cuando era adolescente), pero no he podido encontrar una fuente sólida de la cita.

Los pingüinos de Madagascar

Vi *Los pingüinos de Madagascar* por primera vez por hacer un favor a mis hijos; desde entonces, ellos la han visto muchas veces por hacerme un favor a mí. Soy un gran admirador de la honestidad inquebrantable del cine de Werner Herzog, y también de su capacidad de ser a la vez lo bastante consciente de sí mismo como para hacer un cameo hilarante en *Los pingüinos de Madagascar*. Como he comentado en la reseña, supe de *Infierno blanco* primero por mi padre y luego por el documental en sí, que está disponible en muchos sitios. Aprendí mucho más sobre los lemmings, incluida nuestra antigua creencia de que caían del cielo, en el artículo en internet de la *Encyclopedia Britannica* «Do Lemmings Really Commit Mass Suicide?» (¿Realmente los lemmings se suicidan en masa?). (Lo diré una vez más: No. No se suicidan.)

Piggly Wiggly

Escuché por primera vez la asombrosa historia de Clarence Saunders y Piggly Wiggly cuando Sarah compartió conmigo un pasaje sobre la cadena de supermercados de *A History of Food in 100 Recipes*, de William Sitwell. La mayoría de las citas de Saunders y la de Ernie Pyle proceden del libro de Mike Freeman de 2011 *Clarence Saunders and the Founding of Piggly Wiggly: The Rise & Fall of a Memphis Maverick*. Respecto a la información sobre mi bisabuelo, doy las gracias a mi madre, Sydney Green, y a mi difunta abuela, Billie Grace Goodrich, que, por cierto, era una fiel cliente de Piggly Wiggly.

El Famoso Concurso de Comer Perritos Calientes de Nathan's

Todas las citas de George Shea proceden de presentaciones televisadas del Famoso Concurso de Comer Perritos Calientes de Nathan's. La cita de Mortimer Matz está sacada de una entrevista de 2010 del *New York Times* de Sam Roberts. El documental mencionado es *The Good, the Bad, the Hungry*, dirigido por Nicole Lucas Haimes. Dos historias del Nathan's Famous también me ofrecieron datos útiles para este ensayo: *Famous Nathan*, de Lloyd Handwerker y Gil Reavill, y *Nathan's Famous: The First 100 Years*, de William Handwerker y Jayne Pearl. En la vida habría

pensado que iba a leerme dos libros enteros sobre un puesto de perritos calientes, pero el 2020 estuvo lleno de sorpresas, y ambos libros son bastante interesantes.

CNN

La primera emisión de la CNN no está disponible en CNN.
com, sino en YouTube. Para más información sobre las ten-
dencias de la mortalidad infantil recomiendo encarecida-
mente *Our World in Data* (ourworldindata.org). Contextualiza datos de una amplia variedad de temas, desde la
COVID hasta la pobreza y las emisiones de carbono, con
una claridad y un cuidado que te ayudan a recordar que
todo el mundo tiene cumpleaños. La estadística sobre el
74 por ciento de los estadounidenses que piensan que la
mortalidad infantil está empeorando procede de un informe
de Ipsos de 2017 titulado «Perils of Perception». Lo conocí
por *Our World in Data*. Shannon, Katie y Hassan: os quiero. Gracias. Viva la secta de Claremont.

El invisible Harvey

La cita de Sontag sobre la depresión es de *La enfermedad y
sus metáforas*. La cita de William Styron es de *Esa visible
oscuridad*. Ambos libros han sido muy importantes para mí,
ya que vivo con una enfermedad mental. El poema completo de Emily Dickinson, a veces conocido como «Poema 314»,
está disponible en la mayoría de las antologías de la obra
de Dickinson. Bill Ott e Ilene Cooper me llevaron hasta *El
invisible Harvey* y hasta muchas otras cosas en los últimos
veinte años; este ensayo es mi intento de dar las gracias a
Bill.

Los yips

Las memorias de Rick Ankiel sobre su carrera en el béisbol,
escritas con Tim Brown, se titulan *The Phenomenon: Pres-
sure, the Yips, and the Pitch that Changed My Life*. Descu-

brí los yips de Ana Ivanovic en el artículo de Louisa Thomas en *Grantland* de 2011, «Lovable Headcases», que contiene la cita de Ivanovic sobre el excesivo análisis. También me resultó muy útil el artículo de Katie Baker en *Grantland*, «The Yips Plague and the Battle of Mind Over Matter», así como el artículo de Tom Perrotta en la edición de septiembre de 2010 del *Atlantic*, titulado «High Strung: The Inexplicable Collapse of a Tennis Phenom». Se han realizado muchos estudios académicos sobre los yips; el que más he consultado se titula «The 'Yips' in Golf: A Continuum Between a Focal Dystonia and Choking», autora principal Aynsley M. Smith. (Todos abogan por el continuo frente a las dicotomías.) El entrenador de golf al que aludo es Hank Haney, cuya historia se cuenta en el artículo del *New Yorker* de 2014 de David Owen, «The Yips».

«Auld Lang Syne»

La enciclopedia online de Robert Burns (robertburns.org) es una herramienta maravillosa para aquellos que busquen más información sobre Burns, «Auld Lang Syne» o la fascinante amistad de Burns con Frances Dunlop. La mayoría de las citas de las cartas de Burns proceden de esta enciclopedia. The Morgan Library and Museum (themorgan.org) tiene un extenso archivo sobre la canción, incluida la carta de Burns a George Thomson que describe la melodía original como «mediocre». Las copias escaneadas de la carta de Henry Williamson a su madre sobre la tregua de Navidad de 1914 también están disponibles en internet en el archivo de Henry Williamson; descubrí las demás citas sobre la tregua de Navidad (y varios otros detalles) en un artículo de la BBC de 2013 de Steven Brocklehurst, «How Auld Lang Syne Took Over the World». La cita de Robert Hughes es de su libro *The Shock of the New*. Después de la muerte de Amy, McSweeney's reimprimió sus columnas de la revista *Might*, así que ahora están en internet. Los libros de Amy citados son *Encyclopedia of an Ordinary Life* y *Textbook Amy Krouse Rosenthal*. The Amy Krouse Rosenthal Foundation financia la investigación del cáncer de ovarios e iniciativas de alfabetización infantil. Más información en amykrouserosenthalfoundation.org.

Buscar a desconocidos en Google

Años después de escribir esta reseña, tuve la oportunidad de hablar con el niño en cuestión, que ahora es un hombre joven —de hecho, mayor que yo cuando era capellán—. Esa conversación —que me ofreció un consuelo y una esperanza para los que no tengo palabras— fue posible gracias al podcast *Heavyweight*. Gracias a todo el equipo de *Heavyweight* por conseguirlo, en especial a Jonathan Goldstein, Kalila Holt, Mona Madgavkar y Stevie Lane. Y gracias sobre todo a Nick, que muestra el amor y la bondad que iluminan el camino.

Indianápolis

He tomado los datos sobre el tamaño y la población de Indianápolis de las estimaciones del censo estadounidense de 2017. Me resultó muy útil la serie *Indianapolis Star* de 2019 sobre el río Blanco y la calidad del agua. (Y es el periodismo que ciudades como Indianápolis necesitan desesperadamente.) Las partes de la serie que consulté las escribieron Sarah Bowman y Emily Hopkins. En 2016, WalletHub clasificó Indianápolis como la ciudad microcosmos número uno de Estados Unidos. La cita de Vonnegut sobre el mantenimiento procede de su libro *Hocus Pocus*; la cita sobre no poder volver a casa procede de la reseña de Simon Hough de 2005 sobre Vonnegut en el *Globe and Mail*, «The World According to Kurt». La frase sobre la terrible enfermedad de la soledad se reimprimió en el libro *Palm Sunday*, un maravilloso collage de recuerdos, ensayos y discursos de Vonnegut.

El pasto azul de Kentucky

Descubrí el problema del césped en Estados Unidos en el libro de Diana Balmori y Fritz Haeg *Edible Estates: Attack on the Front Lawn*. El libro, un complemento del proyecto artístico de Haeg que consiste en sustituir el césped de los patios delanteros por huertos, cambió tanto mi césped como mi vida. También recomiendo *The Lawn: A History of an American Obsession*, de Virginia Scott Jenkins, y *American Green: The Obsessive Quest for the Perfect Lawn*, de Ted Steinberg. El portal web *BeaverTurf* de la Oregon State University me ayudó a entender qué césped es pasto azul de Kentucky y dónde se ha extendido el cultivo. La estimación del porcentaje de tierra estadounidense dedicada al crecimiento de césped procede de un estudio en *Environmental Management* titulado «Mapping and Modeling the Biogeochemical Cycling of Turf Grasses in the United States», autora principal Cristina Milesi. La estadística de casi un tercio del uso de agua residencial que se destina al riego de céspedes procede de «Outdoor Water Use in the United States», de la EPA.

Las 500 Millas de Indianápolis

Mi libro favorito sobre la Indy 500 aborda su formación y la primera carrera en el Speedway: *Blood and Smoke: A True Tale of Mystery, Mayhem, and the Birth of the Indy 500*, de Charles Leerhsen. Debo mi interés por la IndyCar a mi mejor amigo, Chris Waters, y a otros miembros de nuestro equipo de la carrera, en particular Marina Waters, Shaun Souers, Kevin Schoville, Nate Miller y Tom Edwards. Kevin Daly fundó nuestra tradición anual de ir en bicicleta a la carrera. Gracias también a los pilotos de IndyCar James Hinchcliffe y Alexander Rossi por contarme cómo funcionan las carreras para los pilotos y cómo viven con los riesgos inherentes al deporte.

Monopoly

El libro de Mary Pilon *The Monopolists* es una detallada historia de los primeros días del Monopoly, y la interpretación de Elizabeth Magie resulta especialmente esclarecedora. Elyse Marshall y su marido, Josef Pfeiffer, me hablaron del videojuego *Universal Paperclips*. Me enteré de la respuesta de Hasbro a Elizabeth Magie por el artículo del *Washington Post* de 2019 de Antonia Noori Farzan, «The New Monopoly 'Celebrates Women Trailblazers.' But the Game's Female Inventor Still Isn't Getting Credit». Ese artículo también contiene el resumen más conciso y comprensible del georgismo que he encontrado.

Super Mario Kart

La wiki de Super Mario (mariowiki.com) es tan asombrosamente exhaustiva y está tan cuidada que podría ser la mejor wiki que he encontrado. Su artículo sobre *Super Mario Kart* me ofreció buena parte del contexto que necesitaba para esta reseña. La entrevista con Shigeru Miyamoto que cito procede de una mesa redonda de Nintendo; está disponible en internet con el título «It Started with a Guy in Overalls».

Las salinas de Bonneville

El ensayo de Donald Hall «The Third Thing» se publicó por primera vez en la revista *Poetry* en 2005; me hablaron de él Kaveh Akbar y Ellen Grafton. Buena parte de la información sobre las salinas de Bonneville procede del Utah Geological Survey; estoy especialmente en deuda con el artículo de Christine Wilkerson «GeoSights: Bonnevile Salt Flats, Utah». Descubrí la historia del *Enola Gay* y Wendover gracias al artista William Lamson y al Center for Land Use Interpretation de Wendover. La cita de Melville es de *Moby Dick*, que leí gracias a los tenaces esfuerzos del profesor Perry Lentz. En el viaje a Wendover nos acompañaron

Mark Olsen y Stuart Hyatt, que enriquecieron profundamente mis conocimientos de las salinas.

Los dibujos de círculos de Hiroyuri Doi

Vi por primera vez la obra de Hiroyuki Doi en 2006 en la exposición *Obsessive Drawing* del American Folk Art Museum. El dibujo sin título al que me refiero puede verse en su colección digitalizada en folkartmuseum.org. Las citas de Doi y su contexto biográfico proceden de un artículo del *Japan Times* de 2013 de Edward Gómez, «Outsider Drawn to the Circle of Life», de una reseña del *Wall Street International* de 2017 sobre una exposición de Doi en la Ricco/Maresca Gallery, y de una reseña de 2016 en *Brut Force*, de Carrie McGath, titulada «The Inscape in Escape Routes: Five Works by Hiroyuki Doi». El estudio «What Does Doodling Do?» lo publicó Jackie Andrade en *Applied Cognitive Psychology* en 2009.

Susurros

La idea de esta reseña surgió de una conversación con mis amigos Enrico Lo Gatto, Craig Lee y Alex Jimenez. No recuerdo cómo me enteré de que los titíes cabeza de algodón susurran, pero un artículo de 2013 en *Zoo Biology* de Rachel Morrison y Diana Reiss precisa «Whisper-like behavior in a non-human primate». Las autoras observaron que un grupo de titíes cabeza de algodón susurraban (o, para ser exactos, vocalizaban como si emitieran susurros) cuando estaban ante un humano que no les gustaba, un detalle que me recuerda que los humanos somos simplemente primates que intentan sacar lo mejor de una situación muy extraña.

Meningitis viral

Ningún libro me ha ayudado a entender mi dolor como *The Body in Pain*, de Elaine Scarry, que me recomendó Mike Rugnetta. La frase de Susan Sontag sobre dar significado a la enfermedad procede de *La enfermedad y sus metáforas*. Aprendí sobre la meningitis y me recuperé de ella gracias a la excelente atención del neurólogo Jay Bhatt. Sé sobre catastrofizar porque llevo toda la vida haciéndolo. Descubrí el alcance de los virus en el brillante libro *Immune*, de Philipp Dettmer. Si os interesa la relación entre los microbios y sus anfitriones (en especial sus anfitriones humanos), os recomiendo *Immune* y también el libro de Ed Yong *I Contain Multitudes*. La cita de Nicola Twilley la saqué de su artículo del *New Yorker* de 2020 «When a Virus Is the Cure».

Plaga

La mayoría de las citas de relatos de testigos de la peste negra son del libro de Rosemary Horrox *The Black Death*. Me lo recomendó mi amigo y colega Stan Muller y he vuelto a consultarlo muchas veces en los últimos años. Es diferente de todo lo que he leído y profundamente conmovedor. También estoy en deuda con *A Distant Mirror: The Calamitous 14th Century*, de Barbara Tuchman. Descubrí los relatos de Al Maqrizi e Ibn Jaldún sobre la peste negra en la *Encyclopedia of the Black Death*, de Joseph Byrne. La información sobre la historia del cólera procede de *The Cholera Years*, de Charles Rosenberg; *Cholera: The Victorian Plague*, de Amanda Thomas; *El mapa fantasma*, de Steven Johnson, y *Cholera: The Biography*, de Christopher Hamlin. La información más reciente sobre el cólera y la tuberculosis, incluidas las cifras anuales de muertes, procede de la OMS. Estoy en deuda con John Lascher y con el doctor Bailor Barrie de Partners in Health Sierra Leone por ayudarme a entender qué impulsa los brotes contemporáneos de cólera. *An Introduction to Global Health Delivery*, de Joia Mukherjee, analiza con detalle en qué medida la pobreza es el mayor problema de salud de la humanidad. La cita de Tina Rosenberg sobre la malaria es de su ensayo de 2004, publicado por primera vez en el *New York Times*, «What the World Needs Now Is DDT»; lo descubrí en el libro de Eula Biss *Inmunidad*. La cita de Margaret Atwood es de *Los testamentos*. La historia de Ibn Battuta sobre Damasco es de *A través del islam*.

Mezcla invernal

Leí por primera vez el poema de Kaveh Akbar «Wild Pear Tree» en su libro *Calling a Wolf a Wolf*. La canción de The Mountain Goats es «The Mess Inside», de su álbum *All Hail West Texas*. Descubrí la expresión «mezcla invernal» por mi amiga Shannon James. Algunas fotografías de copos de nieve de Wilson Bentley están archivadas en el Smithsonian Institute; las conocí gracias a un artículo del *Washington Post* de 2017 de Sarah Kaplan titulado «The Man Who Uncovered the Secret Lives of Snowflakes». Las citas de Ruskin son de *Modern Painters*, volumen 3; la cita de Walter Scott es de *El lord de las islas*. Las citas de cummings sobre el blanco suave son de un poema que empieza por «cultivaré por dentro». Soy un poco duro con el poema en esta reseña, aunque en realidad es uno de mis favoritos. Hablando de poemas favoritos, la cita de Paige Lewis es de su libro *Space Struck*. Los versos de Anne Carson son de la novela en verso *Autobiography of Red*.

Además de ser la primera persona en caminar por el espacio, Alekséis Leónov probablemente fue la primera persona que hizo arte en el espacio; se llevó lápices de colores y papel a la órbita. Relata su primer paseo espacial y la desgarradora historia de cómo su nave espacial aterrizó cientos de kilómetros fuera de rumbo en «The Nightmare of Voskhod 2», un ensayo publicado en *Air and Space* en 2005. Escuché la historia de Leónov gracias a un vídeo realizado por Sarah y titulado «Art We Launched into Space».

Los perritos calientes del Bæjarins Beztu Pylsur

Laura, Ryan y Sarah están de acuerdo en que algunos de los eventos que describo en este ensayo tuvieron lugar en un día diferente al de la medalla olímpica, aunque yo sigo creyendo que todos se equivocan y que mi memoria es irrefutablemente exacta. Pero todos estamos de acuerdo en que el perrito caliente era genial.

La aplicación Notas

Me informé sobre el diseño esqueuomórfico en una conversación con Ann-Marie y Stuart Hyatt. El ensayo de *Wired* de 2012 «Clive Thompson on Analog Designs in the Digital Age» me ofreció más ejemplos del fenómeno. La canción «Jenny» de The Mountain Goats es del álbum *All Hail West Texas*. El asombroso y desgarrador libro de Sarah Manguso *The Two Kinds of Decay* se publicó por primera vez en 2008. (De Manguso también me encanta el libro *Ongoingness*. De hecho, tengo que añadir una nota para pedirle a Sarah que lo lea.)

The Mountain Goats

Gracias a John Darnielle, Peter Hughes, Jon Wurster, Matt Douglas y todos los demás Mountain Goats a lo largo de los años. Gracias también al extraordinario *fandom* de The Mountain Goats, que responde a las canciones con todo tipo de maravillas, desde *fan art* hasta diagramas de flujo. Valerie Barr y Arka Pain se encuentran entre las muchas personas que han aumentado mi amor por el grupo; gracias también a KT O'Conor por aclararme el significado de «Jenny».

El teclado QWERTY

Empecé esta reseña después de encontrar un artículo de la revista *Smithsonian* de Jimmy Stamp, «Fact or Fiction? The Legend of the QWERTY Keyboard». «The Fable of the Keys», un artículo de Stan J. Liebowitz y Stephen E. Margolis, publicado por primera vez en la edición de abril de 1990 de *The Journal of Law and Economics*, presenta una argumentación convincente de que el QWERTY es una disposición bastante buena y de que los estudios que consideran el DVORAK superior tienen muchos fallos. El artículo de 2013 de Thorin Klosowski «Should I Use an Alternative Keyboard Layout Like Dvorak?» es un gran resumen de las (sin duda limitadas) investigaciones sobre esa pregunta, y argumenta que el QWERTY es solo un poco peor que las disposiciones de teclas optimizadas. Me enteré de la lucha de Sholes contra la pena de muerte por la Wisconsin Historical Society. También me resultaron útiles el libro de Bruce Bliven de 1954, *The Wonderful Writing Machine*, y el de Graham Lawton, *New Scientist: The Origin of (almost) Everything*.

La bola de pintura más grande del mundo

Mike Carmichael sigue cuidando (y ayudando a pintar) la bola de pintura más grande del mundo en Alexandria, Indiana. Merece mucho la pena viajar hasta allí solo por el placer de conocerlo y añadir tu capa a la bola. Puedes enviar un email a Mike a worldslargestbop@yahoo.com. Gracias a Emily por acompañarme en un montón de viajes para ver atracciones junto a la carretera, y a Ransom Riggs y Kathy Hickner, que cruzaron conmigo el país descubriendo mucho del Estados Unidos de la carretera. Por cierto, *Roadside America* (roadsideamerica.com) ha sido durante décadas una guía maravillosa de las cosas más grandes y más pequeñas del mundo. Lo utilizábamos en la universidad, lo sigo utilizando y enfurezco a mis hijos con excursiones a, pongamos por caso, el edificio de oficinas con forma de cesta de picnic. Más recientemente, *Atlas Obscura* (atlasobscura. com y, en forma de libro, *Atlas Obscura: An Explorer's Guide to the World's Hidden Wonders*) se ha convertido en una herramienta indispensable. El artículo de Eric Grundhauser en *Atlas Obscura* sobre la bola de pintura me resultó muy útil. Por último, un agradecimiento especial al artículo de ArcGIS StoryMaps «Big Balls», de Ella Axelrod, que incluye muchas fotografías maravillosas y también algunos subtítulos magníficos, como «Big Balls: An Overview» (Bolas grandes: un resumen) y «Balls of Various Composition» (Bolas de diversa composición).

Sicomoros

Esta reseña menciona dos de mis libros favoritos de todos los tiempos: el devastador y perfectamente elaborado *If You Come Softly*, de Jacqueline Woodson, y *Una temporada en Tinker Creek*, de Annie Dillard. Entre los muchos regalos que me hizo, *Una temporada en Tinker Creek* me ofreció la historia de Herodoto sobre Jerjes y el sicomoro. Me enteré de la existencia del llamado Pringle Tree en una visita al Pringle Tree Park de Buckhannon, en Virginia Occidental. Leí por primera vez el poema de Edna St. Vincent Millay «Not So Far as the Forest» en su libro de 1939 *Huntsman, What Quarry?*

«New Partner»

«New Partner» aparece en el álbum de Palace Music *Viva Last Blues*. Escuché la canción por primera vez gracias a Ransom Riggs y Kathy Hickner, que la escucharon gracias a Jacob y Nathaniel Otting. «The Palace», de Kaveh Akbar, se publicó por primera vez en el *New Yorker* en abril de 2019.

Tres granjeros de camino a un baile

Esta reseña habría sido absolutamente imposible sin la ayuda de la comunidad de internet Tuataria, sobre todo de Ketie Saner, que me tradujo muchos textos del alemán y rastreó todo tipo de pistas. Nunca me habría enterado de la historia de los jóvenes granjeros sin los tenaces informes de Reinhard Pabst en el *Frankfurter Allgemeine*. En un artículo de 2014, Pabst recopiló otras investigaciones sobre los jóvenes granjeros, así como relatos de sus descendientes. También estoy inmensamente agradecido por la novela de Richard Powers *Three Farmers on Their Way to a Dance*. Los libros de Powers han estado conmigo durante veinte años, y siempre parecen encontrarme donde y cuando los necesito. Una conversación de 2014 (archivada en internet en sfr.ch) entre Christa Miranda y la investigadora de Sander Gabriele Conrath-Scholl también me ofreció información sobre la fotografía. La cita de John Berger es de su libro *Modos de ver*. También estoy en deuda con el libro *August Sander*, de Susanne Lange, en la serie Photofile; con la colección de Sander *August Sander: Face of Our Time*, y con la colección de 2013 *August Sander: People of the 20th Century*, editada por Susanne Lange y Gabriele Conrath-Scholl.

Epílogo

He tenido la mismo editora alemana (Saskia Heintz, de Hanser) y la misma traductora (Sophie Zeitz) desde que se publicó mi primer libro, en 2005. Una de las alegrías de que traduzcan mis libros es ver cómo cambian los títulos. En alemán, *Bajo la misma estrella* se convirtió en *Das Schicksal ist ein mieser Verräter*, que significa algo así como «El destino es un terrible traidor». El destino es realmente un terrible traidor, y me encanta ese título, como me encanta el título en alemán de este libro. Pero el mejor título de cualquiera de mis libros en cualquier idioma es la traducción al noruego de *Bajo la misma estrella*. Se titula *Faen ta skjebnen*, o «A la mierda el destino».

Fotografía del autor: ©Marina Waters

JOHN GREEN

Es el autor best seller de novelas como *Bajo la misma estrella*, *Buscando a Alaska y Mil veces hasta siempre*. Sus libros han recibido numerosos reconocimientos, entre los cuales destacan la medalla Printz, el Premio de Honor Printz y el Premio Edgard. Green ha sido finalista en dos ocasiones del Book Prize del *LA Times* y fue seleccionado por la revista *Time* como una de las 100 personas más influyentes del mundo. Es también guionista y presentador del podcast *The Anthropocene Reviewed*, que ha recibido excelentes críticas. Junto con su hermano, Hank, John Green ha creado muchos proyectos online de vídeo, incluyendo Vlogbrothers y el canal educativo Crash Course. Vive con su familia en Indianápolis, Indiana.

Visita su página web: johngreenbooks.com